墨香财经学术文库

"十二五"辽宁省重点图书出版规划项目

Innovation and Optimization for Cultivating Talents of Elderly Care Industry

张岩松 ◎ 著

养老服务业人才创新培养与优化配置研究

东北财经大学出版社
Dongbei University of Finance & Economics Press
大连

图书在版编目（CIP）数据

养老服务业人才创新培养与优化配置研究 / 张岩松著. —大连：东北财经大学出版社，2021.5
（墨香财经学术文库）
ISBN 978-7-5654-4144-8

Ⅰ. 养…　Ⅱ. 张…　Ⅲ. 养老-社会服务-人才培养-研究-中国　Ⅳ. D669.6

中国版本图书馆CIP数据核字（2021）第035353号

东北财经大学出版社出版发行
大连市黑石礁尖山街217号　邮政编码　116025
网　址：http：//www.dufep.cn
读者信箱：dufep @ dufe.edu.cn
大连永盛印业有限公司印刷

幅面尺寸：185mm×260mm　字数：218千字　印张：10　插页：1
2021年5月第1版　2021年5月第1次印刷
责任编辑：张晓鹏　责任校对：朋　友
封面设计：冀贵收　版式设计：钟福建
定价：48.00元

教学支持　售后服务　联系电话：（0411）84710309

举报电话：（0411）84710523
如有印装质量问题，请联系营销部：（0411）84710711

前　言

1999年是中国老龄事业发展史上值得记忆的年份。就在这一年，我国60岁及以上老年人口达到1.28亿人，占总人口的10.18%，这标志着我国已进入老龄化社会。根据国家统计局2020年1月17日公布的数据，2019年年末，中国大陆总人口突破14亿，60周岁及以上人口达到25 388万人，占总人口的18.1%。其中，65周岁及以上人口为17 603万人，占总人口的12.6%。“银发浪潮”呼啸奔涌，我国老龄化程度在不断加深。据测算，2034年我国老龄人口将突破4亿人，到本世纪中叶将达4.87亿人的峰值；“三人行必有一老”，届时人口老龄化水平将达33%以上。其中，需要重点照顾的80周岁以上的老年人将达到1.03亿。解决养老问题，成为社会和时代的呼唤。因此，必须加快我国养老服务业的发展，建立全面、完善、雄厚的养老服务体系，才能应对我国老年人口峰值的到来。

在养老服务业发展实践中，人们发现养老服务业发展的核心问题，归根结底是养老服务业人才的培养与配置问题。这一问题已成为阻碍我国养老服务业发展、制约社会养老服务体系建设的瓶颈问题。为应对我国人口老龄化最为紧迫、亟待解决的问题，必须综合治理，全力出击，艰难突破，予以彻底解决。正是基于此，早在我国刚步入老龄化社会的1999年，时任大连职业技术学院院长的戴克敏同志非常有远见地提出设立我国第一个旨在培养养老服务业人才的专业——“老年服务与管理专业”，并命名设立大连职业技术学院社会事业系（自2012年起更名为社会事业学院），开启了我国养老服务业人才培养的先河。“天行健，君子以自强不息”，笔者有幸于2001—2015年担任社会事业系（学院）主任（院长），与团队同仁们一道投身到养老服务业人才培养的开拓性工作中，打造出了涵盖老年服务与管理专业、社区管理与服务专业、社区康复专业的养老服务专业群，同时还开展了养老服务业人才队伍建设诸多相关课题的研究。本书正是总结多年来养老服务业人才培养的宝贵经验，融合、凝练相关研究成果撰写而成的，希望为我国养老服务业人才队伍建设尽绵薄之力。

本书在对我国养老服务业的内涵、特点、相关理论、发展目标、面临的问题等进行分析的基础上，重点从养老服务业人才创新培养、养老服务业特别是养老机构人力资源优化配置、发达国家养老服务体系与人才培养经验的借鉴、养老服务业人才吸引力提升对策研究、农村养老服务人才培养机制创新、养老护理员等养老服务从业人员职业吸引力提升的褒扬激励机制研究等方面探讨了解决我国养老服务业发展中“人才”这一瓶颈问题的具体对策，以期为老龄委、民政部门、城市和乡镇政府部门、养老机构、职业院校、培训机构等提供决策参考。

本书是辽宁省教育厅2019年度科学研究经费项目“养老服务从业人员褒扬激励机制研究”（JYT201902）和大连职业技术学院2021年度校级立项科研课题“积极老龄化背景下养老服务机构人力资源优化配置研究”（DZ2021B09）的重要成果，也是大连职业技术学院2019年度校级科研创新团队、大连职业技术学院2019年度科研带头人项目的重要成果。

在本书的写作过程中，笔者参考了大量文献，在此向各位作者表示衷心的感谢。同时，还要感谢笔者的同事李健、刘志敏、孙小杰老师的热情帮助和支持。东北财经大学出版社对本书的出版也给予了大力支持，在此一并致谢。由于笔者学识、时间、精力所限，书中不足之处在所难免，恳请各位专家指正。

“最美不过夕阳红”，走向老年，是每一个人都必须面对的生存法则。让老人笑得开心、活得开心，是一个社会文明进步的显著标志。“老龄事业，朝阳产业”，借本书付梓之际，祝愿我国养老服务业不断发展、养老服务业人才不断涌现，祝愿每一位老年人颐养天年，拥有温馨、从容、快乐的幸福晚年！

张岩松

2021年3月

目　录

第一章 养老服务业概述

加快发展养老服务业是应对人口老龄化、保障和改善民生的重要举措，对促进社会和谐、推动经济社会持续健康发展具有重要意义。

——教育部等九部门关于加快推进养老服务业人才培养的意见

（教职成〔2014〕5号）

养老服务是许多国家应对人口老龄化过程中面临的普遍问题，发展养老服务业是关系民生和“民死”的重要战略性问题。当前，加大养老服务业的投资和政策引导力度，鼓励民间和境外资本投资经营，有助于调整投资结构，拓展消费需求，推动中国经济转型升级；有助于解决老年人生活中遇到的实际困难和问题；有助于家庭关系的和睦稳定。

党中央国务院高度重视发展养老服务业，党的十八大提出了“积极应对人口老龄化，大力发展老龄服务事业和产业”的战略部署。党的十八届三中全会明确提出要“积极应对人口老龄化，加快建立社会养老服务体系和发展老年服务产业”。近年来，随着人口老龄化的加速以及养老群体的不断扩大，国家出台了一系列政策推动养老改革，加速推进养老服务产业发展。2018年仅中央层面就出台了近10项关于养老方面的政策。进入2019年，我国相关部门更是密集发布了新一波政策措施，养老服务业受到空前重视。2019年2月，国家发改委等18个部门联合发布了《加大力度推动社会领域公共服务补短板强弱项提质量 促进形成强大国内市场的行动方案》，提出健全基本养老服务体系，全面放开养老服务市场。4月16日，国务院办公厅印发了《关于推进养老服务发展的意见》，要求健全市场机制，持续完善养老服务体系，确保到2022年在保障人人享有基本养老服务的基础上，有效满足老年人多样化、多层次的养老服务需求，并提出6方面共28条具体政策措施。5月29日召开的国务院常务会议针对社区养老服务推出一揽子鼓励措施，放宽准入、引导社会力量参与，并在房租用水用电价格、财政支持力度及税费优惠方面予以安排。

7月4日，财政部等6个部门发布《关于养老、托育、家政等社区家庭服务业税费优惠政策的公告》，自2019年6月1日起至2025年12月31日，提供社区养老、托育、家政服务取得的收入，免征增值税；在计算应纳税所得额时，减按90%计入收入总额。8月5日，《国务院办公厅关于同意建立养老服务部际联席会议制度的函》发布，这意味着我国养老服务部际联席会议制度建立。除国家层面外，各地也在结合实际谋划出台各类政策措施，积极助推养老服务业发展。比如，上海印发了《上海市深化养老服务实施方案（2019—2022年）》，制定了26项具体任务。北京印发了《北京市老年人养老服务补贴津贴管理实施办法》等，组织编制养老服务设施中长期发展规划。江苏将研究梳理养老服务标准需求清单，制订养老服务标准化建设行动计划。广东取消养老机构设立许可，全面放开养老服务市场。贵州启动了养老服务体系建设项目，1 650个标准化的居家社区养老设施和640个标准化的城乡养老机构将得到提质改造。福建确定了健康与养老服务工程重大项目173个，2019年计划投资112亿元。河北要求各市要完成社区和居家养老工程确定的改造提升任务，及早谋划2020年改造提升计划。另外，上海、江苏、浙江、安徽等地还签署了“合作备忘录”，促进长三角地区养老资源共享，统筹规划区域养老服务业布局。①

预计到2025年，我国老龄人口将进一步激增至3亿人，占总人口的1/5左右；预计到2050年前后，老龄人口数量与占总人口的比例均将达到峰值，②养老服务需求将面临持续刚性增长。以改革为主线加快推进养老服务业发展，是积极应对人口老龄化趋势的必然要求，是推动经济社会加快转型发展的重要支撑，也是实现高质量发展的内在呼应。③养老服务业的良性发展，离不开养老服务业人才的创新培养和养老服务业人力资源的优化配置，人才问题已经成为我国养老服务业发展的一大瓶颈和短板。在深入探讨养老服务业人才问题之前，首先必须全面把握养老服务业的内涵、特点、相关理论、发展目标、面临的问题、发展对策等方面的内容。

一、养老服务、养老服务业概念的提出

“养老服务”“养老服务业”都是我国近些年来出现的新概念。以养老服务为基础的养老服务业的健康发展，是社会养老服务体系建设的重中之重，是事关我国数亿老年人福祉的重要问题。要研究社会养老服务体系建设，首先需要弄清养老服务、养老服务业的相关问题。而为了更好地把握养老服务业的内涵，我们要探讨一下养老服务、养老服务业等概念在我国的提出。

1993年8月，民政部、国家计委、国家体改委等11个部委印发的《关于加快发展社区服务业的意见》提出：“加速建设社区服务中心，开展各种便民家庭服务、婚丧服务、初级卫生保健服务、文体健身娱乐服务、婴幼儿教育服务、残疾儿童教育训练和寄托服务、养老服务、避孕节育咨询、优生优育优教咨询、心理咨询等服务项目。”这是我国第一次提出“养老服务”这一概念。2005年12月，《国务院关

① 万璐．养老服务业迎来政策红利［J］．理财，2019（9）：36-37.
② 王建军．到2025年我国老年人口将达到3亿［N］．中国改革报，2018-07-25（4）.
③ 丁文珺，熊斌．我国养老服务业改革：问题、重点与政策建议［J］．中国劳动关系学院学报，2019（10）：84-90.

于发布实施〈促进产业结构调整暂行规定〉的决定》中的第八条提出："提高服务业比重，优化服务业结构，促进服务业全面快速发展。坚持市场化、产业化、社会化的方向，加强分类指导和有效监管，进一步创新、完善服务业发展的体制和机制，建立公开、平等、规范的行业准入制度……大力发展金融、保险、物流、信息和法律服务、会计、知识产权、技术、设计、咨询服务等现代服务业，积极发展文化、旅游、社区服务等需求潜力大的产业，加快教育培训、养老服务、医疗保健等领域的改革和发展。规范和提升商贸、餐饮、住宿等传统服务业，推进连锁经营、特许经营、代理制、多式联运、电子商务等组织形式和服务方式。"可以看出我国第一次将"养老服务"视为一个业态。2006年2月，《国务院办公厅转发全国老龄委办公室和发展改革委等部门关于加快发展养老服务业意见的通知》要求充分认识加快发展养老服务业的重要意义，文件指出："妥善处理人口老龄化问题，关心老年人的需求，加快发展养老服务业，是贯彻落实科学发展观、坚持以人为本的具体体现。认真解决老年人生活中的实际问题，有利于保持家庭关系稳定和睦，促进老年群体与其他群体和谐相处，这是构建社会主义和谐社会的重要内容，是社会文明进步的重要标志。同时，加快发展养老服务业，有利于促进相关行业发展，推动经济增长，提高全体人民的生活质量和水平。各地区、各部门要充分认识发展养老服务业的重要意义，采取有效措施，推动养老服务业加快发展。"在此基础上，文件对发展养老服务业也提出了明确要求："发展养老服务业要按照政策引导、政府扶持、社会兴办、市场推动的原则，逐步建立和完善以居家养老为基础、社区服务为依托、机构养老为补充的服务体系。要建立公开、平等、规范的养老服务业准入制度，积极支持以公建民营、民办公助、政府补贴、购买服务等多种方式兴办养老服务业，鼓励社会资金以独资、合资、合作、联营、参股等方式兴办养老服务业。"这是我国第一次提出发展养老服务业，鼓励和调动社会力量，采取公建民营、民办公助、政府补贴、购买服务等多种形式，推动养老服务业发展。

自此，我国在加快形成符合中国特色的养老服务业发展模式上进行了多方位、多层次的积极探索，特别是"十三五"以来我国在养老服务业发展上实现了四个方面的重大突破，养老服务业改革发展进入重要"窗口期"。这四个方面的重大突破，一是从宏观层面，养老服务业首次被列入地方五年专项规划；二是从市场领域，正式提出并推进养老服务市场全面放开；三是从运营模式方面，养老服务产业化试点探索全面展开；四是从系统角度，对养老服务体系的构成进行了调整。[①]

二、养老服务、养老服务业的内涵

1.养老服务的内涵

2014年9月3日，财政部等4部门下发了《关于做好政府购买养老服务工作的通知》（财社〔2014〕105号），部署加快推进政府购买养老服务工作。通知明确指

① 丁文珺，熊斌. 我国养老服务业改革：问题、重点与政策建议［J］. 中国劳动关系学院学报，2019（10）：84-90.

出，到2020年，我国将基本建立比较完善的政府购买养老服务制度，推动建成功能完善、规模适度、覆盖城乡的养老服务体系。通知关于“确定购买内容”的表述是：“要根据养老服务的性质、对象、特点和地方实际情况，重点选取生活照料、康复护理等方面开展政府购买服务工作。在购买居家养老服务方面，主要包括为符合政府资助条件的老年人购买助餐、助浴、助洁、助急、助医、护理等上门服务，以及加强养老服务网络信息建设；在购买社区养老服务方面，主要包括为老年人购买社区日间照料、老年康复文体活动等服务；在购买机构养老服务方面，主要为“三无”（无劳动能力，无生活来源，无赡养人和扶养人或者其赡养人和扶养人确无赡养和扶养能力）老人、低收入老人、经济困难的失能半失能老人购买机构供养、护理服务……”由此可以看出养老服务大体涵盖的种类和服务内容。

养老服务一般指的是为老年人提供必要的生活服务，满足其物质生活和精神生活的基本需求。养老服务有广义和狭义之分。从狭义上讲，养老服务仅指为老年人提供的生活照顾、康复护理和精神慰藉服务等。从广义上讲，养老服务则是一个大服务的概念，几乎涵盖了老年人衣食住行、生活照料、医疗服务、文化健身娱乐等多个行业领域。

以养老服务为基础的养老服务业的健康发展，是社会养老服务体系建设的重中之重，是我国积极应对人口老龄化的重要基础。

2.养老服务业的内涵

明确了养老服务的内涵，那么什么是养老服务业呢？要明确养老服务业的内涵，首先就要弄清楚“养老服务业”与“养老事业”“老龄产业”等概念的区别与联系。

养老事业是指老年人基本生活服务的部分，它是由政府主办的、以老年人为对象的公共服务事业，以法律形式保证其公平和公正性，是为老年人提供服务的非营利性事业。①养老服务业是以老年人为对象，以满足其高层次生活、文化需求为目标，向老年人提供商品和服务的民间营利事业活动的总称，亦称老人福利产业、老龄产业、银色产业等。

老龄产业是随着全球人口老龄化的深化而产生的新概念。市场经济发达的国家，如日本和欧洲部分国家，早在20世纪70年代就陆续进入人口老龄化社会。为了填补社会养老保障体系的空间不足，充分满足广大老年人口的特殊需求，尤其是一批中高收入家庭老人的需求，这些国家在社会养老保障体系和政府公共服务之外，充分利用社会资本的投入，进一步通过发展市场化、商品化的老龄产业，来扩大供老龄人口使用、消费和享受的特殊产品和服务的范围，逐步形成了较为完整的老龄产业体系。②

按照目前世界各国对产业的统计分类，老龄产业属于跨行业的综合性产业。老龄产业包括：老年特殊产品制造业、老年保健医疗业、老年娱乐休闲旅游业、老年

① 田香兰. 养老事业与养老产业的比较研究——以日本养老事业与养老产业为例［J］. 天津大学学报（社会科学版）2010（1）：29-35.

② 刘韬，甘源. 中国老年产业发展调查报告［N］. 经济观察报，2005-08-01（39）.

住宅地产业、老年日常照料护理服务业、老年金融保险业。其中，属于第三产业范围的老龄产业又可以通称为老年服务业。在现实的市场经济体制下，它是以老年人为供给对象，以养老服务为主要内容，主要通过市场化运作配置养老资源，以市场交易方式向老人提供商品和服务，由老年人的需求导向拉动的综合性产业[①]。老龄产业与公有或私有的产权性质没有必然的联系。

不难看出，养老事业和养老服务业是两个界限分明的概念，前者属政府提供公共物品、公共服务的范畴，体现了保障老年人基本生活需求的政府责任，是普遍性福利概念；后者是满足老年人生活多样化、更高层次生活需求的市场模式的产业概念，更关注的是养老行为的营利性和可持续性。[②]政府主导的“养老事业”和市场主导的“养老服务业”有着紧密的联系。一般而言，养老服务业是养老事业的一个分支，也是养老事业的一个组成部分。它既具备了养老事业的福利性，也具有营利性和市场需求导向性。[③]一般来说，养老服务业是由企业、社会组织和个人根据市场需求专门针对老年人提供的服务的统称，但不包括政府和慈善组织举办的公共养老服务。

因为养老服务有狭义与广义之分，所以养老服务业的定义也有狭义和广义之分。[④]从狭义上讲，养老服务业就是为满足老年人因疾病或身体机能的衰退产生的特殊生活需求和精神需求而提供相应服务产品的生产部门和企业的集合。从广义上讲，养老服务业可以被定义为一切为满足老年人养老需求而提供服务产品的生产部门和企业的集合体。除了生活照料、医疗康复及护理服务外，养老服务业还包括老年金融服务、老年教育服务、老年文化服务，甚至老年护理服务链上的护理人员培训、劳务派遣等也可以纳入养老服务业的外延当中。养老服务业是一个涉及面广、产业链长的综合产业体系（全国老龄办，2008）。

本书所探讨的养老服务业，主要是从狭义的角度对其进行定义，指的是针对老年人的生活照料、医疗卫生、康复护理、精神慰藉等的服务行业。

三、养老服务业的特点与发展目标

1.养老服务业的特点

养老服务业作为一个新兴产业，是伴随我国人口老龄化加速、养老社会化程度提高、老年人物质与精神需求不断提升而出现的新兴居民服务业。与传统服务业相比，养老服务业作为现代服务业的重要组成部分，具有如下特征：[⑤]

（1）特殊性。它是指养老服务业服务对象的特殊性，即从年龄阶段上划分，养老服务业的服务对象为60岁及以上的老年人口。尽管养老服务业提供的产品、劳

① 郭正模，魏宇菲．我国老年产业的特点分析与统计途径探讨［J］．决策咨询，2013（3）：18-19.

② 田香兰．养老事业与养老产业的比较研究——以日本养老事业与养老产业为例［J］．天津大学学报（社会科学版），2010（1）：29-35.

③ 易开刚，等．现代化养老服务业的发展战略、模式与对策研究［M］．杭州：浙江工商大学出版社，2014：10.

④ 唐振兴．对发展中国养老服务业的思考［J］．老龄科学研究，2014（4）：13-22.

⑤ 易开刚，等．现代化养老服务业的发展战略、模式与对策研究［M］．杭州：浙江工商大学出版社，2014：10-11.

务或就业机会并不排斥非老年人群，但是其经济实体在市场中竞争时，将主要考虑老年人口的需求，并根据老年人群的特征进行具体的运作。

（2）综合性。养老服务业的综合性主要表现在两个方面：首先，养老服务业是一个横跨三大产业的综合产业体系，涉及的经济实体一部分属于第一产业，如农业部门中专门为老人提供副食品的企业；一部分属于第二产业，如主要为老人生产日用品的老年服装公司、老人助听器公司等；一部分属于第三产业，如老年旅游、老年教育等。其次，养老服务业是一个综合性的大市场体系，在这个市场体系中，包含众多专门为老人服务的子市场。具体来说，养老服务业的市场体系涵盖老龄日用品市场、老龄服务市场和老龄经济实体等众多领域。

（3）微利性。养老服务业的微利性是指从事养老服务业的企业在老龄市场的单项产品或单项服务中获得的平均利润率与从事其他产业的企业相比相对较小。微利性并不排斥养老服务业的市场性，也并不等于主张养老服务业的福利性，这恰恰表明养老服务业在市场中不同于其他产业的特殊性。老年人现实消费水平的低下性及消费行为的理智性，决定了从事养老服务业的企业的价格战略应该实行低价渗透，战略目标应该瞄准规模效应，因此导致了养老服务业的微利性。

（4）弱质性。在由众多行业、部门构成的产业体系中，如果一个产业的经济再生产能力处于相对弱势甚至绝对弱势的地位和状态，该产业就可以称为“弱质产业”（weak industry）。而在现实生活中，一些产业所提供的产品和服务虽然具有广泛、长远的社会需求特征，但却具有先天的弱性，并且将长时期维持这种弱质特征。由于社会基本需求的存在，这种产业不可能消亡，但相对于一些新兴产业，在整个产业体系中会长期处于弱势地位。弱质产业的一般性特征主要表现为：产业为市场所提供的产品和服务的有效需求不足；产品和服务的价格主要由生产的成本所决定，产品与服务的市场价格所包含的附加价值微薄；产业的人力资本素质普遍偏低；产业的技术进步和产品效用变化缓慢；产业的资金利润率低于社会平均利润率；产业资本积累能力和扩大再生产能力不足。弱质产业的维持和发展在许多情况下需要有政府的经济支撑和政策扶持。当下，我国的养老服务业是明显的弱质产业，其表现形式包括以下6个方面：

①服务对象（人群）实际购买力较低，在市场上有货币支付能力的有效需求相对不足。

②产品与服务在市场定价方面多数以生产成本为基础，产业投入的资金回收慢，盈利水平普遍偏低。

③特殊产品和服务市场交易信息不对称，供需双方交易能力不对称，开发与销售的渠道不畅，实现老龄产品和服务专业化经营的困难较多。

④产业发展对政府的社会福利事业存在明显的依附性，往往需要依托政府老龄福利事业的发展才能够起步与成长。

⑤产业中的老年护理服务业从业人员素质普遍偏低、年龄偏大、工资报酬低，从业人员队伍不稳定。

⑥产业中的养老院等机构存在类似"医患纠纷"的经营风险。[①]

（5）福利性与产业性兼顾。养老服务业应该坚持福利性与产业性兼顾的原则，既要从产业经济的角度考虑生产、消费、就业、需求等一系列经济问题，又要从经济性和社会性相结合的老龄事业特点出发，体现以产业性为中心、以市场机制为主导、与社会福利相辅助的原则。坚持产业性的同时，不能忽视养老服务业的福利性，养老服务业包含着福利性因子，不能像其他产业一样按照利润最大化原则运作，其资源也不能完全遵循市场原则，即养老服务业的开发运作应把"为老服务"的社会效益放在首位。

当今，在中国人口老龄化程度不断加剧的形势下，老龄事业走产业化、社会化道路是必要的举措。

2.养老服务业发展的目标

养老服务业的发展，应以"提供有效服务"为核心目标，考虑服务数量、服务质量和效果、组织效率等各种因素。为了使分析更具操作性，我们把目标分解为三个方面：充足的养老服务资源、优质的养老服务品质、理顺的组织管理体制。[②]

（1）充足的养老服务资源。养老服务资源的多与少，反映了养老服务的数量问题。在经济高速发展的今天，资源比历史上任何时候都显得相对稀缺。市场经济体制本身的导向，使资源更多地流向利润较多的行业和部门。养老服务业的发展在某种程度上讲，不具备这种优势。如果我们能够将更多的社会资源用于养老服务业，也就意味着拥有了更多的养老服务资源，养老服务也就有了更多的物质保证。这是养老服务业发展的基础目标，实现这一目标需要发挥好政府的引导作用和市场的调节作用，处理好政府与市场在资源配置中的关系。

（2）优质的养老服务品质。这是养老服务的质量和效果问题。质量和效果越好，说明在有限的资源条件下，为老年人提供的服务越有效，老年人对养老服务越满意。优质养老服务要建立在足够的数量基础上，充足的服务数量是优质服务质量的必要条件。但是，充足的服务数量有时并不能保证养老服务质量。除此之外，设施的人性化程度、人员的敬业态度、服务的水平标准都是衡量养老服务质量的重要方面。优质的养老服务品质是养老服务业发展的高层次目标。

（3）理顺的组织管理体制。这是养老服务提供的组织效率问题。理顺的组织管理体制要求能够以较低的运行成本来动员和组织社会资源。组织管理体制越通畅，动用社会资源提供养老服务的成本越低。实现这一目标，除了需要正确处理好政府与市场之间的关系外，政府的职能转变也是重要方面。

四、养老服务业面临的问题

我国养老服务业发展处在初级阶段，从当前的发展情况来看，与上述目标存在明

① 郭正模，魏宇菲．老龄产业的弱质特征与政府对老龄产业的扶持政策探讨［J］．天府新论，2014（3）：54-56.

② 耿永志．养老服务业发展研究：目标、差距及影响因素［J］．湖南社会科学，2013（3）：114.

显差距，养老服务业发展面临着诸多问题。只有坚持系统性分析方法，才能杜绝“头痛医头、脚痛医脚”的片面性思维，厘清产业发展问题的根源，从而提出针对性举措。

1.养老服务管理体制滞后，界定不清

养老服务业发展涉及生产、经营、服务、管理等诸多环节。目前的管理体制尚没有完全理顺，不少政府管理部门认为养老服务业应该属于公办性质，政府管理者的角色比较浓厚，缺乏服务意识，民办养老机构面临着尴尬局面。国家对养老机构在用地、用水、用电等方面的优惠政策在一些地方也成了一纸空文，这一点对民办养老机构来讲更为明显。①

当前，我国对养老机构实行营利性、非营利性的分类管理制度，非营利养老机构能够获得较多的政策支持。但是，政策对营利机构、非营利机构的内涵界定并不完备，主要是规定非营利机构的盈余不能用于分红，只能用于养老机构的维护与发展等，缺少对非营利机构、营利机构在资本真实属性、市场分工定位等方面的相关规定，从而导致了市场管理秩序的混乱。②

2.投资运营效率低下，融资难

养老服务业属于高投资行业，综合不同区域、不同条件的民营养老机构来测算，一张床位的成本为10万～15万元，一个50张床位规模的养老机构初始投资就在500万元以上。养老服务业有着投入资金多、资金周转慢、利润低等行业特点，在当前的政策与市场条件下，普遍存在着融资难的问题。养老机构很难获得银行贷款或是政府贴息支持，主要原因是受非营利企业性质和土地产权性质制约。因民办非企业单位所得回报不能用于“分红”，只能继续投入养老院的建设和发展。社会资本多以划拨和租赁土地建设养老服务设施，商业银行不接受抵押贷款。同时，由于产业回报周期较长，养老服务业普遍处于微利运营状态，行业投入越大，回报周期越长，银行贷款审核中对产业回报率较低的养老服务业项目非常谨慎。可见，缺乏与行业特点相适应的长期投资的投融资机制，构成行业发展明显的外部“金融约束”。因此，虽然投资前景看好，但投资与运营效率低下使得养老服务业往往“叫好不叫座”。目前，养老服务业仍处在高度分散化的初级发展阶段，实际上还缺少一种成熟商业模式的支撑。

养老服务业盈利能力较弱。据统计，养老机构的规模普遍较小，床位100张以上的机构不足两成。机构越小，收入越少，成本越高，风险越大，运营越难。养老服务业社会容忍度低，养护纠纷较多，缺少行业保险和调解机制，抗风险能力较差。③

3.行业标准缺失，服务水平低

从养老服务业的产业标准来看，目前只有《老年人社会福利机构基本规范》，

---

① 耿永志. 养老服务业发展研究：目标、差距及影响因素［J］. 湖南社会科学，2013（3）：113-116.
② 张颖熙，夏杰长. 中国养老服务业发展困境与对策研究［J］. 中国经贸导刊，2014（12）：53-55.
③ 梁红卫. 养老服务业发展问题研究——以河南省洛阳市为例［J］. 科技创业月刊，2014（10）：91-93.

且在各项服务、收费标准、经营管理、卫生条件等方面仍缺乏统一的行业标准。更为重要的是，当前缺少入院健康评估、分级护理服务等关键性行业标准。行业标准的缺失给投资环境带来了负面影响。一方面，造成“柠檬市场”效应。由于缺乏统一的服务标准的制约，养老机构之间开展市场竞争时，往往不顾服务质量，竞相降低价格，展开恶性市场竞争，甚至出现“劣币驱除良币”现象，使养老服务市场成为低服务质量养老机构充斥的“柠檬市场”。另一方面，抑制高端市场发育。部分由于缺乏分级服务标准的原因，目前的养老机构多以收养自理老人为主，针对半自理、不自理、失智老人的护理型养老机构偏少。例如，根据浙江省民政厅的统计，当前，护理型养老机构的占比不足20%，远低于占比40%的规划目标。①

我国当前总体的养老服务水平低、服务形式单一，主要表现在硬件服务和软件服务两个方面。

从硬件服务来看，大多数民办养老院尚处于起步阶段，不少养老院在原来旧民房、仓库或闲置房屋的基础上改造而成，环境差、设施简陋、设计不合理。这背后凸显的是“用地难”。政策虽然明确了对非营利性养老机构可以采取划拨的方式供地，但由于政府没有养老服务设施强制性规划，造成建设用地紧缺，选址困难。多数机构是租地建设或租房运营，有的还面临城市改造拆迁，急需政府规划异地重建。同时，社区养老需求迫切，但一房难求。目前，无论是老旧社区还是新建高档小区，都未将养老服务设施列入强制性规划来配建和验收，社区养老服务设施匮乏与“在家门口养老”的公众期盼之间的矛盾日渐凸显。②

从软件服务来看，护理保健服务尤其欠缺。由于缺乏分级护理标准与规范，养老机构不能从日常生活自理能力、精神行为能力、健康状况等方面对老人进行全面评估，从而确定每个老人的照护需求并制定出相应的细化服务内容。加之大部分的养老院缺乏护理人员，专业人才匮乏，老年人很难得到精心照料，甚至基本的护理都无法得到满足。此外，囿于医疗服务的高投入、高专业、高风险，不少民办养老机构无力为老人提供医疗服务。即便一些民办养老机构开设了医务室，但由于医务室一般不能使用医保卡结算，老年人若需要药物或基本医疗，还需另外支付费用，这在一定程度上加重了入住机构老人的费用负担。应该说，护理保健服务是养老机构的“核心产品”，护理保健服务数量不足、质量低下，导致真正需要护理保健服务的老人，特别是半自理、不自理的老人的需求得不到满足，这显然严重制约了养老服务业的良性发展。

4. 面临市场失灵与政府失灵双重困境

养老服务业的发展既需要政府的推动和扶持，又需要借助市场的力量。养老服务业领域的问题如果解决不好，会面临“市场失灵”和“政府失灵”的双重困境。

养老服务属于“准公共物品”，具有很强的外部经济特征。养老服务社会化不仅能够促进养老服务业自身的发展，满足老年人口的需求，还能够通过节省家庭成员用于家庭照顾的时间，增加其他产业的劳动供给，促进整个社会经济的增长。但

---

① 张颖熙，夏杰长．中国养老服务业发展困境与对策研究［J］．中国经贸导刊，2014（12）：53-55.
② 梁红卫．养老服务业发展问题研究——以河南省洛阳市为例［J］．科技创业月刊，2014（10）：91-93.

是在我国现阶段，除少数发达地区以外，多数地区这种正向的外部效应由于市场补偿机制的相对缺失，获利空间小，难以通过市场获得完全的经济价值。养老服务业是微利行业，其盈亏平衡点相对较高，而大部分老年人丧失了劳动能力，经济收入普遍偏低，消费能力不足，企业和民间组织很难从提供养老服务中获得更多利润，因此大都不愿提供这种服务，而单纯依靠社会力量来提供，其发展必然滞后于需求，产业本身必然萎缩，最终难以达到社会所需的最优服务供给水平；老年消费者受信息来源的限制、自身知识的缺乏，很难对老年产品进行估价，判断其质量优劣，导致营利性企业很可能利用这种信息不对称来谋求利润的最大化，这些都构成了市场失灵。

养老服务的准公共产品特性决定了政府在养老服务业发展中的核心和主导地位，从政府的角度来看，能够通过市场方式解决的问题要由市场解决，政府要做的是维护市场的公开、公平、公正。但是政府也会失灵，随着政府改革步伐的加快，政府的职能正在发生深刻变化，计划经济体制下包揽一切、包罗万象的“无限责任”政府正在向适应市场经济的“有限政府”转变。在这一过程中出现了政府职能性缺陷，即由于政府职能的不健全或政府机制的不恰当运用对经济、社会发展造成的损害。由于在市场经济条件下，对政府与市场两种机制如何规范问题缺乏必要的认识，因而出现了政府职能错位与市场发育不足、行政手段滥用与市场机制盲目作用并存的情况。第一种表现是政府通过养老服务市场化，完全向社会和市场卸下包袱，不去承担分内职责，出现了完全“放鸭子”式的社会养老模式。第二种表现是政府过度介入，管得过多、过细，侵占了本应属于民间组织等社会力量的市场份额。第三种表现是政府以所有者身份向社会“出售”公共物品，导致了社会与经济秩序的紊乱、经济运行效率低下，使其提供公共物品的职能被弱化或发生市场化畸变。①

5. 缺少养老服务业专业人才，人才供给面临困境

据调查分析，我国养老服务业面临的问题中人才短缺问题十分突出。以大连市为例，大连市养老服务业的问题，一不是模式单一，大连市在多年以前就总结出10种养老模式，曾得到民政部的“点赞”。二不是养老机构不足，目前，大连市区有养老机构约300个，农村约有90个，有国家公办的、社会力量和企业投资兴办的（约占全市养老机构的70%）可供选择。三不是床位缺少，全市共有养老床位3.8万张，至今入住率不足60%。而存在的实际问题是，在这些养老机构和不同的养老模式中，普遍存在着养老服务工作水平低、质量差、收费高和“工作不到位，服务无所值”等问题。许多方面都远远满足不了老年人的基本需要。有的老年人几经考察选择了自己认为理想的养老院，其结果是入住不到半年，就毅然决然地退了出去。

养老服务的核心问题，归根到底是从事服务工作的人的问题。在现行养老机构和社区养老服务业中，普遍存在着养护人员数量不足、素质不高、年龄偏大、文化

---

① 于戈，刘晓梅．论我国养老服务业发展研究［J］．甘肃社会科学，2011（5）：236-239.

程度较低等现象。他们大都是就业相对困难的进城务工人员、前些年的城市下岗职工和其他失业人员，尚未经过专业化和正规化的培训。他们大多无证上岗，只能做些为老人喂饭、帮助翻身、洗澡、接大小便等简单的工作。对于一些带有技术性的护理项目，如人工呼吸、测量血压和血糖、口腔清洁、吸痰、按摩等，大都难以胜任。至于能对老人进行心理调适、精神慰藉，具有高端服务技能的人才更是凤毛麟角，难以见到。养老服务人才队伍的现状归纳起来是三难，即"养老机构招聘护理人员难，家庭养老找合适的保姆难，住院老人找专业的护工难"。[①]

事实证明，没有高素质的、具有奉献精神和服务技能的养护人员，就很难有良好的服务态度和爱岗敬业的职业道德。因为人的素质和能力不行，整个养老服务业难以得到健康发展。据此，可以说在养老服务业亟待加快发展之时，专业人才匮乏已成为制约这一产业发展的瓶颈[②]。

养老护理员的社会地位和行业美誉度较低，工作环境差、劳动强度大、工资待遇低，如今在一线护理岗位上工作的大多是女性，以农村年轻人和下岗人员居多，她们专业化程度不高，加上待遇偏低，很多人干一段时间就跳槽了。目前，在岗的接受过专业培训的护理员严重不足，养老护理员缺乏专业的医疗护理知识，其持证上岗率低。在数量上，社会养老服务专业人员也远不能满足需求。北京师范大学中国公益研究院发布的《2017年中国养老服务人才培养情况报告》显示，全国失能、半失能老人约有4 063万，若按照国际上失能老人与护理员3：1的配置标准推算，我国至少需要1 300万护理员。而目前各类养老机构中的服务人员不足50万人，持证人员不足2万人[③]。由于照护人员紧缺，不能安排合理的人员轮流值班，护理机构维持运转十分困难。全国养老服务人才需求缺口巨大，已严重制约养老服务产业发展。

当前，"人才荒"已成为养老服务业发展的一大瓶颈，这关乎每一位老年人如何度过晚年甚至人生最后的时光。

为了解决我国养老服务业人才面临的诸多问题，本书将从养老服务业人才的创新培养、养老服务业特别是养老机构人力资源优化配置、发达国家养老服务体系与人才培养的借鉴、养老服务业人才吸引力提升对策研究、养老护理员职业吸引力提升褒扬激励机制研究等方面探讨解决我国养老服务业发展的这一瓶颈问题，以期为相关决策部门、养老机构、职业院校、培训部门提供参考。

---

① 张岩松，阎永胜，赵焕成，等．加强大连市养老服务业人才队伍建设研究［J］．学理论，2014（10）：51-52．

② 张岩松．老年服务与管理人才队伍建设的研究与实践——兼论我国首个老年服务与管理专业教育教学改革［M］．北京：清华大学出版社，2014：4．

③ 孙庆玲，叶芃．养老服务人才队伍建设却亟须提速［EB/OL］．［2019-06-03］．http：//gongyi.people.com.cn/n1/2019/0603/c151132-31116736.html．

第二章　养老服务人才创新培养

大力发展养老服务相关专业，不断扩大人才培养规模，加强养老服务相关专业建设，加快建立养老服务人才培养培训体系，全面提高养老服务业人才培养质量，适应养老服务业发展需求。

——教育部等九部门关于加快推进养老服务业人才培养的意见

（教职成〔2014〕5号）

我国是世界上老年人口最多的国家，老年人口数量占亚洲的40%，占世界的20%。我国自1999年进入老龄化社会以来，老年人的数量不断增加，老龄化程度日益加剧。

我国既是一个人口大国，也是一个老年人数居世界首位的“老龄人口大国”。我国老龄化呈现出“高速、高龄；基数大、差异大；社会养老水平低、自我养老和社会意识低”的“两高两大两低”特征。同时，人口老龄化也正呈现出城乡水平倒置、家庭规模缩小、传统家庭养老功能弱化和养老服务难以适应需求等特点。我国人口老龄化速度之快、基数之大、高龄人口之多是前所未有的，养老需求正趋于个性化和多样化。①

这些状况表明：我国养老服务业发展的关键期已骤然来临。但是目前我国养老服务总体水平不高，涉老服务机构内在发展动力不足，这很大程度上是养老服务业人才队伍建设滞后造成的。正如《教育部等九部门关于加快推进养老服务业人才培养的意见》（教职成〔2014〕5号）所阐述的：“现阶段我国养老服务业人才培养存在规模小、层次单一、质量参差不齐等问题，一定程度上制约了养老服务业的快速发展。”

养老服务的核心问题，归根结底是养老服务人才问题。养老服务人才问题已成为制约我国社会养老服务体系建设、阻碍养老服务业发展的瓶颈问题，是我国人口

---

① 陆颖. 着力人才培养，推动养老事业发展［J］. 社会福利，2010（10）：29-30.

老龄化最为紧迫、亟待解决的问题，必须综合治理，全力出击，艰难突破，予以彻底解决。

一、养老服务人才的含义与类型

1.养老服务人才的含义

2000年，《中共中央、国务院关于加强老龄工作的决定》明确指出："建立以家庭养老为基础、社区服务为依托、社会养老为补充的养老机制；逐步建立比较完善的以老年福利、生活照料、医疗保健、体育健身、文化教育和法律服务为主要内容的养老服务体系，切实提高老年人的物质和精神文化生活水平，基本实现老有所养、老有所医、老有所教、老有所学、老有所为、老有所乐。"这其中已经明确指明了老年服务体系的内容。由于养老服务不是单一的项目，这样就对养老服务机构的人员素质提出了较高的要求，应该是素质高、技术全、受过专业培训的专门人才。

由于老年人的需求多种多样，涉及社会的方方面面，整个社会的老年供养体系实际上包含了全方位供养老年人的经济保障、照料保障、精神慰藉保障以及制度、法律、政策、舆论、管理、思想和措施等综合系统[①]。所以从广义上讲，凡是从事老年人服务与管理工作的专业人员都可以称为养老服务业人才。本书所探讨的"养老服务业人才"是指为适应我国老龄化社会的需要而培养的、在各种老年服务专门机构从事老年人服务与管理工作的高级应用型人才。

2.养老服务人才的类型

养老服务人才包括在各类养老机构中从事老年人服务与管理工作的专业人员。现有养老机构中这类人员可以划分为生活照顾人员、医疗护理人员、生活服务人员、机构管理人员四种。[②]

（1）生活照顾人员。其主要负责为老年人提供饮食、喂食、换衣、入厕、卫生打扫、房间整理、帮助行动不便的老人活动等日常生活服务，陪老年人聊天，参与、协助机构举办老年活动。生活照顾人员占老年服务机构工作人员的大多数，较其他类型工作人员而言，对专业知识、技能要求不高，但要求生活技能相对熟练，具备吃苦耐劳的精神，与老年人在沟通上没有隔阂，因而实际工作中大多工作人员都是四五十岁的中年妇女。

（2）医疗护理人员。按照服务内容的专业性高低，其主要包括三种不同层次的工作人员：

①基础护理工作人员。该类型工作人员需要具备一定的护理知识，能够为一些患有特殊疾病的老人提供具有针对性的医疗护理服务。

②专业医护工作人员。其具备较强的医疗知识水平，能够对老年人的一些易患

① 邬沧萍．社会老年学［M］．北京：中国人民大学出版社，1999：203-205，262．
② 马三津．范耕新．老年服务机构工作人员服务标准分析［J］．黑河学刊，2013（6）：184-185．

疾病进行诊断和日常治疗，遇到突发情况，能够进行紧急处理。专业医护工作人员在日常能够对老年健康咨询进行解答，并能够根据不同老年人的体检情况，采取不同措施，帮助老年人预防疾病发生。

③老年人康复保健师。其具备专业的康复医学、保健医学、老年医学的相关知识，能够针对患病或术后老年人制订有针对性的专业康复计划，并合理利用专业器械帮助老年人恢复，科学安排其身体锻炼，保障老年人的身体健康。

（3）生活服务人员。其主要包括以下四类：

①心理咨询师。其帮助老年人解决心理问题，指导、培训其他工作人员掌握老年人的心理并运用于日常工作中。随着我国“空巢老人”现象的日益严重，老年人心理上的孤独感和寂寞感会逐渐增强，从而引起许多老年心理问题，严重者会影响老年人的身体健康，因此老年人的心理问题需要引起我们的重视。心理咨询师在负责治疗老年人心理问题的同时，更需要通过讲座等多种形式使老年人树立积极生活的观念，以良好的心态安度晚年。

②法律咨询人员。当前，我国公民的法制观念不断增强，新增城市老年人的平均文化水平已经从之前的小学水平上升到了高中水平，老年人的法律意识、维权意识有了长足的进步。近年来，老年人权利受到侵害的案件明显增加，主要集中在道路交通事故、人身损害赔偿、婚姻家庭、民间借贷、一般人格权、所有权确认纠纷等方面。受自身文化水平的限制，老年人需要具备专业知识的法律工作者为自己解决生活中的难题。

③专业理财人员。现在大部分城市老年人都有自己的退休金，工作期间也有一定的积蓄，日常开销不大，如何通过科学的理财规划，如购买保险、债券等，使自己的晚年生活更有保障，实现财务自由，需要专业理财人员针对老年人的收入和消费特点进行合理规划。

④老年教育工作者。老年大学的办学目的是帮助老年人培养业余爱好，学习感兴趣的知识，使自己的晚年在精神生活上更加充实。同时也是尊重老年人的社会价值、扩大老年人社会活动参与范围的重要途径。如何对老年人工作期间积累的知识经验进行总结，为社会再创造价值，是老年大学发展的新课题。老年教育工作者需要在一定程度上加强老年人的兴趣爱好培养和知识学习的同时，对老年人几十年的工作经验进行总结和提炼，在给予年轻人许多教育和借鉴的同时，能够担负起联系社会上的经济组织给老年人提供再就业平台的职责，为老年人创造社会价值提供渠道，创造老年人力资源红利。

（4）机构管理人员。老年服务机构的良好运营、发展离不开众多管理人员的参与和贡献，其中包括基本的管理岗位，如会计人员、人力资源管理人员、销售人员等，他们需要具备自己工作领域内的专业知识，保证老年服务机构科学有效地运营。同时，老年服务机构也需要高级管理者，负责协调机构的日常管理工作，制定目标规划。老年服务机构的管理人员需要组织机构内的老年人开展文娱活动，如书法和歌唱比赛、旅游等，更重要的是联系机构外部人员与机构合作，为老年人提供更多的社会支持，如联系志愿者为机构老年人服务，聘请医护人员为老年人检查身体等。这部分人员需要具备很强的组织协调能力以及优秀的沟通能力，是老年服务机构需要的专业人才之一。然而当前我国老年服务机构中并没有专门的相应人才。

二、养老服务人才的素质要求

良好的思想素质、业务素质、服务礼仪规范构成了养老服务人才的素质体系，这是对一名合格的养老服务人员提出的基本要求。

1.养老服务人才的思想素质

作为一名养老护理服务工作者，首先应该具备良好的思想素质。它包括良好的职业道德、坚定的职业信念和切实的职业守则。

（1）养老服务人才的职业道德。养老服务业是关爱夕阳人生的朝阳产业，也是建设和谐社会不可缺少的一部分。与其他人员相比，养老服务人员需要有一定的文化、道德素养，更需要有爱心、耐心和对老年人无微不至的关心。

对任何一所养老机构而言，从业人员对老人的关爱和人性化服务都是其兴盛的关键所在。例如，山东省淄博市张店区金乔老年公寓非常重视员工的职业道德修养，向员工提出的“五心”、“六多”和“七不”的要求[①]就充分体现了这点，在工作人员的努力下，浓浓的亲情充盈着该养老机构的每一个角落。

养老服务人才的职业道德是规范养老护理员运用公共的行为标准，处理与老人之间和老人亲属之间、与同事和社会之间相互关系的准则。[②]它是社会主义道德体系的重要组成部分，职业道德建设上要做到爱岗敬业、诚实守信、办事公道、服务群众、奉献社会，从这五个方面出发才能树立正确的职业观，为社会主义各项建设打下坚实的基础。

（2）养老服务人才的职业信念。它应包括如下内涵[③]：一是在工作中对所有老人应同等对待；二是必须具有正确的劳动态度；三是养老护理服务工作既是一项繁杂的体力劳动，又需要花费相当的脑力；四是必须具有团队精神。

（3）养老服务人才的职业守则。我国养老事业任重道远，要使养老服务业朝着专业化的方向发展，从业人员首先应当遵守一定的职业守则。只有这样，才能制定并执行养老服务人才的各项行为规范。养老护理人员的职业守则是：尊老敬老、以人为本；服务第一、爱岗敬业；遵章守法、自律奉献。[④]

养老护理人员的护理工作要注重工作程序，无论是老人的生活护理、疾病护理还是心理护理，都必须遵守老年护理工作的相关规章、制度、流程，在工作中懂得做什么，如何规范化地做，实事求是、不折不扣地完成，白天晚上一个样、有无家属在一个样。甚至要注意个人事情的处理程序，对某些事情有些看法是正常的，有些情绪也是正常的，但是绝不可带着情绪工作，任何时候都要按章办事。此外，还要注重和家属沟通的程序，把握好尺度，处理好关系。只有程序化护理、规范化服

---

① 于涛. 养老服务人才的现状调查与对策——以淄博市为例［J］. 社科纵横（新理论版），2011（6）：94-97.
② 韩家新. 提高养老护理人员素质的途径探析［J］. 科学咨询，2012（4）：80-81.
③ 韩家新. 提高养老护理人员素质的途径探析［J］. 科学咨询，2012（4）：80-81.
④ 陈立新，杨宝祥. 养老护理员职业技能［M］. 北京：中国社会出版社，2012：9-11.

务，才能提高老年护理的服务质量，打造养老机构的品牌，吸引更多的老人入住，在创造社会效益的同时增加经济效益。[①]

养老护理工作又脏又累，既辛苦又默默无闻，没有一种兢兢业业的工作态度和奉献精神，没有不计个人名利得失的宽广襟怀，是不可能干好养老护理工作的。新时期养老护理工作者应树立长远目标，保持良好的心态，在护理服务工作中要具备爱心、细心、耐心、热心、诚心。因此，扎扎实实地学习和掌握为老人服务的过硬本领和相关的新知识及理念，是养老护理人员服务质量提高的关键。

2.养老服务人才的业务素质

养老服务人才的业务素质包括专业素质、组织管理素质、法律意识和创新意识等。[②]

（1）养老服务人才的专业素质。良好的业务素质是养老服务人才顺利开展工作的根本保证。养老机构的专业化水平是衡量其服务质量的主要标志，而养老机构管理者的专业素质也将影响本单位的专业化建设。养老机构管理者首先要熟悉与养老护理业相关的法律、法规及行业规范，认真研究本单位的业务特色和服务对象的特点、个性，运用相关的专业知识、技能组织和指导本单位的业务工作。养老机构管理者的专业素质应当包括以下内容：[③]

一是先进的为老服务思想和观念。养老服务人才要具有先进的为老服务思想和观念，并将其融入本单位的业务管理和建设中。

二是贴近老人的专业化眼光。养老服务人才应具有专业化眼光，办任何事情都要结合老人的特点，一切以老人的满意度为服务标准。

三是全面的专业知识和技能。养老服务人才要懂得社会学、伦理学、心理学、护理学、老年学等学科的基本知识，了解老人的生理特点、心理变化和老年保健知识，熟练掌握各种护理技能，熟练掌握老年人生活照料的各种方法。

其中，基本护理技能包括：常用药物的给药方法，生命体征的观察法，清洁、消毒法，冷热疗法及卧床老人的护理方法等。此外，养老服务人才还要善于理论联系实际，在工作实践中学习，不断发现问题，解决问题，总结经验，以推动养老护理工作的开展和自身业务素质的不断提高。

四是较强的心理护理能力。养老服务人才要不断提高自身素质，尤其要培养良好的心理品质，通过自己的态度、语言、行为等有意识地影响老年人的感受和认知，改变老年人不良的心理状态和行为习惯。养老服务人才还需要掌握必要的心理学知识，特别是护理老年人心理的技能。要学会言语性沟通和非言语性沟通，采取有效的沟通方法，面对不同的老人采取不同的沟通方式，包括询问式交谈、理解式交谈、鼓励式交谈、批评式交谈、问谈法等。在进行心理护理时，对失去自理能力、长期卧床患者应予以局部轻度按摩等，使患者感到亲切、温暖，体会到护理人员的关心和体贴，从而达到心理满足。可采用劝导、启发、理解、同情、支持、提

---

① 陈茹，周琦，曾红，等．养老机构对老年护理人员素质要求的质性研究——从入住老人和家属的角度［J］．中国老年学杂志，2012（1）：119.

② 韩家新．提高养老护理人员素质的途径探析［J］．科学咨询，2012（4）：80.

③ 金萍．养老护理专业对养老机构管理者的素质要求［J］．社会福利，2003（7）：10.

供保证和消除顾虑的方法帮助重病缠身的老人，使他们了解疾病，改善心情，增强信心，促进老人身心健康。

五是细致周到的保健宣教[①]。养老服务人才必须具有一定的文化素质，特别是应当丰富自己的养生保健知识，能够科学合理地指导老人正确饮食、合理运动、调养情志、劳逸结合、积极乐观地对待生活。老年护理员还需不断地锻炼、培养自己的宣传教育能力，能适时地对老人提供科学的保健知识，特别是面对老人的多种疾病能提供相应的保健知识。能利用宣传栏及举办讲座等方式，从饮食、运动、情绪、生活等方面指导老人合理调养。只有这样才能为老人营造一个舒心、安全、放心的养老环境。

六是外语知识和计算机操作技能。为适应我国对外开放及打造数字化民政的需要，养老服务人才尤其是养老机构管理者还必须尽可能地掌握一些外语知识和计算机操作技能。

（2）养老服务人才的组织管理素质。组织管理能力和水平是养老机构管理者必备的条件，也是做好工作的起码要求。养老服务人才的组织管理素质至少应包括以下方面：[②]

一是驾驭全局的能力。思考问题、解决问题能注意整体性原则、联系性原则和最佳化原则；善于由全局而思局部，再由局部而思全局，能在宏观上把握工作发展的趋势。

二是观察能力。其要求在机构的日常运作中能敏锐地发现问题、解决问题。

三是协调能力。对外能妥善处理方方面面的关系，做好方方面面的工作，争取上级领导和社会各界对养老事业的关心与支持；对内能形成合力，调动全体员工的积极性，能使服务对象也参与民主管理，了解、理解并支持院方的工作。

四是组织计划能力。善于在繁忙的工作中抓重点，抓主要矛盾，科学制订和安排工作计划；善于组织和动员并带领全体员工心往一处想，劲往一处使。我国的社会养老事业管理模式还不成熟，没有现成的拿来照用，如果不进行组织和计划，往往是做不好的。

（3）养老服务人才的法律意识。老年服务与管理人员从事的是世界上最复杂的“人”的工作，只有懂法并自觉地学法、守法，才能更好地保护老人权益不受侵害，更好地维护个人利益。

老年服务与管理人员应认真贯彻《老年人权益保障法》、《残疾人保障法》、《侵权责任法》[③]、《治安管理处罚法》、《养老护理员国家职业技能标准》等相关法律、法规和制度，深刻领会、全面掌握有关知识。要增强法制观念，加强防范意识，避免工作失误，远离职业犯罪。

（4）养老服务人才的创新意识。新时期养老护理工作要求老年服务与管理人员必须具备创新意识，这就需要通过理论和实际操作的学习，掌握护理各类型老年人的方法，来满足不同层次老人的生理、心理需求。还需要陪伴老人，负责老人的心

---

① 陈茹，周琦，曾红，等．养老机构对老年护理人员素质要求的质性研究——从入住老人和家属的角度［J］．中国老年学杂志，2012（1）：119.

② 金萍．养老护理专业对养老机构管理者的素质要求［J］．社会福利，2003（7）：10.

③ 《中华人民共和国民法典》自2021年1月1日起施行，《侵权责任法》同时废止。

理照料，经常与老人交谈，了解老人的心理需要，关心、开导、安慰老人。在思路上创新，在工作方法上创新，不断提高工作效率和质量。在工作中善于发现问题、分析问题、解决问题，并培养锐意进取的精神。克服排泄照料、心理照料、常见疾病护理、临终护理工作中的难点。[①]

3.养老服务人才的服务礼仪规范

这里详细介绍一下养老服务人才在养老服务工作中应具有的礼仪规范，以便塑造养老服务人才良好的职业形象。

(1) 仪容规范。仪容既是一个人素质和修养的体现，也是一个人精神面貌的体现。老年服务与管理工作面对的是有着丰富生活和社会经验的老人，因此工作人员应十分注意这点。仪容规范包括以下方面：

①养成良好的卫生习惯。个人卫生可以反映社会文明程度，体现社会风尚。养老服务行业的员工因为工作性质的原因，要特别注意个人卫生，养成良好的个人卫生习惯。个人卫生是向老人提供优质服务的基础和前提，也是良好的个人仪容所必须达到的基本要求，要做到这一点，重要的是养成良好的卫生习惯，长年累月坚持不懈、不厌其烦地进行仪容细节的修饰。

• 坚持洗澡、洗脸。洗澡可以除去身上的尘土、油垢和汗味，并且使人精神焕发。有可能的话要常洗澡，至少也要坚持每星期洗一次。在参加重大礼仪活动之前还要加洗一次。若脸上常有灰尘、污垢、泪痕或汤渍，难免会让人觉得此人又懒又脏。所以除了早上起床后、晚上睡觉前洗脸之外，只要有必要、有可能，随时随地都要抽出一点时间洗脸净面。

要注意眼部保洁，这是对养老行业从业人员最起码的要求，应注意及时除去眼角出现的分泌物，使眼睛看起来清爽、干净。要注意用眼卫生和眼病的防治，养老行业从业人员如患有传染性眼病，必须及时治疗、休息，绝不可直接与老人接触。还要注意眉毛的修整，每天上班前梳理一下眉毛，留意自己眉部是否整洁，防止眉部出现灰尘、死皮或脱落的眉毛等异物。

要注意鼻部的整洁。有必要去除鼻垢时，要在无人场合以手帕或纸巾辅助轻声进行，切不要使此举响声大作，令人反感。不要当众擤鼻涕、挖鼻孔或者乱抹、乱弹鼻垢。男性养老行业从业人员要注意及时修剪鼻毛。

要注意耳部的清理。养老行业从业人员务必每天要认真清洗耳垢，但要注意此举不要在工作岗位上进行。如果有耳毛，也要注意及时进行修剪。

• 保持手部卫生。手是每个人与外界进行直接接触最多的一个部位，它最容易沾染脏东西，所以必须勤洗手，不仅是饭前、便后，随时都要做好手部卫生的清洁。此外，还要常剪手指甲，绝不要留长指甲，因为它不符合礼仪规范，还会藏污纳垢，给人留下不讲卫生的印象，所以要经常剪；手指甲的长度以不长过手指指尖为宜。

洗手是有规范要求的，不是用水随便冲一下就可以的。其规范包括：①先用清

① 韩家新. 提高养老护理人员素质的途径探析 [J]. 科学咨询, 2012 (4): 80.

水冲洗双手，在手上均匀涂抹洗手液或抹香皂；②掌心相对，手指并拢相互摩擦；③手心对手背沿指缝相互搓擦，交换进行；④掌心相对，双手交叉沿指缝摩擦；⑤一手握另一手大拇指，旋转搓擦，交换进行；⑥弯曲各手指关节，在另一手掌心旋转搓擦，交换进行；⑦搓洗手腕，交换进行，最后用清水将双手彻底冲洗干净；⑧用干毛巾或手纸彻底抹干双手，或以干手机吹干双手；⑨以擦手巾包裹水龙头，或在水龙头上泼水冲洗干净，再把水龙头关上。

• 注意口腔卫生。口腔是表现清洁感的另一个重点。与人说话的时候露出牙齿上的食物残渣，是很让人厌恶的，所以我们应该注意口腔卫生。

还应当特别注意口中的异味，也就是我们通常所说的口臭。与人交谈的时候，如果口中发散出难闻的气味，会使对方很不愉快，自己也很难堪。口腔异味产生的原因很多，口腔内本来就有多种细菌，能够分解食物残渣中的淀粉类物质和蛋白类物质，产生酸味或其他异味。养成随时刷牙漱口的习惯，口腔中细菌没有作用的对象，口腔中的异味就自然消除了。

有时候我们吃了葱、韭菜、大蒜等刺激性食物，口腔也会产生强烈异味。在与人交谈之前，如果碰巧吃了这类食物，可在口中嚼一点茶叶、红枣和花生，它们有助于清除异味。必要时可以使用口香糖减少口腔异味，但应该指出，参加比较正式的交际活动，在他人面前嚼口香糖是不礼貌的。造成口腔异味的另一个原因是口腔疾病，如龋齿、牙龈炎、牙槽脓肿、口腔溃疡等。这些原因造成的口腔异味，单靠刷牙漱口的方法不可能消除。只要治疗好这些口腔疾病，异味会随之消失。

如果上述两种情况都已经排除，那么口腔异味就与体内疾病有关了，如消化不良、肺病、肝病、糖尿病、气管炎等，这就需要治疾病之本了。切记，口臭会使一个人的好印象大打折扣。坚持每天刷牙，消除口腔异味，维护口腔卫生，是非常必要的。有可能的话，在吃完每顿饭以后都要刷一次牙，切勿用漱口和咀嚼口香糖等方法来替代刷牙。此外，还要养成平日不吃生蒜、生葱和韭菜一类带刺激性气味的食物的良好习惯，免得在工作中担心自己说话“带味道”，或是使接近自己的人感到不快。

• 保持发部整洁。头发是人体的制高点，因为人们的发型多有不同，故头发颇受他人的关注。

首先要清洗头发。只有坚持经常洗头，方可确保头发不粘连，不板结，无发屑，无汗馊气味。一般认为，每周应当至少对自己的头发清洗两三次。

其次要修剪头发。与清洗头发一样，修剪头发同样要定期进行，并且持之以恒。养老护理员的头发不宜过长，以防止在护理操作时头发沾染老人的饮食、物品或碰到老人。正常情况下，应当每半个月左右修剪一次头发，至少也要确保每个月修剪一次；否则，自己的头发很难有“序”可言。

最后是梳理头发。梳理头发是每天必做之事，而且应当不止一次。按照常规，在下述情况下皆应自觉梳理一下头发：一是出门上班前，二是换装上岗前，三是摘下帽子时，四是下班回家时，五是其他必要时。在梳理自己的头发时，还有三点应注意：一是梳理头发不宜当众进行。作为私人事务，梳理头发时应当避开外人。二是梳理头发不宜直接下手，最好随身携带一把发梳。不到万不得已，千万不要以手指去代替发梳。三是断发头屑不宜随手乱扔。梳理头发时，难免会产生少许断发、头屑等，信手乱扔，是缺乏教养的表现。

• 保持脚部清洁。脚作为支撑人体的重要部位，每天要进行运动。它会分泌出大量汗液，恶化脚底环境，为真菌繁衍提供温床，如不及时改善，会导致各种脚部疾病，如脱皮、脚癣、脚部溃烂等。所以，平时要注意洗脚，让其通气，可以擦些护脚霜。此外，还要加以适当保健按摩，美化脚部肌肤。

要勤换鞋袜，一般每天换洗一次袜子，才能避免脚臭；还要注意尽量不穿不透气、吸湿性差、易产生异味的袜子。定期更换自己的鞋子，并且要勤清洗、勤晾晒。在穿鞋前务必清洁鞋面、鞋跟、鞋底等处，使其一尘不染，皮鞋要定期擦油使其铿亮光洁。

• 保持衣裳整洁。要勤换内衣，外衣也要定期清洗、消毒。要勤换鞋袜，保持鞋袜舒适干净，不要在公共场合脱鞋。

此外，使用自己的毛巾、口杯、脸盆、牙刷和香皂，也是养成良好的卫生习惯的基本要求。

②化妆的原则及方法[①]。这具体包括：一是淡雅，即服务人员在工作时一般只化淡妆。重要的是自然大方、朴实无华、素净雅致，这样才能与自己的身份相称，才会被服务对象所认可。二是简洁。工作妆应以简单明了为本。一般情况下，主要是对嘴唇、面颊和眼部的轻微修饰，对其他部分可不予考虑。三是适度。通常不采用芳香类的化妆品，如香水、香粉、香脂等，以免给服务对象带来不适或不雅之感。四是庄重。服务人员在化妆时应对本人进行正确的角色定位。对老年人来说，能够接受的化妆应以庄重为主要特征。老年服务从业人员在上班时应避免采用流行的化妆方式，如金粉妆、日晒妆、宴会妆等，否则会令人觉得轻浮、随便甚至不务正业。

（2）服饰规范。其包括以下两方面：

①养老行业从业人员着装的基本要求。养老行业从业人员的服饰得体与否，与个人形象、养老机构的形象均有极大关系。如对其重视不够，会影响个人形象与组织形象。养老行业从业人员在服饰上不出差错，唯一的办法就是遵守规定，特别是要严守本单位的有关规定。养老行业从业人员在自己的工作岗位上身着正装必须注意以下方面：

• 外观整洁。养老行业从业人员在其工作岗位上不穿外观不够整洁的正装。正装不够整洁主要包括下述几种情况，它们都是不符合服务礼仪基本规范的。

一是布满褶皱。养老行业从业人员在穿着正装前，要进行熨烫；在暂时将其脱下时，应认真地把它悬挂起来。若平时对其不熨不烫，脱下后随手乱丢，则会折痕遍布、皱皱巴巴，必定十分难看。

二是出现残破。养老行业从业人员若是随随便便地穿着外观明显残破的正装，如被刮破、扯烂、磨透、烧洞，或者纽扣丢失等，极易给人很坏的印象。在他人眼

① 孟令君．老年服务伦理与礼仪［M］．北京：北京大学出版社，2013：97.

里，这不但是工作消极、敷衍了事的表现，而且也绝无爱岗敬业、恪尽职守的精神可言。

三是遍布污渍。养老行业从业人员在工作中难免会使自己身着的正装沾染上一些污渍，如油渍、泥渍、汗渍、雨渍、水渍、墨渍、血渍等。这些污渍会给人以不洁之感，甚至有时会令人产生其他联想。

四是沾有脏物。与遍布污渍相比，正装上沾有脏物，往往会产生更大的负面影响。

五是充斥异味。正装充斥异味，如汗酸、体臭等，属于“隐形”的不洁状态。它表明着装者疏于换洗服装。在某些情况下，特别是当养老行业从业人员需要为老人提供近身服务时，若浑身上下异味袭人，会对服务对象多有妨碍。为了保证养老行业从业人员服装整洁，养老机构一般都制定相关规定并严格执行：统一规定养老行业从业人员正装换洗的具体时间，如每日一换、三日一换或一周一换，并且由单位负责服装的洗涤；养老行业从业人员的正装必须随脏随换，不得懈怠；任命专人负责检查，凡不符合要求者，除批评教育外，还要进行一定的处罚等。

• 穿着得体。养老行业从业人员必须按规定穿好正装，做到如下三点：一是正装内衬衣的领口、袖口一定要洁净，衣摆应扎入衣裤内，否则既影响形象，又有失身份。二是衣扣到位。女士正装上衣的扣子一定要到位，如此才会显出女性的端庄典雅，不允许解开衣扣；男士西装上衣的扣子要按规范扣好。三是不管工作多忙或天气多热，都不可以高卷袖筒、挽起裤腿。

此外，对鞋袜还有特别要求：①不要光腿。养老行业从业人员的下肢直接暴露在他人的视线之内时，最好不要光腿。男性如果光腿，会令他人对其产生厌恶。而女性光腿，则通常会被理解为向异性展示自己的性感和魅力。因天气过度炎热或工作性质特殊而光腿时，女士必须选择长于膝盖的裙子。②不要光脚。根据常规，养老行业从业人员在工作时，通常不允许赤脚穿鞋；应穿软底鞋，而且一定要穿上袜子，也不要赤脚穿拖鞋。这不仅是美观和塑造形象的要求，更主要的是防止在搀扶老人时因自己站立不稳而发生意外。

• 制作讲究。养老行业从业人员身着的制服应统一制作、便于服务、式样雅致、色彩要少，不能对服务产生阻碍，给老人留下不好的印象。此外，制服还要在设计上适应工作特点，体现出积极进取、奋发向上的精神风貌。

②工作时的着装要求。老年服务与管理人员尤其是养老护理员要特别注意工作服的穿着，具体应该注意以下方面：[①]

• 工作服的穿着。护理人员应穿着养老机构统一定制的工作服。由于以白色为主基调的护理服装容易让老人产生一种在医院治病的感觉，因此护理人员的工作服可选择淡蓝色、淡粉色、淡绿色、淡紫色、淡黄色、淡米色等，这样更能使老人感到亲切自然。

专业护理人员应着护士服。护士服多为连衣裙式，给人以纯洁、轻盈、活泼、勤快的感觉，以整齐洁净、大方适体和便于各项操作为原则。穿着要求尺寸合适，

① 孟令君．老年服务伦理与礼仪［M］．北京：北京大学出版社，2013：100-101．

以衣长刚好过膝、袖长刚好至腕为宜。腰部用腰带调整，宽松适度，下身一般配与衣服同色的长工作裤。对于生活照顾人员，应统一制作衣裤套装，衣服的下摆在臀部上下为佳，款式以简单、整洁为原则，一般以类似于中山装的小立领为主，不露出里面的衣服，以保证外观的整洁度；下身最好为直筒长裤。工作服的衣扣、袖扣应全部扣整齐，缺扣子要尽快钉上，禁用胶布或别针代替。工作服上禁止粘贴胶布，衣兜内忌鼓满。袖扣要扣齐，使自己的内衣袖口不外露。

• 帽子的佩戴。女性专业护理人员应佩戴燕帽，并保持燕帽洁白无皱。佩戴燕帽时，两边微翘，前后适宜。一般帽子前沿距发际3～5厘米。戴帽前将头发梳理整齐，以低头时前刘海不垂落遮挡视线，后发辫长不及衣领、侧不掩耳为宜。上岗前应把头发夹好，不要一边工作一边腾出手去弄头发。应把燕帽轻巧地扣在头顶，帽后用黑色或白色发夹别住，以低头或仰头时不脱落为宜。男性专业护理人员及生活照顾人员应佩戴圆筒帽。在佩戴圆筒帽前，应仔细整理好发型，头发应全部放在圆筒帽内，前不露刘海，后不露发际。

• 胸卡的佩戴。护理人员应佩戴统一制作的胸卡。胸卡是向人表明自己身份的标志，便于接受监督，要求正面向外，别在胸前。胸卡表面要保持干净，避免药液和水迹沾染。胸卡上不可吊坠或粘贴他物。

• 手套的佩戴。生活照顾人员根据工作要求应佩戴手套。根据不同的工作内容应选戴不同颜色的手套，如用红色的手套抹床、床头柜，用黑色手套洗厕所、倒垃圾、洗痰盂等，不同颜色和用途的手套要严格分开，不能混用；应根据自己手的大小选用合适型号的手套（手套分大、中、小码）。戴手套前要洗手，每次用完后要把手套洗净、晾干，最好每天下班后用消毒水浸泡10～20分钟，然后冲洗干净并晾干。手套如有破损要及时更换。为了防止粘连，手套内可洒适量的滑石粉或爽身粉。

• 工作鞋的穿着。工作时应穿白色低跟、软底防滑、大小合适的工作鞋，这样在行走时，既可以防止发出声响、保持速度，又可以使脚部舒适、减轻疲劳；反之，如果穿着高跟鞋、硬底鞋或带钉、带响的鞋，自己行走时容易疲劳，而且也会影响老人休息。应经常刷洗工作鞋，保持洁白干净。袜子以浅色、肉色为宜，与白鞋协调一致。

• 不佩戴饰物。饰物不仅妨碍工作，也是交叉感染的媒介体，在护理工作进行时还可能会划伤老人、划破手套、脱落污染，不便于手的清洁消毒。因此，护理人员要求一律不佩戴首饰、耳饰或其他衣饰。

（3）仪态规范。仪态也叫仪姿、体态，泛指人身体所呈现出的各种姿势，包括四肢动作、神态表情。人们的面部表情，体态变化，行、站、立，一举手一投足，都可以表达思想感情。仪态是映现一个人涵养的一面镜子，也是构成一个人外在美好形象的主要因素。用优美的仪态表达礼仪，比用语言更让受礼者感到真实、美好和生动，更富有魅力，往往有“此时无声胜有声”的效果。在养老服务工作中，无论何种仪态，其表现都应尽可能给人以亲切、优雅之感，这是社会审美和服务工作的需要，也是仪态礼仪最基本的要求。

养老服务人才服务礼仪规范中的仪态规范由体态规范、表情规范和手势规范三方面规范构成。

第一，体态规范。体态端庄是对养老行业从业人员的基本要求，俗话说："坐有坐相，站有站相。"规范的坐姿、站姿、走姿、蹲姿等能体现出养老行业从业人员良好的素养和风度，将成为各类养老机构一道亮丽的风景线。

• 站姿。俗话说"站如松"。男子的站姿应如"劲松"，具有男子汉刚毅英武、稳重有力的阳刚之美；女子的站姿应如"静松"，具有女性轻盈典雅、亭亭玉立的阴柔之美。正确的站姿是自信心的表现，会给人留下美好的印象。

标准的站姿，从正面看，全身笔直，精神饱满，两眼正视（而不是斜视），两肩平齐，两臂自然下垂，两脚跟并拢，两脚尖张开60度，身体中心落于两腿正中；从侧面看，两眼平视，下颌微收，挺胸收腹，腰背挺直，手中指贴裤缝，整个身体庄重挺拔。

站姿的要领是：一要平，即头平正、双肩平、两眼平视；二是直，即腰直、腿直，后脑勺、背、臀、脚后跟成一条直线；三是高，即重心上拔，看起来显得高。

身躯歪斜、弯腰驼背、趴伏倚靠、半坐半立、全身乱动、摆弄物件等不良的站姿，在服务工作应努力克服。

• 坐姿。俗话说"坐如钟"，坐姿是人际交往中人们采用最多的一种静态姿势。优雅的坐姿给人一种端庄、稳重、威严的美。

标准的坐姿要求落座时，要坚持尊者为先的原则，不要争抢；通常侧身走近座椅，从椅子的左侧就座，如果背对座椅，要首先站好，全身保持站立的标准姿态，右腿后退一点，用小腿确定椅子的位置，上身正直，目视前方就座。用小腿落座时声音要轻，动作要缓。落座过程中，腰、腿肌肉要稍有紧张感。女士着裙装落座时，要注意从后向前双手拢裙，不可落座后整理衣裙。

坐立时，上身正直而稍向前倾，头、肩平正，腰部内收，通常只坐椅子的1/2～2/3处，两臂贴身下垂，两手可以搭放在椅子扶手上，无扶手时，女士右手搭在左手上，放于腹部或者轻放于双腿之上；男子双手掌心向下，自然放于膝盖上。男士膝盖可以自然分开，但不可超过肩宽；女士膝盖不可以分开。女士要注意使膝盖与脚尖的距离尽量拉远，以使小腿部分看起来显得修长些，只有脚背用力挺直时，脚尖与膝盖的距离才最远，在视觉上才会产生延伸的效果，使腿部线条显得优美。当与他人进行交谈时，要注意不能只是转头，而应将整个上身朝向对方，以示对其重视和尊敬。

离座时要先以语言或动作向周围的人示意，方可站起，突然一跃而起会使周围的人受到惊扰；同落座时一样要注意按次序进行，尊者为先；起身时不要弄出响声，站好后才可离开，同样要从左侧离座。

人在坐着时，由臀部支撑上身，减少了两腿的承受力。由于身体重心下降，上身适当放松，可减轻心脏的负担。因此坐姿是一种可以维持较长时间的姿势。它既是一种主要的白昼休息姿势，也是一般的工作、劳动、学习姿势，还是社交、娱乐的常见姿势。正因为这个缘故，坐姿要求端正、大方、舒展。

在标准坐姿的基础上，女士两脚保持小丁字步，显得优雅大方、得体自然。男士可以采用分膝式坐姿，要领是：两膝左右分开，但不超过肩宽，小腿与地面垂直，两脚脚尖朝向正前方，两手自然放于大腿上。

在谈判、会谈时，场合一般比较严肃，如适合正襟危坐，但不要过于僵硬。要求上体正直，端坐于椅子中部，注意不要使全身的重量只落于臀部，双手放在桌上、腿上均可。双脚为标准坐姿的摆放。

倾听他人教导、指示、传授、指点时，如对方是长者、尊者、贵客，坐姿除了要端正外，还应坐在座椅、沙发的前半部或边缘，身体稍向前倾，表现出一种谦虚、迎合、重视对方的态度。

在比较轻松、随便的非正式场合，可以坐得轻松、自然一些。全身肌肉可适当放松，可不时变换坐姿。

但不管怎样，养老行业从业人员不能随意坐或斜靠在老人的床架上，以免引起老人的反感。

• 走姿。俗话说"行如风"，这说的就是走姿。走姿始终处于动态之中，体现了人类的运动之美和精神风貌。男式的走姿要刚健有力、豪迈稳重，有阳刚之气；女士的走姿要轻盈自如、含蓄飘逸，有窈窕之美。有人编了走路的动作口诀，体现了走姿的要领：双眼平视臂放松，以胸领动肩轴摆，提髋提膝小腿迈，跟落掌接趾推送。

标准的走姿为：上身基本保持站立的标准姿势，挺胸收腹，腰背笔直；两臂以身体为中心，前后自然摆动。前摆约35度，后摆约15度，手掌朝向体内；起步时身子稍向前倾，中心落前脚掌，膝盖伸直；脚尖向正前方伸出，行走时双脚踩在一条线上。

行走时，上体的稳定与下肢的频繁规律运动对比和谐，干净利落、鲜明均匀的脚步，形成节奏感；前后、左右行走动作的平衡对称，都会呈现出行走时的形式美。

男子走路两步之间的距离要大于自己的一个脚长，女子穿裙装走路时要小于自己的一个脚长。正常的情况下步速要自然舒缓，显得成熟自信，男子行走的速度标准为每分钟108~110步，女子每分钟以118~120步为宜。

走姿主要分为三种：一是前行式走姿。身体保持起立挺拔，行进中若与人问候，要同时伴随头部和上身的左右转动，微笑点头致意。禁止只转动头部、用眼睛斜视他人的举止。二是后退式走姿。当与他人告别时，扭头就走是不礼貌的。应该是先后退两三步，再转身离去。退步时不能轻擦地面，不高抬小腿，后退的步幅要小些，两腿之间距离不能太大，要先转身再转头。三是侧行式走姿，当引导他人前行或在较窄的走廊、楼道与他人相遇时，要采用侧行式走姿。引导时要走在来宾的左侧，身体稍向右转体，左肩稍前，右肩稍后，身体朝向来宾，保持两步左右的距离。介绍环境时要辅以手势，这样可以观察来宾的意愿，及时提供满意的服务。

养老服务工作中行进姿态的风度包括以下方面：①行进中，要有意避开人多的地方行走，切忌在人群中乱冲乱撞，甚至碰撞到他人的身体，这是极其失礼的。②在行进中，特别是在人多路窄的地方，对他人更应该礼让三分，让他人先行，而不应抢道先行；若有急事，则应该向对方声明并道歉。③行走时脚步要轻。首先，行进中落脚时不要过分用力；其次，上班不要穿带有金属鞋跟或钉有金属鞋掌的鞋子；最后，上班时所穿的鞋子一定要合脚，否则走动时会发出噪声。④走路时一定要显得稳重大方，保持自己的风度，控制好自己的情绪，要避免上蹿下跳甚至是连蹦带跳的失态状况。如有急事要办，可以在行进中适当加快步伐。除非遇上紧急情况，否则不要在工作的时候跑动，尤其是不要当着他人的面突然地狂奔而去，那样会令其他人感到莫名其妙，甚至还有可能造成过度紧张的气氛。⑤在道路狭窄的地方，要避免悠然自得地缓步而行，甚至走走停停，还要避免多人并排而行。在路上一旦发现自己阻碍了他人，务必让开，请对方先行。

• 蹲姿。俗话说“蹲要雅”，蹲姿是人的身体在低处取物、拾物、整理物品、整理鞋袜时所呈现出的姿势，它是人体静态美与动态美的综合。蹲姿要动作美观，姿势优雅。

标准的蹲姿要求：首先要讲究方位，当需要捡拾低处或地面物品的时候，可走到物品的左侧；当面对他人下蹲时，要侧身相向；当需要整理鞋袜或于低处整理物品时，可面朝前方，两脚一前一后，一般情况是左脚在前，右脚在后，目视物品，直腰下蹲。直腰下蹲后，方可弯腰捡低处或地面的物品，及整理鞋袜等。取物或工作完毕后，先直起腰部，使头部、上身、腰部在一条直线上，再稳稳站起。

蹲姿的种类主要有高低式、单膝点地式和交叉式三种。

高低式蹲姿是常用的一种蹲姿，基本特征是双膝一高一低。此蹲姿对男士、女士均适用。其要领是：下蹲后，左脚在前，右脚在后；左脚完全着地，小腿基本垂直于地面；右脚要脚掌着地，脚跟提起；右膝要低于左膝，右膝内侧可靠于左上腿的内侧，形成左膝高右膝低的姿态。臀部向下，基本上以右腿支撑身体。女士应注意紧靠双腿，男士两腿之间可有适当的距离。

单膝点地式蹲姿适用于男士，其特征是双腿一蹲一跪。它是一种非正式蹲姿，多在下蹲时间较长或为了用力方便时采用。下蹲后，右膝点地，臀部坐在其脚跟之上，以其脚尖着地。另一条腿全脚掌着地，小腿垂直于地面。双膝同时向外，双腿尽力靠拢。

交叉式蹲姿优美典雅，其基本特征是双腿交叉在一起，此蹲姿适用于女士。其要领是：下蹲后，左脚在前，右脚在后，左小腿垂直于地面，全脚着地。左腿在上，右腿在下，二者交叉重叠，右膝从后下方伸向左前侧，右脚跟抬起，脚掌着地，两腿前后靠近，全力支撑身体。上身略向前倾，臀部朝下。

第二，表情规范。面部表情语言，就是通过面部器官（包括眼、嘴、舌、鼻、脸等）的动作势态所表示的信息。美国学者巴克经过研究发现，光是人的脸，就能够做出大约25万种不同的表情，所以人的面部表情是十分丰富的。

在交际过程中，交际双方最易被观察的“区域”莫过于面部。由于脸上的神色是心灵的反映，面部表情是人的心理状态的体现，因此，人的基本情感及各种复杂的内心世界都能够从面部真实地表现出来。我们在日常生活中时时都在使用面部表情这一身体语言。与人交往、与人沟通，都需要注意对方的“晴雨表”——脸色，可见面部表情对礼仪交往的重要性。面部表情主要包括眼神和微笑。

• 眼神。俗话说：“眼睛是心灵的窗户。”眼睛是人体传递信息最有效的器官，而且能表达最细微、最精妙的差异，显示出人类最明显、最准确的交际信号。正如著名印度诗人泰戈尔所说："在眼睛里，思想敞开或是关闭，放出光芒或是没入黑暗，静悬着如同落月，或者像忽闪的电光照亮了广阔的天空。那些自有生以来除了嘴唇的颤动之外没有语言的人，学会了眼睛的语言，这在表情上是无穷无尽的，像海一般的深沉，天空一般的清澈，黎明和黄昏，光明与阴影，都在自由嬉戏。"据研究，在人的视觉、听觉、味觉、嗅觉和触觉感受中，唯独视觉感受最为敏感，人由视觉感受的信息占总信息的83%。在汉语中用来描述眉目表情的成语就有几十个，如"眉飞色舞""眉目传情""愁眉不展""暗送秋波""眉开眼笑""瞠目结舌""怒目而视"……这些成语都是通过眼神来反映人们的喜、怒、哀、乐等情感的，人的七情六欲都能通过眼睛这个神秘的器官显现出来。

眼神主要由注视的时间、视线的位置和瞳孔的变化三个方面组成。

一是注视的时间。研究表明，人们在交谈时，视线接触对方脸部的时间占全部谈话时间的30%～60%，超过这一平均值，可认为对谈话者本人比对谈话内容更感兴趣；低于平均值，则表示对谈话内容和谈话者本人都不怎么感兴趣。不难想象，如果谈话时心不在焉、东张西望，或只是由于紧张、羞怯不敢正视对方，目光注视的时间不到谈话的1/3，这样的谈话必然难以被人接受和信任。当然，必须考虑到文化背景，如南欧人长久注视对方可能会造成冒犯。

二是视线的位置。人们在社会交往中，不同的场合和对象，目光所及之处也是有差别的。有的人在与比较陌生的人打交道时，往往因为不知如何安置目光而窘迫不安；被人注视而将视线移开的人，大多有相形见绌之感；频繁而又急速地转眼，是一种反常的举动，常被用作掩饰的一种手段。当然，如果死死地盯着对方或者东张西望，不仅极不礼貌，而且显得漫不经心。一般来说，视线向下表现权威感和优越感；视线向上表现服从与任人摆布；视线水平表现客观和理智。

三是瞳孔的变化，即视线接触时瞳孔的放大或缩小。心理学家往往用瞳孔变化大小的规律，来测定一个人对不同事物的兴趣、爱好、动机等。兴奋时，人的瞳孔会扩张到平常的4倍大；相反，生气或悲哀时，消极的心情会使瞳孔收缩到很小，眼神必然无光。"脉脉含情""怒目而视"等多与瞳孔的变化有关。据说，古时候的珠宝商人已注意到这种现象，他们能窥视顾客的瞳孔变化而猜测对方是否对珠宝感兴趣，从而决定是抬高价钱还是降价。

在社交过程中，与朋友会面或被介绍认识时，可凝视对方稍久一些，这既表示自信，也表示对对方的尊重。双方交谈时，应注视对方的眼鼻之间，表示重视对方及对其发言感兴趣。当双方缄默不语时，就不要再看着对方，以免加剧因无话题本来就显得冷漠、不安的尴尬。当别人说错话或显得拘谨时，应马上转移视线，以免对方把你的眼光误认为是对他的嘲笑和讽刺。送客时，要等客人走出一段路，不再回头张望时，再转移目送客人的视线，以示尊重。

眼神能表达出异常丰富的信息，但微妙的眼神有时只可意会，难以言传，只能靠我们在社会实践中用心体察、积累经验、努力把握。

• 微笑。它是一种特殊的语言——"情绪语言"，可以和有声语言及行动相配合，起"互补"作用，沟通人们的心灵，架起友谊的桥梁，给人以美好的享受。工作、生活中离不开微笑，为老人服务更需要微笑。

微笑是有规范的，一般要注意四个结合：一是口眼结合，要口到、眼到、神色到，笑眼传神。二是笑与神、情、气质相结合。这里讲的“神”，就是要笑得有情入神，笑出自己的神情、神色、神态，做到情绪饱满，神采奕奕；“情”，就是要笑出感情，笑得亲切、甜美，反映美好的心灵；“气质”就是要笑出谦逊、稳重、大方、得体的良好气质。三是笑与语言相结合。语言和微笑都是传播信息的重要符号，只有使微笑与美好语言相结合，声情并茂，相得益彰，微笑方能发挥出应有的特殊功能。四是笑与仪表、举止相结合，以笑助姿、以笑促姿，形成完整、统一、和谐的美。

尽管微笑有其独特的魅力和作用，但若不是发自内心的真诚的微笑，那将是对微笑的亵渎。有礼貌的微笑应是自然的、坦诚的，是内心真实情感的表露；否则，强颜欢笑、假意奉承那样的“微笑”则可能演变为“皮笑肉不笑”“苦笑”。比如，拉起嘴角一端微笑，使人感到虚伪；吸着鼻子冷笑，使人感到阴沉；捂着嘴笑，给人以不自然之感。这些都是失礼之举。怎样使微笑这一内心情感自然流露出来呢？养老行业从业人员上岗前要全力排除一切心理障碍和外界干扰，全身心地进入角色，把甜美真诚的微笑与友善热忱的目光、训练有素的举止、亲切动听的话语融为一体，以最完美的神韵出现在服务对象面前。

值得注意的是，微笑服务只是对养老行业从业人员的一种总体要求。在具体运用时，还必须注意服务对象的具体情况。例如，在下列情况下，是不允许微笑的：进入气氛庄重的场合时；服务对象满面哀愁时；服务对象有某种先天缺陷时；出了洋相而感到极其尴尬时。以上情况，如果面露笑意，往往会使自己陷入十分不利和被动的境地。

第三，手势规范。就服务而言，手势语是使用频率较高的体态语言。养老行业从业人员在运用服务语言时，如果能恰到好处地发挥手势语的作用，将会大大提高服务质量，强化与老人交流的效果，从而在老人心目中树立良好的服务形象，赢得老人的好感和信任。

手是人体最富灵性的器官，如果说“眼睛是心灵的窗户”，那么手就是心灵的触角，是人的第二双眼睛。手势在传递信息、表达意图和情感方面发挥着重要作用。

手的“词汇”量是十分丰富的。据语言专家统计，表示手势的动词有近200个。“双手紧绞在一起”，显示出的是精神紧张。用手指或笔敲打桌面，或在纸上涂画，表示不耐烦、无兴趣。搓手，常意指人们对某事结局的急切期待心理。在商务谈判中，这种手势可以告诉对手或对手告诉你在期待着什么。伸出手并敞开双掌，给人以言行一致、诚恳的感觉。掌心向下的手势，表示控制、压制，带有强制性，易产生抵触情绪。谈话时掌心向上的手势，表示谦虚、诚实，不带有任何威胁性。双臂交叉于胸前，这暗示一种敌意和防御的态度。塔尖式手势（把十指端相触，撑起呈塔尖式）若再伴以身体后仰，则显得高傲。用手支着头，显示出的是不耐烦、厌倦。用手托摸下巴，说明老练、机智。用手不停地磕烟灰，表明内心有冲突和不安。突然用手把没吸完的烟掐灭，表明紧张地思考问题等。

此外，手势语还有招手致意、挥手告别、握手友好、摆手回绝、合手祈祷、拍手称快、拱手答谢（相让）、抚手示爱、指手示怒、颤手示怕、捧手示敬、举手赞同、垂手听命等。可见，丰富的手势语在人们交往间是不可缺少的。在服务工作中，手势有着不可低估的作用。生动形象的有声语言再配合准确、精彩的手势动作，必然能使交往更富有感染力、说服力和影响力。

在为老人服务的过程中，手里端着物品，或者为老人端饭、送水时一定要曲肘，将物品端平至胸前，切忌放在小腹前，双手无力晃动，给人一种无精打采、懒散的感觉。也不要使手指碰触到杯、碗、碟、盘的边沿，给人留下不卫生的印象。

手持物品要到位，如提箱子应当拎提手，拿杯子应握杯耳，持炒锅应持手柄。持物时若手不能到位，不但不方便、不自然，而且容易失误。手持物品时，养老行业从业人员可依据自己的能力与实际需要，斟酌采用不同的手势，但一定要避免手势夸张、小题大做，失去自然美。还要注意根据物品的重量、形状及易碎程度来采取相应的手势，切记确保物品的安全，尽量轻拿轻放，防止伤人或伤己。

服务中递接物品的要领是：双手递送、接取物品，不方便双手时，也可用右手，但绝不可单用左手。双方距离比较远时，应起身站立，主动走近对方递送或接取物品。递送时最好直接递至对方手中并且要方便对方接取。递送有文字、图案、正反面的物品时，要正面向上且朝向对方；接取物品时，要缓而稳，不要急欲抢取。递送带尖、带刃或其他易于伤人的物品时，应使锋利面朝向自己或朝向他处，切不可朝向对方。

• 不良的手势。手势是人的第二面孔，具有抽象、形象、情意、指示等多种表达功能。养老行业从业人员应能准确判读服务对象各种手势所传达出的真实的、本质的信息，以更好地完成服务工作。养老行业从业人员在使用手势语时，以下几种手势是值得特别重视的；否则，将会向对方传达出不良的信息：

指指点点。工作中绝不可随意用手指对服务对象指指点点，与人交谈更不可这样做。指点着别人说话，往往会引起他人较大的反感。

随意摆手。在接待服务对象时，不可将一只手臂伸在胸前，指尖向上，掌心向外，左右摆动。这些动作的一般含义是拒绝别人；有时，还有极不耐烦之意。

端起双臂。双臂抱起，然后端在胸前这一姿势，往往暗含孤芳自赏、自我放松或置身事外、袖手旁观、看他人笑话之意。

双手抱头。这一体态的本意是自我放松，但在服务时这么做，则会给人以目中无人之感。

摆弄手指。工作中无聊时反复摆弄自己的手指，活动关节或打响指，要么莫名其妙地攥松拳，或是手指动来动去，在桌面或柜台不断敲扣，这些往往会给人不严肃、很散漫之感。

手插口袋。这种表现会使客人觉得你在工作方面并未尽心尽力。

搔首弄姿。这种手势会给人以矫揉造作、当众表演之感。

抚摸身体。在工作时，有人习惯抚摸自己的身体，如摸脸、擦眼、搔头、挖鼻、剔牙、抓痒、搓泥，这会给人以缺乏公德意识、不讲究卫生、个人素质极其低下的印象。

勾指手势。请他人向自己这边过来时，食指或中指竖起并向自己怀里勾，其他四指弯曲，这种手势有唤狗之嫌，对人极不礼貌。

手势语能反映出人的复杂的内心世界，在服务中虽然有不可替代的作用，但它毕竟处于辅助位置。换言之，手势语要靠礼貌、得体的服务用语、热忱、微笑的面部表情，以至身体其他部位姿势的相互配合，才能使顾客感觉到“感情投入”、表里如一。所以在服务中，手势语的使用一定要规范和适度。如手势过多、过大，手舞足蹈，不仅与服务者的角色不相适应，还有轻浮之嫌，亦为社交所不取。只有恰当地运用手势语，才会给人以优雅、含蓄、彬彬有礼之感。

在运用手势时要注意几个原则：首先要简约明快，不可过于繁多，以免喧宾夺主；其次要文雅自然，因为拘束低劣的手势会有损交际者的形象；再次要协调一致，即手势与全身协调、手势与情感协调、手势与口语协调；最后要因人而异，不可千篇一律地要求每个人都做统一的手势动作。

（4）服务语言。服务与语言的关系非常密切。没有语言的服务被称为不完整的服务，因此，养老行业从业人员对语言知识了解的深浅和语言艺术水平的高低，将直接影响服务的成败。服务语言是服务性行业的从业人员向客人表示意愿、交流思想情感和沟通信息的重要工具。在服务过程中，它具有体现礼貌和提供服务的双重特性，是服务性行业的从业人员完成服务工作的重要手段。

①礼貌用语。使用礼貌用语，是人类文明的标志，也是全世界共同的心声。使用礼貌用语不仅会得到人们的尊重，提高自身的信誉和形象，而且会对自己的事业起到良好的辅助作用。在我国，政府有关部门向市民普及的文明礼貌用语概括起来为十个字：“请”“谢谢”“你好”“对不起”“再见”。在实际的服务中，日常礼貌用语远不止这十个字。归结起来，其主要分为如下11个大类，见表2-1。

表2-1 **礼貌用语的类型**

序号	礼貌用语的类型	举例
1	问候用语	“您好”“大爷好”“阿姨您好”“早上好”“大妈早上好”“叔叔阿姨晚上好”“周末好”
2	欢迎用语	“欢迎！”“欢迎光临！”“见到您很高兴！”“恭候光临！”“××先生，欢迎光临！”“欢迎您再次光临本院！”“大爷，我们又见面了”“阿姨，您来了”“王老先生，这次您有什么需要我们提供帮助的？”
3	送别用语	“再见！”“回头见！”“慢走！”“走好！”“欢迎再来！”“保重！”“您走好！”“有什么需要再来找我”“一路平安！”“旅途顺利！”“大妈，回头我去看您”
4	请托用语	“请稍候”“劳驾”“拜托”“打扰”“请关照”“请您帮我一个忙”“劳驾您替我看一下这件东西”“拜托您为这位女士让一个座位”“请让一下”“请这边坐”
5	致谢用语	“谢谢！”“××先生，谢谢！”“谢谢，××小姐！”“谢谢您！”“十分感谢！”“万分感谢！”“多谢！”“有劳您了！”“让您替我们费心了！”“上次给您添了不少麻烦！”

续表

序号	礼貌用语的类型	举例
6	征询用语	“您需要帮助吗？”“我能为您做点什么？”“您需要点什么？”“您需要哪一种？”“有什么可以帮助您的吗？”“您是要白色还是蓝色？”“您要不要跟我去看一下？”“您觉得这样好吗？”“我的力道合适吗？”
7	应答用语	“好的，我明白了”“我会尽量做好”“随时为您服务”“没关系的”“我不介意”“不必，不必”“我没事，您别放在心上”“您太客气了”“没什么，这是我分内之事”“举手之劳，何足挂齿”“过奖了”
8	赞赏用语	“太好了！”“真不错！”“对极了！”“相当棒！”“非常出色！”“您真有眼光！”“还是您懂行”“您的观点非常正确，看来您一定是一位内行”“哪里，哪里，我做得还很不够”“承蒙夸奖，真是不敢当”“得到您的肯定，的确让我们很开心”“您今天气色真好”“需要向您学习的地方太多了”“您说得没错”
9	祝贺用语	“祝您成功！”“一帆风顺！”“心想事成！”“身体健康！”“生意兴隆！”“全家平安！”“节日快乐！”“活动顺利！”“新年好！”“春节快乐！”“过年好！”“生日快乐！”“旗开得胜，马到成功！”
10	推脱用语	“对不起，我确实做不到”“这是固定好的，我无法移动”“我们这儿有相关规定，我不能违规办理”“您要不要看一下其他的”
11	道歉用语	“抱歉”“对不起”“请原谅”“失礼了”“失言了”“失陪了”“失敬了”“失迎了”“不好意思，多多包涵”“真的过意不去”

②文明用语。在使用语言时必须讲究文明，既表现出使用者良好的文化素养、待人处世的实际态度，又能够令人产生高雅、温暖、脱俗之感。文明用语的使用，作为养老行业从业人员要从以下方面入手：

• 发音正确。养老行业从业人员在运用口语时，讲普通话要注意声调，发音准确，不能念白字。

• 控制音量。讲话时，音量的控制非常重要。太大的声音会令人反感，以为你在装腔作势；音量太小会使人听不清楚，以为你怯懦。一般来说，应根据听者距离的远近来调节自己的音量，达到最适合的状态。与老人交谈时，应适当放大音量，特别是在与耳背的老人交谈时更应如此。

• 注意语速。在与老人交谈时，应该把握说话的语速，不要太快，应慢一些，并在主要的语句上放慢速度作强调或者反复，这样才能让老人听得懂。

• 声音优美。每个人的声音都是有感情的，也是有色彩的。而如何让自己的声音富有吸引力，展现出独特的个人魅力，这也是一门艺术。

• 语气谦恭。在人际交往中，语气往往被认为具有言外之意，因为它会真实地流露出交谈者一定的感情色彩。养老行业从业人员一定要注意始终表现出热情、亲切、和蔼、耐心的语气。不要有意无意间流露出急躁、生硬和轻慢的语气。如“快点，还有别的事呢！”“别乱动！”等都是不好的语气，令人不快。

• 用词文雅。养老行业从业人员在与服务对象交往时，要有意识地使用文雅词语，力求谦恭、敬人、高雅、脱俗；努力回避不雅之语，杜绝脏话、粗话、黑话、怪话、废话等。

此外，在服务与管理工作中要讲普通话。普通话是我国法定的现代标准汉语，它以北京语音为标准音，以北方话为基础方言，以典范的现代白话文著作为语法规范。推广普通话，既是我国的一项基本国策，也是提高服务质量的一项重要举措。养老行业从业人员一定要会说普通话，这样才能减少沟通障碍，使服务工作顺利进行，树立良好的企业形象。如果老人方言较重且不会说普通话，服务人员在与其沟通时也可以使用方言。

③行业用语。它又叫行业语、行话，一般是指某一社会行业所使用的专门用语，主要用以说明某些专业性、技术性问题。养老行业从业人员只有恰到好处地使用行业用语，才能更好地说明问题，才能显示其业务上很在行，才能赢得服务对象的充分理解和信任。在具体运用服务行业用语时，除了要注意实事求是和恰当使用外，更主要的是要注意行业服务忌语坚决不用。行业服务忌语是服务业的忌讳之语，即养老行业从业人员在服务时不宜使用或应当努力避免使用的某些用语。其主要包括：

• 不尊重之语。在服务过程中，任何对服务对象的不尊重之语，均不得为养老行业从业人员所使用。在正常情况之下，不尊重之语多是触犯了服务对象的个人忌讳，尤其是其身体方面相关的某些忌讳。例如，面对残疾人时，切忌使用“残废”一词。一些不尊重残疾人的提法，如“傻子”“呆子”“侏儒”“瞎子”“聋子”“麻子”“瘸子”“拐子”之类，更是不能使用。又如，称呼老人为“老头儿”、“老太婆”，对老人是极不礼貌的。

• 不友好之语。在任何情况下，养老行业从业人员都不允许对服务对象采用不友善甚至满怀敌意的语言。如否定老人经历的过去，直说或暗示老人“白活了”，这是十分不友好的，也有失职业水准。

• 不耐烦之语。养老行业从业人员在工作岗位上要做好本职工作，提高自己的服务质量，在接待服务对象时要表现出热情与足够的耐心。从业人员要努力做到有问必答，答必尽心；百问不烦，百答不厌；不分对象，始终如一。

此外，在为老服务工作中，除非特殊情况，应尽量避免谈论“死亡”话题。也不要谈论家庭纠纷与矛盾，因为在老人的心目中，这些“家丑”不谈为宜。

（5）行为规范。养老服务业人员尤其是养老护理员的行为规范包括如下七个方面：[①]

①严肃工作纪律。按时上下班，准时参加集体业务学习、会议、劳动等，不迟到、不早退、不无故请假，签到不请人代签和补签。不准擅自离开工作岗位，不准先脱岗后办理请假手续，非特殊情况不准电话请假或捎假。

②规范上班行为。工作时间不闲谈，不得私自离开岗位、干私活，不玩游戏、

① 陈立新，杨宝祥. 养老护理员职业技能培训辅导教程［M］. 北京：中国社会出版社，2012：15.

听音乐。手机不开铃声，不在室内接打电话。

③认真工作。规范护理，按每位老人的实际情况安排护理任务，以老人的需要为出发点，通过护理减轻老人的痛苦，并使老人的晚年生活得到很好的照顾。

④规范服务。尊重老人人格，对老人不轻视、不歧视、不辱骂。养老护理员必须认真观察老人的生活情况，对自己严格要求，按养老护理的规范化流程提供服务。

⑤尊重老人。凡事要以老人为出发点，做任何事情都以老人的利益为前提，真正为老人着想。

⑥维护卫生和相关制度。及时打扫房间，自觉节约水电。不随地弹烟灰，不乱扔烟蒂、纸屑及其他杂物。未经本人同意不准随意翻动老人的物品。各室负责人负责保管好室内的物品。

⑦作风正派。同事间平等对待，相互帮助，不诋毁他人，不搬弄是非。通过正常渠道反映和解决问题，不背后议论，不散布不满情绪。

总之，养老护理员的行为规范涉及其生活与工作的各个方面，需要养老护理员在语言、形象等几个方面时刻注意，这样不但能使自己养成一个好的工作习惯，更能受到老人的尊重与欢迎。

三、养老服务人才队伍的问题及原因

养老护理是从事老年人生活照料、护理和精神抚慰的一种新型职业。在我国4万多个社会福利机构的近百万员工中，养老护理员是养老服务业人才中最大的群体，构成了这个行业的主力军。他们的服务态度、文化素质、专业技能直接关系到入住老人的安危、生活品质及养老机构的经营效益。然而，养老服务业人才队伍的状况却令人堪忧，其严重影响到我国养老资源的有效利用和养老服务业的健康发展。[①]

1.我国养老服务业人才存在的问题

目前我国养老服务业人才队伍存在诸多问题，集中表现在如下方面：

（1）养老服务人员数量不足，人力资源配置不全。民政部颁布的《老年人社会福利机构基本规范》指出："老年人社会福利机构应有1名大专学历以上、社会工作类专业毕业的专职的社会工作人员和专职康复人员。为介护老人服务的机构有1名医生和相应数量的护士。护理人员及其他人员的数量以能满足服务对象需要，并能提供本规范所规定的服务项目为原则。"此规范对养老服务人员的数量仍未做出明确的量化和统一标准。

关于养老服务人员需求数量的量化引起了有关学者和社会工作者的关注。如张良礼先生在借鉴我国香港地区养老机构养老服务人员配置情况的基础上，按照内地养老机构每5个床位配备1个服务人员的标准，计算出养老服务人员的需求公式

① 陈卓颐，陈伟然．我国养老护理员队伍建设现状和对策［J］．长沙民政职业技术学院学报，2009（12）：72-74。

为：所需养老服务人员数=养老机构所需床位数÷5。[①]

2021年2月28日，国家统计局发布了《中华人民共和国2020年国民经济和社会发展统计公报》。公报显示，截至2020年年末，我国共有养老机构3.8万个，床位823.8万张，增加62.4万张，增长速度远高于2019年。《“十三五”国家老龄事业发展和养老体系建设规划的通知》（国发〔2017〕13号）提出：“到2020年，老龄事业发展整体水平明显提升，养老体系更加健全完善，及时应对、科学应对、综合应对人口老龄化的社会基础更加牢固……以居家为基础、社区为依托、机构为补充、医养相结合的养老服务体系更加健全。养老服务供给能力大幅提高、质量明显改善、结构更加合理，多层次、多样化的养老服务更加方便可及，政府运营的养老床位数占当地养老床位总数的比例不超过50%，护理型床位占当地养老床位总数的比例不低于30%，65岁以上老年人健康管理率达到70%。”根据我国养老机构的数量及需求，我国养老机构需要养老护理员1 000万人以上，而目前实际人数只有37万人左右。

《老年人社会福利机构基本规范》规定，老年人社会福利机构中应该配置1名大专学历以上、社会工作类专业毕业的专职的社会工作人员和专职康复人员。但学者孙唐水在对南京市280多家养老机构的调查中发现，只有南京市社会福利院这家由政府开办的老年福利机构中配有1名社会工作专业的毕业生（她还不是从事具体的老年服务工作，而是做行政工作），有1名专业的康复师，其余的养老机构根本没有相关人员配置。另外，按上述规范要求，每所养老机构应配备1名专职医生、相应人数的注册护士等专职人员，但是调查发现，平均每家机构的医生、护士都不足1人，而大部分民营养老机构中既没有医生也没有护士。[②]

（2）思想道德素质不高，法制观念淡薄。有些养老护理员事业心、责任心不强，工作热情不高，缺乏敬业精神和认真负责的科学态度；有的养老护理员放弃了护理工作的原则性；有的养老护理员缺乏中华民族传统美德。养老护理员的职业道德水准直接影响到养老护理的服务工作质量。

有些养老护理员不认真学习国家有关的法律、法规，不能严格要求自己，法制观念淡薄；有的养老护理员在保障老人的合法权益方面有所欠缺，尽管有些老人的思维是不正常的，但是他们的人权是一样受法律保护的；有的养老护理员不遵章守法，一旦违反，往往导致差错和事故，甚至危及人命。

老人护理工作是一项细致的工作，不能马虎和轻率，必须提高养老护理员的思想道德素质，对各种规章制度要严格执行。

（3）文化素质低，年龄偏大，性别结构不合理。目前，我国养老服务人员多以农村进城务工人员和城市失业下岗人员为主，他们多数为“40后”“50后”人员，80%以上只有初中甚至小学文化程度；他们年龄偏大，体力不支，不善于与老人谈心、交流，很难胜任老人特别是高素质老人的养护工作。

以天津市为例，根据抽样调查，老年服务人员年龄结构比例为：30岁及30岁

① 张良礼．应对人口老龄化：社会化养老服务体系构建及规划［M］．北京：社会科学文献出版社，2006：95.

② 孙唐水．养老机构中的人力资源建设问题与对策探讨［J］．南京邮电大学学报（社会科学版），2009（9）：61-62.

以下的占9%，31～35岁占12.5%，36～45岁占35.2%，46～50岁占33.8%，51岁以上的占9.5%，主要年龄段集中于36～50岁；同时，老年服务人员中女性比例接近90%。老年服务人员学历水平构成为：小学及以下占12%，初中及技校占53.2%，高中及中专占29.8%，大专及以上仅占5%。老年服务人员的学历普遍都在高中以下，高学历工作人员不及2%。①

养老机构90%以上的从业人员为女性，性别结构极不合理。原因在于，目前各地社会化养老服务还停留在初级阶段，处于较低水平的层次，服务内容大多为日常生活服务，如洗衣、做饭、卫生清理等，仅仅满足老人的生存需求，把养老服务看作伺候人的工作。从社会分工看，女性更仔细、更有耐心，所以更适合这项工作。但是从近年来高素质老人入住人数的增多和养老机构的发展看，养老机构同样需要更多思路开阔、有魄力、高素质的男性从业人员。

（4）专业人员技能差、专业知识缺乏，培训不足。大多数养老机构都没有配备专业护理、康复保健、心理护理、法律咨询、社会工作等方面的专业人员，不能满足老人的多样化需求，无法实现养老机构的专业化服务功能。

现有养护人员普遍存在服务技能和专业知识差的问题，只具备一般的服务技能和护理知识，缺乏医学、心理学知识，无法对老人特别是半自理、不自理老人进行有效的专业护理。针对老年养护这一专业性、技术性较强的工作，国家颁布了《养老护理员国家职业标准》。然而这个标准实施10多年来，效果并不理想，只是在少数经济较发达城市推行了职业资格认证和培训制度，即便如此，持证率也不高。据大连市职业技能鉴定中心统计：2003年至今，大连市仅3 239人参加国家养老护理员职业资格鉴定考试，2 830人取得职业资格证书。调查显示，目前我国仅有2万人取得了养老护理员职业资格，养老服务业人才的专业素质亟待提高。

养老服务是一门专业的学问，养老服务的提供是一个专业化的过程，养老服务从业人员需要进行专业化的培训。在日本，想从事老年福利工作的人员需要通过系统的专业学习，经过考核，取得一定的技术资格后才能从事养老服务工作。而目前我国养老机构的从业人员经过专业学习和培训的很少，工作人员普遍缺乏专业知识，这是造成养老服务质量不高的直接原因，严重影响着养老机构的入住率。②

由于养老机构人手紧，“一个萝卜一个坑”，养老护理员培训、进修的机会非常少，加之养老机构中缺少培训和继续教育的相关制度规定，培训方式主要是同行之间的经验传授和交流，仍处于“以师带徒”的阶段，远未上升到职业化和专业化的高度。一直以来，养老护理员的培训都是边做边学，往往是跟班1～2周就开始独立工作，仅局限于实际操作的学习，理论上的培训很少。

（5）工作辛苦，心理问题严重，待遇低。老年养护面对的是老年人这个特殊的弱势群体，这项工作十分辛苦，既脏又累，需要倒班，且工作时间长，超时工作现象十分普遍，基本上没有节假日。

---

① 马三津，范耕新. 老年服务机构工作人员服务标准分析［J］. 黑河学刊，2013（6）：184-185.

② 于涛. 养老服务人才的现状调查与对策——以淄博市为例［J］. 社科纵横（新理论版），2011（6）：94-97.

上海市某区的相关调查显示，单日平均工作时间超过8小时的占到了护理员总数的22.9%。更有甚者，不少养老机构实行包干制，即1名护理员24小时全程负责数名老人的生活照料，其休息时间只能是忙里偷闲。

目前，入住养老机构的老人大都在75岁以上，需要不同程度的照料护理。养老护理员每天要比老人起得早、睡得晚，除了日常生活照料外，有时还要干端屎倒尿、搬动老人等脏活累活。

张善斌认为，根据工作职责的要求，至少有四种情况是养老护理人员必须面对和克服的：一是为失禁、便秘老人处理大小便等杂务的“脏”；二是为异性老人擦洗、护理的“难”；三是服侍临终老人及办理去世事宜的“惧”；四是为病重、高龄老人服务，稍有不慎，噎食、跌倒、骨折等意外事故发生的“险”。①

由于护理员每天面对的是衰老、疾病和死亡，唯恐工作中出现差错、事故，精神时刻处于紧张状态，长此以往容易产生抑郁、焦虑等负面情绪，加之养老服务业人员多数对心理健康知识缺乏了解，不能及时发现心理健康问题并进行自我调节，使其心理问题日益严重。

（6）待遇普遍偏低，收入与付出严重不成比例。就全国而言，养老护理员的月平均工资仅千元，个别地区甚至不足千元，养老机构按照《劳动法》的规定为养老护理员购买社会保险的积极性不高，多数养老护理员没有相应的各类社会保险。这样的待遇使得一些失业下岗人员宁可在家里吃“低保”，外来务工人员宁愿做钟点工，也不愿意从事养老护理工作。一位在上海某养老机构就业的大学生坦言：在上海这样的高消费城市，每月2 000余元的收入，只能维持低水平生活，根本谈不上成家立业，要想长期在这样的岗位上工作很难。这种情况下很难吸引高素质的人员从事老年养护工作。

低待遇的主要原因是养老机构收费较低、运营成本较高，在缺少政府补贴的情况下，养老机构只能通过精简员工、降低待遇来维持。此外，在政府监管不力的情况下，不排除少数经营者人为克扣员工工资的行为。

（7）社会认可度低，人员流失严重。养老服务业人员的社会地位较低，职业荣誉感不强。养老护理员的工作是平凡而伟大的，他们把别人的父母当作自己的亲人照料，照顾一个老人就减轻了一个家庭的负担，理应得到全社会的尊重和认可，然而，社会对这一职业存在偏见，认为低人一等，是伺候人的职业；个别老人的家属对养老服务业人员缺乏起码的尊重，对工作人员缺乏理解和配合，从业者的个人价值和社会价值不能得到有效承认。这造成的直接后果是老年养护人才流失严重，据调查，仅北京、上海、天津等城市每年养老护理员流失就达1/3以上。高流失率，容易导致养老服务业人员工作不积极、责任心不强、影响服务质量等问题，加重了“护工荒”，使养老机构正常工作都步履维艰，更谈不上进一步发展了。

2. 制约我国养老服务业人才队伍建设的深层原因

制约我国养老服务业人才队伍建设的因素众多，除了与养老护理员待遇低、缺

---

① 张善斌．养老护理人员“招不进、留不住”的原因与对策［J］．中国民政，2009（2）：45.

乏社会保障、工作时间长、劳动强度大、工作既脏又累等因素有关外，还有更深层次的原因。[①]

（1）社会偏见。当前，社会对养老护理这个职业存有偏见，普遍认为是低人一等的工作，少数老人的亲属甚至把他们当作“长工”“下人”使唤，连说话语气也常带有责问，这些亲属平时很少来看望老人，但出了丁点问题便横加指责甚至谩骂，这使养老护理员承受着巨大的心理压力。

（2）缺乏职业发展空间。通常情况下，在养老机构工作基本上没有晋升和发展的空间，因而从事养老护理工作的人员，尤其是大学生会感到前途渺茫，这是高学历人才流失的又一原因。

（3）用人“双轨制”，同工不同酬。国办养老机构仍沿用编制内外的用人“双轨制”。无编制的员工与有编制的员工在待遇上相差数倍，由此造成无编制、临聘人员心理不平衡而流失。

（4）相关部门对养老行业疏于管理。就全国而言，养老行业主管部门对养老机构疏于管理，没有督促养老机构按规定配备足够的养老护理员，造成员工超负荷工作；没有推行岗前培训和持证上岗制度，造成服务质量低下；没有督促养老机构认真履行《劳动合同法》，保障护理员的合法权益；没有实施严格意义上的年审制度，政府的补贴也没有与员工素质挂钩，致使养老机构的服务质量长期得不到提高。

四、养老服务人才培养路径创新

伴随着我国人口老龄化和老年社会福利事业的发展，我国将需要大批高素质的老年养护人才。民政部指出，中国养老护理员至少需要1 000万人。为此，要强化养老服务业人才培养的路径创新，加速养老服务业人才的开发。

1. 重视研究型老年教育

重视研究型老年教育就是指在本科高校中开展本科、硕士、博士等老年学专业教育，培养老年产业所需要的研究型、综合型人才。

（1）在国际上，老年学是一门独立学科。[②]

其一，老年学有独立的学名：Gerontology（有人泛称老龄科学，Aging Sciences）。学名的确立，表明老年学是一门系统的知识，且所有近代大百科全书中都设有这一词条。

其二，老年学有独立的研究对象，即研究老龄化——以个体和群体年龄的增长为独特的研究客体。除研究生理年龄、心理年龄和社会年龄发展变化的规律外，还研究老龄化与社会、经济发展及人的健康、心理、行为等的相互关系。

其三，老年学有特定的研究视角。老年学既从宏观（人口、群体）角度研究老

---

① 陈卓颐，陈伟然．我国养老护理员队伍建设现状与对策［J］．长沙民政职业技术学院学报，2009（12）：72-74.

② 姜向群．我国高校建立老年学专业的重要意义［J］．人口研究，2003（11）：88-89.

龄化的现象和过程，也从微观角度研究老年人的物质生活、健康、精神文化生活和代际关系等。

其四，老年学是一个多学科交叉的学科群。国际上公认的老年学主要有社会老年学（含老龄化人口学、老龄化经济学、老龄化社会学、老年心理学等）和老年医学（含老化或衰老生物学、老年精神病学、老年护理学等）两大类分支。各国老年学会加入国际老年学会的条件是至少开展三个分支学科的研究，足见老年学的多学科、交叉学科、边缘学科性质已是国际学术界的共识。

从世界范围来看，老年学是一门伴随着人口老龄化发展而逐渐形成的新兴学科。第二次世界大战之后，各个国家的老年学学会、协会纷纷建立，国外著名大学纷纷开设老年学专业，讲授老年学课程，出版专门的学术杂志、学术著作和教材。研究老年科学的国际性学术团体——国际老年学协会（The International Association of Gerontology）于1950年12月3日成立，为推动世界范围内老年学的发展做出了贡献。

（2）我国老年学的发展。20世纪80年代，我国学者就开始关注人口老龄化和老年人问题。首先，我国研究人口问题和社会学方面的专家、学者借鉴西方发达国家应对人口老龄化问题的经验及研究成果，对我国由生育率下降以及社会经济发展导致的人口老龄化问题展开研究，出版了一系列学术著作，并开始与国外学者进行这方面的学术交流，参加联合国以及非政府组织的国际老年学会议，至此我国老年学研究开始起步。

1984年，中国人民大学人口研究所开始在人口学专业招收老年学研究方向的研究生，培养老年学硕士和博士研究生，至今已有近40年的历史。期间，有多名研究生将老龄问题作为学位论文的选题。已培养的老年学人才有的在政府部门、有的在高校、有的在国外继续从事老年学研究。我国学者发表了数千万字的老年学研究成果，包括老年学专著、论文和编辑的专题论文集以及以外文发表的著作。我国著名老年学家邬沧萍教授主编的《社会老年学》一书，是一部以邓小平理论为指导、有中国特色的社会老年学专著，也是国内第一部可以作为老年学教材的著作。[①]

我国老年学的建设经历了从无到有的发展过程。曾经担任中国老年学学会会长的邬沧萍教授，早在20世纪80年代担任全国政协常委时，就在政协大小会议上多次提议组建中国老年学学会和在高校设立老年学专业，以适应人口老龄化的需要，得到了中国科学院、中国社会科学院的共同支持，并于1986年由国家体改委批复正式成立了中国老年学学会。1988年，加入了国际老年学学会。中国社科院当时的党组书记梅益同志担任了第一任老年学会会长。近年来，国家对人口老龄化问题和老龄工作给予了高度重视。经国务院批准，1999年我国重新成立全国老龄工作委员会，由中共中央政治局常委、国务院副总理李岚清任主任，国务委员司马义·艾买提任副主任。全国老龄工作委员会的任务主要是研究、制定和组织实施老龄事业发展战略及重大政策等。全国老龄工作委员会的重新建立，标志着党中央、国务

① 姜向群. 我国高校建立老年学专业的重要意义［J］. 人口研究，2003（11）：87-89.

院对新时期老龄工作的高度重视，也是促进我国老年学发展的组织保证。2001年国务院颁布的《中国老龄事业发展“十五”计划纲要（2001—2005年）》指出：“加强人才培养，为老龄事业培养各类专门人才。在有条件的综合性大学开设社会老年学专业或课程，在医学和护理院校增加老年医学、老年护理学教学内容。有条件的院校可设立硕士、博士学位，培养老年学高级专门人才。大力开展老年教育和老年医学研究。”这对加快我国老年学专业的建立起到了极大的推动和制度保障作用。

为了在高等院校建立正规的老年学专业，从20世纪末开始，中国人民大学、北京大学、清华大学等院校多次向中央和教育部写报告、提建议，并争取国内外社会各界的支持和帮助，挖掘各方面的资源，创造教学和研究条件。中国人民大学根据自己的老年学教学和科学研究条件，提出设立老年学专业的计划，获得了教育部的批准，将老年学专业归属于社会学一级学科，并置身于法学学科门类。一门崭新的、具有时代意义的新兴学科——老年学从此诞生在我国高等学府的专业学术领域。中国人民大学社会与人口学院老年学研究所开设的老年学专业培养方案包括：招收老年学（二级学科）专业的硕士研究生和博士研究生，旨在培养能够从事老年学及相关学科研究、教学、管理、对外交流的高级专业人才；基础研究方向有社会老年学、老年人口学、老年经济学、家庭老年学、老年保障学、老年心理学、衰老生物学等；主要针对我国现代化建设中迫切需要解决的重大社会理论问题进行研究，研究方向包括：老年学理论、老龄政策、人口老龄化趋势及特征、人口老龄化的社会经济影响、老年人合法权益保障、老年人相对贫困问题、老年人社会与家庭支持体系、老龄工作管理、老年人精神文化需求、老年学国际比较研究、社区老龄工作等；基础课设置经济学原理、社会学原理、社会调查与研究方法、社会统计方法——SPSS应用；专业课设置老年学概论、社会老年学、老年人口学、老年经济学、老年社会保障、老年教育学、家庭老年学、老年心理学、衰老生物学、老年护理学、老龄工作管理、国外老年学研究新进展和比较老年学等。①

虽然近几年我国老年学教育有了一定的发展，越来越多的本科院校开设了老年学的课程，培养老年学研究方向的研究生，这方面的研究成果也不断涌现，但是，在老年学研究型教育上，学科设置的缺位直接导致老年学专业教育体系建设的落后。这在很大程度上限制了老年学人才数量的培养和质量的提高，也不利于名正言顺地开展老年学科学研究工作。

总体而言，我国研究型老年教育依然处于起步阶段，无论是人才培养规模还是研究范围、研究程度，都需要加强国际交流与合作，提高老年学专业水平；应鼓励我国本科高校加强研究型老年专业教育，推动职业院校专业师资的培养和培训，全面提升我国养老服务业人才队伍的建设水平。

可以确信，建立在社会实践基础上的我国老年学专业，经过艰苦的努力，必定会成为科学领域中一个富有生命力的新的学科增长点。

① 姜向群．我国高校建立老年学专业的重要意义［J］．人口研究，2003（11）：87-88．

2.全面开展职业型老年教育

要总结推广大连职业技术学院、长沙民政职业技术学院等高职院校“老年服务与管理”专业的办学经验，鼓励更多的高职院校、中等专业学校设立相关专业，结合行业需求，借助行业优势，制订科学合理的人才培养计划，完善养老服务业人才培养体系，实现养老服务业人才与行业需求相匹配，向养老服务一线输送专业对口的老年养护方面的高技能人才。为此，要做到：

（1）能力本位的人才培养。以能力为本位，加强课程体系建设，根据高职人才培养目标及行业对人才的要求，注重学生的实践能力培养，设立相对独立的实践教学体系，强化学生的实践操作能力。改进教学方法，采用现场教学、启发式教学、讨论式教学、案例教学等调动学生学习的积极性与主动性，积极采用现代化教学手段，丰富网络教学资源。推进“双证制”，鼓励学生考取职业资格证书。

（2）校企深度合作。鼓励企业、学校打破地域、行业界限，在全国乃至全世界范围内寻找合作机会，在校企合作方式上，采取订单式人才培养、校企共同研究培养方案、校企共同开发课程、专兼职教师共同授课等灵活多样的方式进行深度合作。

（3）突出素质教育和创新教育，通过与企业共建实训基地、合作培养等合作形式提高学生的创新和实践能力。

（4）加强产学研合作。走产学研合作道路，以企业、高校和公共研究机构为主体，以政府及中介服务机构为辅助，进行知识、物质资源的交换与共享，实现人才培养、技术创新，从而推动社会经济的发展。

（5）不断增强学生的就业能力，通过多种途径强化学生从事老年养护工作的愿望，加强学生对专业的认识和对未来岗位的了解，使学生明晰老年服务行业发展的广阔前景；提升学生未来岗位横向和纵向流动的空间，从学生未来发展所需的知识和能力出发，给学生开设一些管理类、心理咨询、社会工作等课程，为未来从事老年养护工作或老年一线管理工作打下坚实的基础。[①]

（6）尽快成立专业建设指导委员会，组织专家制定统一的培养目标、教学大纲和办学规范，编写统一创新型教材，使专业办学逐步正规化、科学化。

（7）借鉴国外的办学经验和教学方法，逐步提高我国老年学教育专业的办学水平。

（8）加快师资队伍建设，特别是要加强重点课程师资的培养，以高素质的教师带动专业教学质量的提高。

（9）发挥政府的主导作用。政府要在创新老年教育中发挥政策主导作用，对设立老年服务与管理相关专业的高职院校提供政策支持和现实帮助；在招生上，可以像免费师范生一样定向培养，或者像社会养老机构床位补贴一样，给予老年服务与管理专业相关人才培养单位相应的资金扶持或补贴，减免报考该专业学生的学费；在就业上，可以像“大学生村官”一样，给予从事老年养护基层工作的

---

① 孙玉琴．加快发展老年服务教育事业 开创我国养老产业新局面［J］．社会福利，2010（11）：31-32.

大学生合理的身份，在其报考公务员或在事业单位人员招聘时给予一定的加分奖励。[①]

研究型老年教育和职业型老年教育是我国老年专业教育的两大类型，目前，在发展水平上呈现出专业教育体系建设落后，职业型老年教育虽有所发展，但缺乏研究型老年教育基础支持的特点[②]。从长远来看，创新老年专业教育，大力发展两种类型的老年教育是解决我国老年养护人才队伍建设问题的根本出发点，是培养老年服务与管理合格专业人才的重要途径。

值得欣喜的是，我国真正意义上的老年专业本科教育已实现突破。2020年2月，教育部公布了《普通高等学校本科专业目录》（2020年版），其相比2019年版增设了两个与养老直接有关的专业：一是养老服务管理列入普通本科专业（专业代码120414T，公共管理类），学位授予门类管理学，修业年限4年；二是老年学专业列入普通本科专业（专业代码030306T，社会学类），学位授予门类法学，修业年限4年。在新增审批本科专业名单中，湖南女子学院获批建设“老年学”本科专业，不少高校首次开设健康服务与管理专业（专业代码120410T，公共管理类，2015年新增）。[③]

3.加强养老服务业人才职业技能培训

以居家养老为基础、社区养老为依托、机构养老为补充的养老体系的建立，需要大量合格的养老服务业人才。为了推动我国养老事业的发展，弥补我国老年养护人才的缺口，必须重视专业技能培训，对当前养老机构的从业人员队伍进行挖掘和培养。[④]

（1）养老服务业人才培训现状。我国养老服务业人才培训存在以下问题：

①养老服务业人才职业培训缺乏系统性、科学性和开放性。养老服务业人才职业培训内容针对性还不够强，培训方式有待改进，优秀培训师资匮乏，基层培训硬件建设滞后，培训时间短，缺乏后续培训和过程性的质量监督等。

②养老服务业人才职业培训的扶持和保障机制不健全。目前，我国还未建立起高效的养老服务业人才职业培训的管理机制。养老服务业人才培养涉及民政部门、老龄委、教育、财政、卫生等诸多部门，管理缺乏合力，协调缺乏效力，监督缺乏力度，政府对人才培训经费的投入不足。

③我国的养老护理员培训模式单一，专业化不够。根据培训责任主体、运行机制和运行条件的不同，养老护理员培训模式可划分为政府培训模式、市场培训模式、社会培训模式和其他培训模式四种基本类型。在养老服务发展相对完善的国家，这四种培训模式所占的比例是相当的。而我国当前的情况是，政府培训模式占主导，另外三种模式所占的比重非常小。[⑤]这就造成了培训模式单一、培训市场缺

---

① 黄加成．老年服务与管理专业建设与发展探讨：全国养老服务人才培养与就业协作研讨会论文集［C］．中国老龄事业发展基金会，青岛市老龄工作委员会办公室，2010：10-13.

② 蒋昆生．创新老年服务教育 培养老年服务人才［J］．社会福利，2010（10）：31-33.

③ 杨根来，曹雅娟，杨扬．历史发展视域下中国养老服务专业发展和人才培育工作研究［J］．社会福利，2020（4）：12-19，33.

④ 朱海滔．养老服务：金矿待开，人才短缺［J］．职业，2009（2）：44-46.

⑤ 张木松．我国养老机构护工培训模式的类型［J］．社会工作，2010（1）：26-29.

乏有效竞争的问题。另外，我国养老护理员的培训大都集中于基本护理技能的培训，缺乏职业道德和心理护理方面的培训，培训的专业化程度不够。

（2）加强养老服务业人才培训的措施。加强养老服务业人才培训要从以下方面着手：

①选送培育一批具有养老护理专业知识的人才。在现有养老机构中挑选爱岗位、肯吃苦、愿奉献的养护人员，到相关院校进行专业培训，提高其专业知识和技能，缓解老年养护专业人才缺乏的现状。

②从实际出发，因地制宜地组织培训。要结合养老机构的实际经营状况，聘请院校学者或行业一线的专家授课，帮助从业人员弥补老年养护知识和技能的不足。

③坚持开拓创新，大胆引进人才，使从业人员的整体素质和能力得到提升。养老机构要按照市场运作机制规范人才队伍建设，对于经营状况好、经费等保障充足的养老机构，可从国内大专院校甚至国外引进专业人才，大胆尝试使用国内优秀技术人才和国外专业人才，全面促进从业人员整体素质和能力的提升。

④获取职业技能等级证书。根据2019年4月教育部等4部门发布的《关于在院校实施“学历证书+若干职业技能等级证书”制度试点方案》，中国社会福利与养老服务协会（北京中福长者文化科技有限公司）、民政部培训中心（北京中民福祉教育科技有限责任公司）下属两家企业被认定为第一二批职业教育培训评价组织，开展老年人照护、失智老年人照护2个1+X证书试点工作。其中，失智老年人照护在全国18个省、41个地市、47个考试点同时拉开帷幕，共有包括174名社会人士在内的5 690名考生参加考试，4 865名考生通过考试，通过率85.5%[①]。在目前情况下，应鼓励养老机构相关人员参加老年人照护、失智老年人照护“1+X”证书考试认证，获得相应的证书，以提高老年养护人才队伍的专业化水平。

⑤强化道德教育。加强从业人员的职业道德和诚信教育，建立从业人员诚信档案，坚决辞退道德败坏、缺乏诚信的从业人员。

五、养老服务人才培养机制创新

从人力资源和养老机构的长远发展看，如何稳定养老服务业人才队伍，提高其待遇和社会地位，如何构建科学、有效、可操作的养老服务业人才管理体系，是政府、社会以及养老机构需要认真考虑的问题。如果不能很好地解决这一问题，势必会出现老年养护队伍的不断萎缩，这将直接影响到养老机构的服务质量和发展前景，影响到老年人的切身利益，不利于社会的稳定与和谐。笔者认为，制约我国老年养护队伍建设的根本问题是“待遇”，目前养老服务业从业人员待遇低的主要原因在于养老机构收费较低，政府补贴和投入不足，养老机构只能通过精简员工、降低待遇来维持运转，加之政府监管不力，没有督促养老机构按规定配备足够人员、履行《劳动合同法》、保障员工合法权益，甚至出现了少数经营者克扣员工工资待遇的行为。因此，政府要以提高养老服务业人才待遇为核心，系统运作，多项措施

---

① 王涛，杨根来. 教育部第二批1+X证书制度试点失智老年人照护职业技能等级证书推进工作2019年总结［R/OL］.［2019-12-31］. http：//zmfz.bcsa.edu.cn/info/1019/1377.htm.

并举，加大对老年养护人才培养和队伍建设的支持力度，从根本上推进老年养护人才队伍建设。

1.制定人才发展规划

发展要有规划，科学制定养老服务业人才队伍发展规划有助于明确建设目标和发展方向，有助于推动养老服务业人才队伍的快速发展。民政部门应当根据《国家中长期人才发展规划纲要（2010—2020年）》《国务院办公厅关于印发社会养老服务体系建设规划（2011—2015年）的通知》《专业技术人才队伍建设中长期规划（2010—2020年）》《全国民政人才中长期发展规划（2010—2020年）》等文件的要求，制定“养老服务专业人才中长期发展规划”。规划的制定应当考虑到以下因素：第一，基于现实国情制定规划。应当在深入调查研究的基础上，根据我国老年人口规模、结构、经济社会发展状况，科学合理、实事求是地制定符合我国国情的人才发展规划。第二，规划应当具有一定的前瞻性。人才建设是一项战略工程，所谓“十年树木，百年树人”。人才发展规划既要考虑到目前养老服务业对人才的现实需求，更要科学合理地预测未来的人才发展需求。规划既要符合社会发展规律，也要起到引导社会发展的作用。第三，人才发展规划应当与其他社会发展规划协调一致。养老服务业人才队伍建设规划应当与养老服务设施建设、社会保障体系建设、促进就业体系建设等规划协调一致，相辅相成、共同发展。①

2.建立职业标准

政府要加强养老服务标准化工作，进一步研究制定服务质量、服务资质、服务设施、服务信息、服务安全卫生、服务环境监测等方面的标准，建立和完善重点突出、结构合理、层次分明、科学适用的完整的养老服务标准和规范体系。我国养老护理员职业标准的建立经历了三个阶段：一是2002年养老护理员第一部国家职业标准的颁布。2000—2002年，在联合国教育基金会的支持下，民政部联合劳动和社会保障部共同开发了《养老护理员国家职业标准》。2002年2月11日，劳动和社会保障部印发了《关于印发第三批国家职业标准的通知》（劳社厅发〔2002〕1号），养老护理员职业代码为X4-07-12-03，从此养老护理员正式成为一种职业。二是2011年养老护理员第二版《国家职业技能标准》颁布。2010—2011年，民政部配合人力资源和社会保障部对《养老护理员国家职业标准（2002年版）》进行了重新修订。2011年11月14日，人力资源和社会保障部发布了《关于印发养老护理员等四个国家职业技能标准的通知》（人社厅发〔2011〕104号），原国家职业标准（2002年版）相应废止，养老护理员有了新《国家职业技能标准（2011年修订）》。三是2019年养老护理员第三版《国家职业技能标准》颁布。2019年3月29日，《国务院办公厅关于推进养老服务发展的意见》（国办发〔2019〕5号）明确提出，“2019年9月底前，制定实施养老护理员职业技能标准”。在人社部、民政部的共同努力下，第三版养老护理员国家职业技能标准修订工作历时半年，2019年9月

① 刘利君．养老服务专业人才队伍建设的策略研究［J］．社会福利，2012（4）：34-39.

25日正式发布《人力资源社会保障部办公厅 民政部办公厅关于颁布养老护理员国家职业技能标准的通知》（人社厅发〔2019〕92号）。新标准降低了学历要求（将普通受教育程度由“初中毕业”调整为“无学历要求”），提升了职业技能等级（新增“一级/高级技师”等级，职业技能等级由四个增至五个），完善了职业能力要求（增加了消防安全、失智老年人照护、照护评估和质量管理等），是对2011年标准的“大修”。①

当前，为了落实第三版职业标准，要开发新的养老护理员职业技能等级教材，加快推进养老护理员职业技能等级认定和教育培训工作。同时，要大力推行“1+X”证书制度，深化复合型技术技能人才培养。通过“1+X”证书制度，提升养老服务业人员的技能水平，实现“零距离上岗”，高度契合养老服务需求，大力推进老年照护、失智老年人照护等职业技能等级证书试点工作。②

在科学界定老年养护从业人员岗位和职责的基础上，针对获得不同等级证书的从业人员，各地政府应出台相应的薪资政策，设定相应的薪资标准，使高素质、高等级从业人员能够得到相应的报酬。各地政府要把老年养护人员的配备，优先列入社会公益岗位，给予补贴。完善养老服务业人才社会保障制度，建立老年养护工作年限积累制度。切实提高该行业从业人员的福利待遇和职业声望，创造事业留人、感情留人和福利待遇留人的环境。

3.提高人才地位

养老服务是公益性领域，“政府主导、社会参与”应当成为指导思想。政府应当采取有效措施，加强宣传教育，提高公众对养老服务业人才的社会评价，进而鼓励更多的专业化人才从事养老服务业。

要加大宣传教育力度，营造尊重和支持老年养护工作的良好社会氛围。大力开展敬老养老助老宣传教育，充分利用“重阳节”“春节”等有利时机开展养老服务宣传工作。各新闻媒体应开设养老服务免费宣传板块，在社会公益广告中做好养老宣传，广泛培育和树立尊老、爱老、助老先进典型，形成为老服务的光荣理念。政府应当建立优秀养老服务业人才表彰激励的长效机制，定期组织养老服务业人才评比与表彰，通过授予优秀人才荣誉称号或者给予优秀人才物质奖励等方式鼓励人才发展，进一步提高养老服务业人才的社会地位。

每年开展省、市级老年养护“大比武”活动，选拔优秀人才积极参与全国民政行业（养老护理员）职业技能竞赛，以职业技能竞赛为载体，激发员工学技术、练技能的热情，推动养老高技能人才队伍建设。对获得名次的技术能手授予荣誉称号、颁发奖章、奖牌、奖金和证书，并直接获得高一级职业资格。

组织开展多样化活动，强化养老服务业人才的职业归属感。职业归属感对稳定养老服务业人才队伍、提高人员的工作积极性具有重要意义。但是职业归属感的培养需要政府采取一定的措施，如通过开展技术交流、职业竞赛、岗位练兵等活动，

---

① 杨根来，赵永．养老护理员职业发展20年回眸［J］．中国社会工作，2020（4）：36-39．

② 邹文开，杨根来．稳妥推进老年职业技能领域1+X证书制度试点工作［N］．中国社会报，2019-04-11（4）．

鼓励养老服务业从业人员学技术、比贡献，提高技能，岗位成才。积极营造良好的竞争环境，最大限度地激发从业人员积极进取、加强学习、提高素质、增强能力、干好工作的热情和活力。①

加强对养老服务业人才的人文关怀。养老服务工作辛苦、压力大，从业人员需要得到养老机构的人文关怀。养老机构的管理人员应当充分认识到养老服务工作人员面临的工作压力，并有意识地通过谈话、交流、团体活动、调整工作节奏、轮岗轮班等方式舒缓服务人员的心理压力。

4.完善管理机制

（1）形成多元化的资金投入机制。在老年养护人才培养工作中，通过政策导向，发挥市场机制，引导社会资本投入，形成多元化的资金投入机制。

（2）实现资源节约和效能最大化。明确不同层次老年养护人才培养的首要主管职能部门，做好管理资源的整合工作。例如：教育部门负责老年养护中高级人才的学历培养；民政部门负责养老护理员等基层照料人员的调配、培训、管理和考核，建立国家以及地方的老年养护人才信息平台，便于宏观规划和实现资源共享；人力资源和社会保障部门负责完善养老护理员《国家职业技能标准》，确保养老护理员职业资格鉴定和准入制度的贯彻实施。

（3）出台相关优惠政策。出台养老服务（护理）人员的教育培训优惠政策，建立老年养护人才培养专项资金绿色审批制度。在坚持政府扶持、社会参与、市场推动原则的前提下，优先保障老年养护人才培养的资金、项目落实到位。减免养老服务业人才的岗前培训、轮训费用，对培训机构提供税收方面的优惠，逐渐实行养老护理员免费培训，以保证持证上岗制度的落实，提高养老服务业人才的业务水平。

（4）加强老年养护人才培养工作考核。把老年养护人才培养工作纳入对各级政府社会事业发展考核指标当中。中央政府高度重视老年养护人才培养工作，地方政府应落实好中央的政策，提高地方老年管理部门的工作效率，因地制宜地抓好本地区的老年养护人才培养工作。建立养老政策实施效果评估机制，通过社会监督和委托第三方机构对各级政府的养老政策实施效果进行评估，加大政策的执行力度，保障相关政策的实施效果。

（5）建立养老机构行业协会。要建立市级、区（市）级养老机构行业协会，规范服务内容，提高服务水平，规避行业风险，加大对各类养老机构的管理力度。

（6）组建“养老护理人员支援中心”，使“照顾者”也得到“照顾”。可借鉴我国香港设立“护老者支援中心”的经验，组建以“关爱养老护理人员身心健康，关注养老护理人员需要”为宗旨的行业社团。依托此类社团，通过各种有效途径，舒缓养老服务从业人员（包括养老机构经营者）的身心压力，体现以人为本的理念。应以政府购买“服务”的方式为先导，尽快促进此类社团的建立和发展。②

（7）鼓励职业院校开设老年服务与管理相关专业。在招生上，可以采用免费定

---

① 刘利君. 养老服务专业人才队伍建设的策略研究［J］. 社会福利，2012（4）：34-39.

② 张善斌. 养老护理人员“招不进、留不住”的原因与对策［J］. 中国民政，2009（2）：45.

向培养，或给予老年服务与管理专业人才培养单位相应的资金补助，或减免报考老年服务与管理相关专业学生的学费。在就业上，应像“大学生村官”一样，给予从事老年养护基层工作的大学生合理的身份，在其报考公务员或在事业单位人员招聘时给予一定的加分奖励。

（8）发展志愿者队伍。政府要大力发展志愿者队伍，开展社区志愿服务、低龄老人为高龄老人服务活动，加强志愿者队伍技能培训，动员、组织、引导企事业单位、社会团体、慈善组织和广大市民为有需要的老人提供各种公益服务。

5. 拓宽职业发展空间

职业发展空间是吸引人才和稳定人才的重要因素。政府和养老机构应当为养老服务业人才提供更加广阔的职业提升及发展空间，实现人才队伍的合理流动。其应既包括纵向的岗位提升，又包括横向的岗位迁移。[①]

（1）纵向的岗位提升。养老服务业人才应当以技术的提升为职业发展目标。但是技术的提升应当有机制的保障和工资待遇的激励。政府应当完善养老服务业技术职务任职评价办法，落实用人单位在专业技术职务（岗位）聘任中的自主权。将养老服务业人才技术等级晋升与工资待遇水平挂钩，鼓励并引导养老服务业人才主动学习。同时，养老机构应当改善管理机制，为养老专业技术人员岗位晋升提供更大的空间，并坚持“管理人员来自服务技术人员”的岗位人员选拔理念，为养老服务业人才提供“光明”的职业发展前景。

（2）横向的岗位迁移。养老服务岗位专业技术较强，又是专门跟老年人“打交道”的工作，这在一定程度上影响了这些服务人员的横向岗位迁移。相较于老年康复工作岗位、老年社会工作岗位，养老护理员的职业迁移程度更低，很难凭借其工作技能和工作经验转移到其他工作岗位，一般只能流动到家政工作岗位。针对这种情况，首先，应当继续强化对养老护理员职业技能的培养，改变单凭照料经验开展工作的现状，突出岗位的专业技能性。其次，鼓励养老护理员通过继续教育或培训在心理咨询、食品营养、养生保健等专业领域实现新的技能提升，为岗位迁移奠定基础。最后，养老机构应当注重挖掘养老护理员的优秀特质，为其岗位迁移提供机会。

6. 构建培养体系

要构建国家资历框架下养老服务业人才培养工作体系。按照习近平总书记在党的十九大报告中提出的“完善职业教育和培训体系”的总体要求，实现各级各类养老专业教育及培训体系的内部协调贯通，确保职业教育和培训体系与劳动力市场无缝衔接，为养老服务业人才提供以市场需求为导向的学习路线图，为职业教育和培训机构提供以市场实践为基础的质量标准，为用人单位提供以市场使用价值为根本的人力资源配置。

同时，为解决养老服务业人才的“断头桥”问题，应早日创办中国老年福祉大

---

① 刘利君. 养老服务专业人才队伍建设的策略研究［J］. 社会福利，2012（4）：34-39.

学，培养“医、养、康、护、工、娱、膳、学”等多领域、高层次的养老服务业人才。这样不但可以破解养老专业人才教育的困境，填补当前养老本科教育的不足，而且使高等教育结构更趋合理和优化，在养老专业建设和人才培养、老年福祉理论研究、政策创制、教材课程标准开发、师资培训、国际交流与合作等方面发挥牵头、引领和示范作用。[①]

六、养老服务专业群人才培养模式创新

近年来，高职教育养老服务业人才培养已经不是一个“老年服务与管理”专业单打一的局面了，而是特别注重整合相关专业，形成养老服务专业群，不断强化专业群建设，突出专业群人才培养模式创新。

1.养老服务专业群建设的背景

（1）养老服务业发展的实际需求。当前，我国亟需大量养老服务业人才以应对人口老龄化进程的加剧。由于老年人养老需求的日新月异、不断提升，社会对养老服务业人才的需求也是多样性的，既包括一线养老服务人员，也包括机构管理人员、后勤服务人员和老年产品营销人员等。这必然会对高职院校养老服务人才的培养模式产生深刻影响，仅凭某一专业单打独斗、一枝独秀，不能满足老年群体的所有养老需求，需要以老年服务与管理专业为核心，将其他专业基础、技术领域和面向就业岗位相近的专业集合在一起，建立以专业群建设为重点的养老服务人才培养模式。

（2）“国家示范院校建设计划”的推动。2006年11月，“国家示范性高等职业院校建设计划”启动，教育部、财政部在《关于实施国家示范性高等职业院校建设计划 加快高等职业教育改革与发展的意见》（教高〔2006〕14号）》中明确提出，要“形成500个以重点建设专业为龙头、相关专业为支撑的重点建设专业群，提高示范院校对经济社会发展的服务能力”。自此，专业群建设成了高职院校专业建设的重要内容，其在灵活调整专业设置和优秀资源共享等方面的优势受到了高职院校的普遍认可。

（3）高职院校走“内涵式发展道路”的诉求。我国高职院校在经历了片面追求规模的“粗放式”办学后，开始注重可持续健康发展，向追求质量、效益、规模兼顾的“集约式”办学、走内涵式发展道路转变[②]。加强养老服务专业群建设，将进一步突出老年服务与管理示范专业的特色，重新进行专业布局，以适应养老服务业发展的客观需求。

2.养老服务专业群建设的意义

（1）养老服务专业群建设有利于优化、配置相关教学资源，提高办学效益。高

① 杨根来，曹雅娟，杨扬．历史发展视域下中国养老服务专业发展和人才培育工作研究［J］．社会福利，2020（4）：12-19，33.

② 赵昕．高职院校专业群建设实践的思考与认识［J］．天津职业大学学报，2011（12）：3-7.

职院校通过养老服务专业群的建设，可以实现师资、实训基地等教学资源共享，促进师资队伍建设，提升养老服务人才培养质量。通过养老服务专业群建设过程中办学实力较强的优势专业的带动，发挥其示范引领作用，形成自己的办学特色和品牌效应，提高学校的知名度，形成专业群整体优势①。

（2）养老服务专业群建设有利于增强学生的就业竞争力和工作岗位适应能力。在专业群建设过程中，学生不仅可以通过对相关课程的学习获得从事本专业基础工作的能力，还可以适应专业群中其他相关专业的多种工作岗位。而且养老服务专业群建设还可以根据市场需求及时、灵活地进行专业调整，更好地适应行业发展的需要，提高服务区域经济的能力。

3.养老服务专业群建设的基础

（1）立足产业需求，适应养老服务业和高职院校的发展趋势。近年来，随着养老服务业的迅猛发展，相应地对养老服务业人才的数量要求越来越多，质量要求也越来越高。高职院校应及时、准确地把握养老服务业人才需求的特点和变化趋势，并在此基础上进行养老服务专业群的布局和调整，有针对性地培养养老服务业发展真正需要的人才，促进养老服务业的健康快速发展和高职院校的内涵式发展。

（2）以原有优势专业为核心，围绕学科基础建设养老服务专业群。根据养老服务业的发展趋势，以老年服务与管理专业为核心，通过不断调整专业群内核心专业的专业方向，整合并拓展相关专业的有利资源，以实现专业群的整体发展。以原有优势专业——老年服务与管理专业为核心的滚动开发、衍生开发，既充分利用了原有的专业师资和实训基地等教育资源优势，又可以避免专业建设上不断推翻重来所造成的资源浪费，从而可以用较小的成本和风险，随市场的变化渐进式地完成养老服务专业群的调整。

（3）抓住产业链中的某些环节，明确养老服务专业群的核心能力和职业岗位群。养老服务产业链中包含多个不断发展变化的环节，且不同环节都有着各自的岗位设置、岗位要求等，因此一所高职院校是无法全面满足养老服务产业链中各个环节的发展要求的，只能从中选择某些环节作为专业群的培养对象。高职院校应针对这些环节中的相关职业岗位来建构养老服务专业群，明确养老服务专业群的核心能力和对应的职业岗位。

4.养老服务专业群建设的实践探索

随着我国经济社会的发展，养老服务业的需求在不断调整和深化，养老服务专业群中的相关专业也随之不断进行调整、融合和优化。1999年大连职业技术学院在全国首创老年服务与管理专业，开始了养老服务专业人才培养的探索。2008年积极响应“国家示范性高等职业院校建设计划”的要求，突出老年服务与管理“示范校”重点专业建设及专业群培育，在此基础上，近年来着力强化了相关专业的

① 刘霞. 基于产业链的高职专业群建设研究［J］. 中国职业技术教育，2012（3）：36-40.

“后示范”建设，积极落实教育部等九部门《关于加快推进养老服务业人才培养的意见》（教职成〔2014〕5号），顺应我国养老服务业人才培养的发展趋势，进行了以老年服务与管理专业为核心，社区管理与服务、社区康复专业为两翼的养老服务专业群建设的实践探索，如图2-1所示。

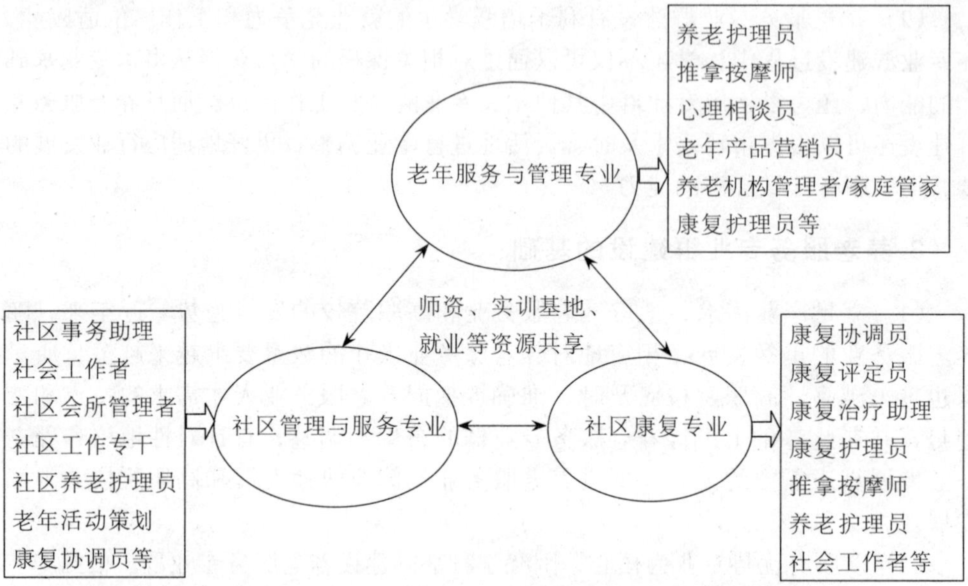

图2-1 养老服务专业群建设及其面向的就业岗位群

（1）强化老年服务与管理专业建设，构建“三阶递进，工学结合”的人才培养模式。只有在真实的工作环境中全面提升学生的职业实践能力，才能真正实现养老服务人才培养目标。因此，大连职业技术学院结合学院的实际教学条件和校内外实训基地情况，以老年服务与管理专业为核心，积极发挥其专业优势，构建了“三阶递进，工学结合”的人才培养模式，具体见表2-2。该模式是养老服务业人才培养模式的创新，是确保学生成为具备专业岗位能力和可持续发展能力的养老护理高技能应用型人才的重要保障。

表2-2 **“三阶递进，工学结合”的养老服务人才培养模式**

阶段	学期	能力训练	课程/证书/比赛	教学形式	备注
入门起步期	第一学期 第二学期	专业导入 机构见习	公共基础课 职业基础课	教学理实一体化	职业素质、职业道德教育贯穿始终
成长入行期	第三学期 第四学期 第五学期上	独立实训 跟踪实习	考取职业资格证书 开展第二课堂活动 组织、参加技能比赛	技能培养多样化	
提高入职期	第五学期后半段至毕业	顶岗实习 轮岗实习	精细化管理 过程性管理	实习实训 角色转化	

①第一阶段：入门起步期（第一学期至第二学期）。该阶段注重专业导入和养老机构见习，主要培养与训练学生的专业基础能力。该阶段通过理实一体化教学完成专业基础课学习，为之后的专业课学习奠定理论基础；通过机构见习了解养老服

务业的发展现状和前景，提升学生的职业认同感。

②第二阶段：成长入行期（第三学期至第五学期上）。该阶段注重独立实训和跟踪实习，主要培养与训练学生的专业核心能力和专业拓展能力。在第三学期进行为期两周的校内实训，强化老年心理护理能力和老年疾病照护能力训练，同时组织学生参加中级养老护理员资格考试；在第四学期强化养老机构经营与管理能力，并选拔优秀学生参加民政部组织的全国养老护理员比赛；第五学期前10周在学校进行技能培训，培养学生的专业拓展能力。

③第三阶段：提高入职期（第五学期后半段至第六学期）。第五学期10周之后进行校外实训，学生在真实的工作环境中，针对养老照护、康复保健、机构管理等岗位进行岗位轮换实训。第六学期为毕业顶岗实习阶段，为期半年，主要培养学生的综合实践能力。

在"三阶递进，工学结合"的人才培养模式运行中，素质教育、职业道德教育贯穿始终。通过各学期的见习、实习、实训、顶岗实习等，强化学生的职业素质，同时始终将职业道德教育放在首位，使学生拥有先进的职业理念和认真负责的职业态度，提高学生的职业认同感，使其热爱养老服务事业。

（2）调整社区管理与服务专业定位，为养老服务业发展培养老年社会工作专门人才。随着老年群体社会化管理服务工作的不断深化，社区养老已成为满足老年人养老需求的新载体。叶芳（2012）的调查显示，约有9成老人选择在自己家养老，与子女们生活在一起[①]。目前，街道、社区的老年人社会化管理和社区居家养老活动正有序展开，日托服务、全托服务、上门服务等社区养老服务项目也正逐步推向社会，为越来越多的人所了解和接受。高职院校的社区管理与服务专业应积极抓住养老服务业迅猛发展的机遇，及时进行专业定位调整，为养老服务业发展提供社区管理、老年活动等专门人才。

在课程设置上，侧重老年群体的社会化管理服务，立足老年人的实际需求，开设诸如家政服务与管理、居家养老实务、社区康复与保健等课程。通过对这些课程的学习，了解社区居家养老体系的现状与构成、社区居家养老模式等，与老年服务与管理专业互补、衔接，培养学生的社区养老服务能力。

在实习实训中，突出"服务为导向，实务为根本"的原则，与社区、社区医院以及老年服务与管理专业实习基地实行共建，以社区为依托，为老人提供家政保洁、代购代缴、医疗服务、配餐送餐、家电维修、应急救助、精神慰藉、生活照料等多种切合其实际需求的养老服务。通过实训，学生在服务中进行学习、总结，增强他们的专业实践能力。

（3）加强社区康复专业建设，为养老服务业发展培养老年康复人才。社区不缺行政管理人员，社区医院也有医护人员，但缺乏既懂一些医学和老年人疾病防治知识，又懂社会管理的社区康复人才。社区康复属于基层康复，其优势在于成本低、覆盖面广，而社区康复专业旨在满足社区日益增加的康复需求，以传统康复医学和现代康复医学为基础，培养掌握社区康复与护理知识，具备康复协调与评定、疾病

---

① 叶芳．社区居家养老是提升退休人员社会化管理水平的重要途径［J］．就业与保障，2012（7）：24-25.

康复护理、健康指导等能力的专业技术人才。

在课程设置上，社区康复专业的核心课程包括康复评定技术、康复护理技术、社区康复技术、疾病康复技术和中国传统康复技术等。在教学内容上，社区康复专业结合当前老年人的医疗需求，突出康复理论知识的应用、老年人疾病康复、康复心理等，注重学生实践能力的培养和提升。

在实习实训中，注重与社区养老中心、社区卫生服务中心和其他养老机构进行合作共建，为老年人提供健康知识宣教、疾病防护、康复护理等服务。根据课程需要，组织学生去社区、养老机构见习、实习，真正做到知行合一，深入了解养老服务业的实际需要，对照进行查漏补缺，提高实践操作能力和职业道德素养，为下一步实习实训、毕业顶岗实习和将来工作奠定良好的基础。

（4）养老服务专业群的融合。如前所述，任何一所院校都无法全面满足养老服务业各环节的人才需求，养老服务专业群建设自然也会根据当地养老服务业发展和各高职院校师资实力的不同而有所差异。大连职业技术学院养老服务专业群建设就是在此基础上进行的积极探索，并通过多年实践逐步实现了养老服务专业群的融合。

在课程设置方面，养老服务专业群中的专业基础课部分相同，或三个专业均有开设，如护理礼仪、人际沟通等，或是其中两个专业开设，如人体解剖生理学基础、社会调查原理与方法、公关原理与服务等，为学生将来学习专业必修课和从事养老服务工作打下良好基础；在专业必修课设置中，紧跟行业发展，突出自己的专业定位；在专业选修课设置上，注重学生职业能力拓展，为学生将来就业提供更多选择，如社区管理与服务专业开设物业管理实务、社区会所管理，社区康复专业开设社会福利政策及应用、居家养老实务等。

在师资队伍建设方面，优化师资结构，打造高水平的“双师型”教学团队。打破原有专业教研室限制，鼓励教师双肩挑，并结合所设专业实行跨专业教学，提高教师对养老服务专业群建设的认识和践行度。加大教师培训力度，使之更新教育教学观念，激励教师投身教学改革中，提高专业教师的素质和能力。

在校内外实训基地建设上，对内实行资源共享，既节约了成本，又提高了实训基地的利用率，满足了专业人才培养的校内实践教学需要；对外深化校企合作，为专业人才的实习实训、顶岗实习提供真实的职业环境，不断推进养老服务专业群的健康发展。此外，学院还建立了“远洋椿萱茂订单班”，实行双主体共同培育专业化、职业化的养老服务人才。

在就业方面，拓宽学生的就业行业和就业岗位渠道，打破专业限制，实行捆绑式就业，为用人单位提供一站式服务。既满足了养老服务业对多种人才的需求，为学生提供了更多就业选择，同时也提高了养老服务专业群服务行业、服务区域经济的能力。

5. 加强专业群“课程教学基本资源”建设

（1）建设意义。“课程教学基本资源”是执行教学计划、实现人才培养目标的教学基础性文件，是组织教学、选用（或编写）教材、配备和建设教学资源、进行课程教学质量评估和教学管理的重要依据。“课程教学基本资源”建设统一标准，形成规范，为课程教学提供依据，为课程数字资源建设奠定基础。

（2）建设内容。“课程教学基本资源”指能反映课程教学思想、教学内容、教学方法、教学过程的核心资源，包括课程介绍、教学大纲、教学日历、教案和演示文稿、重点难点指导、作业、成绩考核方案、参考资料目录及相关说明等反映教学活动所必需的资源。其具体建设内容如下：

①课程介绍。其包括授课对象、课程特点、教学目标、教学内容、教学方法及组织形式、使用的教材与参考资料等。

②教学大纲。它以纲要的形式规定课程的教学内容，具体包括课程的教学目标、教学内容及课时分配、教学方法及组织形式、教学资源等。

③教学日历。它是教师组织课程教学的具体实施计划表，应明确规定教学进程、授课内容、授课方式、授课地点等。

④教案。其包括课题名称、教学目标、重点与难点、教学场地、教具、教学内容及时间安排、教学环节等。

⑤演示文稿。它是围绕课程主题展示的各种教学内容，如以文字、图片、视频等形式表述的结论、公式、案例、习题等。

⑥重点难点指导。它是指为便于学生学习和理解，专门对关键内容进行的指导性语言。

⑦作业。它是指为深化学生的学习和理解而布置的课外作业与思考题等。

⑧成绩考核方案。其明确课程的成绩考核方式、考核内容以及评分的基本原则。

⑨参考资料目录及相关说明。与课程相关的参考资料目录，便于学生自主学习参考等。此外，还要对“课程教学基本资源”在教学过程中涉及的相关问题进行必要说明。

（3）建设原则。“课程教学基本资源”建设坚持如下原则：一是以专业人才培养方案为依据，课程教学目标符合专业人才培养目标的需求；二是教学内容努力达到思想性、科学性和实践性的统一；三是贯彻“学以致用”的教学理念，突出能力培养；四是符合学生实际，因材施教；五是各专业的共享课程统一建设。

总之，养老服务专业群内各专业实行师资、信息、实训基地等资源共享，教、学、做相结合，构建“课证一体”的课程体系，实现课程和岗位的无缝对接；各专业间优势互补，各有侧重，灵活调整，从而促进高职院校专业调整，走内涵式发展的道路。

第三章　养老服务业人力资源优化配置

管理就是界定企业的使命，并激励和组织人力资源去实现这个使命。界定使命是企业家的任务，而激励与组织人力资源是领导力的范畴，二者的结合就是管理。

——［美］彼得·德鲁克

当前，人口老龄化问题正广泛而深刻地影响着人类社会生活，已成为国际重大人口问题，解决策略就是实现健康老龄化①。我国养老服务业正加速发展，各类养老服务机构不断涌现，老年人不再满足于日常生活照料，对精神慰藉、心理支持、康复护理、紧急救助、临终关怀等方面的需求日益增长。老年服务专业人才和服务机构专项业务管理人才将成为养老机构发展的重要人力资源保障，由此，养老服务业人力资源的优化配置就显得十分重要。②本章在介绍人力资源、人力资源配置基本问题的基础上，重点探讨了作为养老服务业重要组成部分的养老机构的人力资源配置问题。

一、人力资源的概念、构成与特征

21世纪是全球化、市场化、信息化的世纪，是知识主宰的世纪。越来越多的有识之士认识到，企业的竞争归根结底是所拥有的资源多寡的竞争。而在众多资源中，人才是最活跃、最重要的一种资源。不少优秀的企业家已经认识到人才的重要意义，把人力资源开发、人力资源的优化配置等作为事关企业前途与命运的一项重要工作。

① 王敏，钟玉杰，王婷．我国人口老龄化现状与高级护理人才的培养［J］．护理研究，2009，23（8）：2152-2153．

② 贾占昀，李源源，杨晓文．昌吉市养老机构人力资源配置现况分析［J］．卫生职业教育，2015（19）：118-120．

1.人力资源的概念

（1）资源与人力资源。在日常生活中，我们经常会接触到各种各样关于“资源”的提法。联合国确定2013年“世界水日”的宣传主题是“水合作”（Water Cooperation）。我国纪念2013年“世界水日”和“中国水周”活动的宣传主题是“节约保护水资源，大力建设生态文明”。其目的是推动对水资源进行综合性统筹规划和管理，加强水资源保护，解决日益严峻的缺乏淡水问题，开展广泛的宣传以提高公众对开发和保护水资源的认识。

在我国城市化进程中，出现了一浪高过一浪的地产开发，各地都在建住宅、建厂房，粗放的土地利用在蚕食着片片充满生机的耕地。“但存方寸地，留与子孙耕”这样的警句在时时提醒着人们珍惜土地资源！

那么，什么是资源呢？

资源是“资财的来源”。在经济学上，资源是指为了创造物质财富而投入生产活动中的一切要素。现代管理科学普遍认为，经营好企业需要四大资源：人力资源、经济资源、物质资源、信息资源。在这四大资源中，人力资源是最重要的资源。它是生产活动中最活跃的因素，被经济学家称为第一资源。

那么究竟何为人力资源？经济学家从不同的角度给出了不同的定义。广义地说，智力正常的人都是人力资源。从狭义上看，它有以下多种定义：

①人力资源是指能够推动国民经济和社会发展、具有智力劳动和体力劳动能力的人们的总和。

②人力资源是指一个国家或地区有劳动能力的人口总和。

③人力资源是指具有智力劳动能力或体力劳动能力的人们的总和。

④人力资源是指包含在人体内的一种生产能力，若这种能力未发挥出来，它就是潜在的劳动生产能力；若开发出来，就变成了现实的劳动生产力。

⑤人力资源是指能够推动整个经济和社会发展的劳动者的能力，即处在劳动年龄的已直接投入建设或尚未投入建设的人口的能力。

⑥人力资源是指所有为社会创造物质文化财富、为社会提供劳动和服务的人。

我们通常认为，所谓人力资源是指一定范围内人口总体所具有的劳动能力的总和，也即一定范围内为社会创造物质和精神财富、从事体力劳动和智力劳动的人们的总称。人力资源能够推动整个经济和社会的发展，是最活跃、最积极的主动性生产要素，是积累和创造物质资本、开发和利用自然资源的主要力量。

（2）人力资源相关概念。与人力资源相关的概念有“人才资源”“人力资本”等，这些词经常出现在人力资源管理实践与理论研究中，正确理解并区分这些概念有助于对人力资源的管理。

①人才资源。“人才”这一概念在理论上并不是十分规范的范畴，目前有很多不同的解释。通俗地说，有一技之长的人都可以叫作人才，其核心含义是：比他人或前人具有更优秀的整体素质和更高的创造能力，能够更好地利用各种可以利用的资源进行创造性劳动，为企业、社会、人类创造更多的财富和更高的价值的人。人才具有以下7个方面的特征：一是在企业中属于少数，一般可用“二八定律”划

定；二是具有高度创造能力和工作能力；三是善于运用能力，高标准地完成组织分配的工作任务；四是组织和人力资源管理者所期望、寻求的人；五是可以激发他人工作热情、创造力的人，可以为公司带来大量稳定、长期业务的人；六是有突出贡献（为企业创造更多的财富与价值）、组织和管理者不愿意失去的人；七是对组织目标实现负有最重要责任的人。[①]从人才资源的概念与特征看，人才资源是人力资源最重要、最核心的一部分，两者是被包含与包含的关系。

②人力资本。这一提法更多地出现在经济学的研究领域中，而人力资源则更多地出现在管理学的研究领域中。人力资本理论是20世纪50年代末60年代初美国经济学家舒尔茨和贝克尔等创立的，他们也凭借这一理论获得了诺贝尔经济学奖。

人力资本是指存在于人体之中、后天获得的具有经济价值的知识、技术、能力和健康等质量因素。可以从以下3个方面来理解这一概念：一是人力资本是附着在人本身这种载体上的各种因素的集合，而不是载体本身，它是靠后天的投入获得的，并可以带来经济价值；二是人力资本与物质资本具有共性，表现为人力资本的形成和维持需要花费成本，投入生产领域可以带来财富的增长，并且也具有稀缺性；三是人力资本又具有自己的特点，如人力资本与其载体的不可分离性、人力资本在使用过程中的增值性、人力资本的异质性等。

人力资本与人力资源是有区别的。董克用等人认为，两者有以下区别：一是与社会价值的关系不同，人力资本和社会价值之间是因果关系，而人力资源和社会价值是由果溯因的关系；二是两者研究问题的角度和关注的重点不同，人力资本关注的重点是收益问题，人力资源关注的重点是产出问题；三是两者的计量形式不同，人力资源是一个存量概念，人力资本是一个兼有存量和流量的概念。

人力资本和人力资源在价值创造过程中所起的作用是相同的，更多的不同是出现在不同的领域中，人力资本常出现在经济学中，而人力资源则常出现在管理学中。

③人口资源。它是指一个国家或地区所拥有的人口总量，是一个数量概念，也是一个最基本的底数，劳动力资源、人力资源、人才资源等都以此为基础。其中，具备智力和体力劳动能力的那部分人口资源才是人力资源。

④劳动力资源。它是一个国家或地区具有劳动能力的人口的总称，是人口资源中拥有劳动能力并进入法定劳动年龄的那部分人。这一人口群体必须具备从事体力劳动或脑力劳动的能力。劳动力资源也是偏重数量的概念，它是人力资源的一部分。其中，对价值创造有贡献并且能够被组织所利用的体力和脑力的那部分资源是人力资源（人力资源还包括未达到劳动年龄的未成年人）。

2. 人力资源的构成

人力资源是一个基本的概念，其构成主要包括人力资源数量和人力资源质量。

（1）人力资源数量。它指的是一个国家或地区具有劳动能力、从事社会劳动的人口，以及劳动适龄人口之外具有劳动能力的人口。它可分为八种类型（如图3-1

---

① 王先玉，王建业，邓少华. 现代企业人力资源管理学［M］. 北京：经济科学出版社，2003：10.

所示[①])：①处于劳动年龄之内、正在从事社会劳动的人口，它是人力资源的主要构成部分，称为“适龄就业人口”；②尚未达到劳动年龄，已经从事社会劳动的人口，即“未成年就业人口”；③已经超过劳动年龄，继续从事社会劳动的人口，即“老年劳动者”或“老年就业人口”；④处于劳动年龄之内、具有劳动能力并要求参加社会劳动的人口，这部分可称为“待业人口”，它与前三部分一起构成经济活动人口，即现实人力资源；⑤处于劳动年龄之内，正在从事学习的人口，即“求学人口”；⑥处于劳动年龄之内，正在从事家务劳动的人口；⑦处干劳动年龄之内，正在军队服役的人口；⑧处于劳动年龄之内的其他人口。

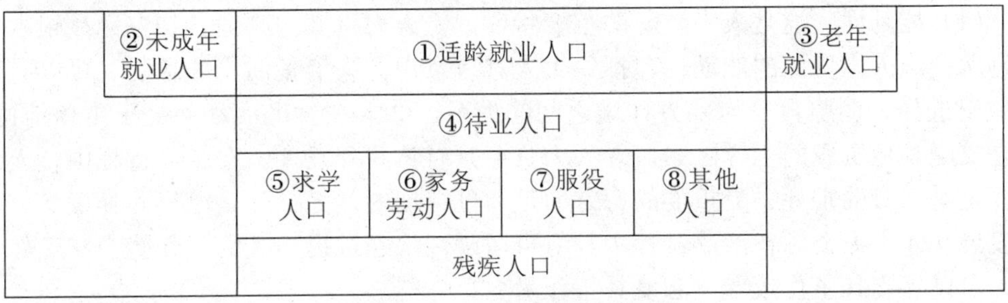

图3-1　人力资源构成图

前四部分是现实的社会劳动力供给，是直接的、已经开发的现实人力资源部分；后四部分并未构成现实的社会劳动力供给，是间接的、尚未开发的、处于潜在形态的人力资源。

（2）人力资源质量。它是指人力资源所具有的身体素质、智力、知识和技能水平及劳动者的劳动态度。

①身体素质。它是个体的体质、体力和精力的总和。体质，即基本健康状况，很大程度上取决于遗传因素。体力和精力决定了个人能进行多少体力和脑力活动而不疲倦，它们主要来自后天的获得，是身体锻炼的成果。良好的身体素质是其他一切因素发展与事业成功的生理基础。

②智力。它也称为一般能力，是指人在活动过程中表现出来的比较一致的能力，体现为观察力、记忆力、判断力、想象力、表达能力、思维能力等方面的综合能力。

③知识。它是指通过教育、自学和日常积累得到的对各种事实的了解，是个体所具有的可直接应用于完成某项工作任务的信息体系。

④技能。它是指技术水平与操作经验，是个体依据个人偏好和能力水平综合形成的处理事务、数据、人际关系的技能。

⑤劳动者的劳动态度。态度是人们在自身道德观和价值观基础上对事物的评价和行为倾向。态度一般由对外界事物的内在感受（道德观和价值观）、情感（即“喜欢厌恶”“爱恨”等）和意向（谋虑、企图等）等方面的要素构成。目前，衡量劳动态度的指标有以下几个方面：劳动者对工作的满意程度、劳动者对工作的努力程度、劳动者在工作中与他人的协作程度、劳动者对工作的负责程度等。

人力资源开发中的数量与质量是相互统一的。数量是基础，质量是关键和核

① 李琦，石玉峰. 人力资源管理基础技能训练［M］. 上海：复旦大学出版社，2013：5-6.

心。人口过多会造成许多社会问题，人力资源管理创新能力的重点应放在质量上。低质量的劳动大军不但不能成为社会发展的动力，而且会成为社会的负担。不解决人力资源的质量问题，社会是难以发展的。

3.人力资源的特征

人力资源是进行社会生产最基本、最重要的资源，是存在于人体中的经济资源。它依附于员工个体而存在，以员工的工作能力为内容，其作用的发挥体现在员工的工作业绩上。因此，人力资源与其他资源相比，具有特殊的规定性。

（1）能动性。这是人力资源的首要特征，是人力资源与其他一切资源最根本的区别所在。人力资源的能动性包括：①人具有意识。人清楚活动的目的，可以有效地做出选择，调整自身与外界环境之间的关系。②人在生产活动中处于主体地位。人是支配其他资源的主导因素。③人力资源具有自我开发性。在生产过程中，人一方面是对自身的损耗，更重要的一方面是通过合理的行为，让自己得到补偿、更新和发展。④人力资源在活动过程中具有可激励性。通过提高人的工作能力和工作动机，可以提高其工作效率，激发其工作潜力。

（2）可变性。其一方面是指个体人力资源的可变性。人的生命周期一般可分为成长期、成熟期和老年期。人力资源会随着生命周期的不同发展阶段而发生变化。在实际工作过程中，员工表现出来的工作能力，往往只是其全部工作能力的一部分，员工相当部分的工作能力是潜在的，可以通过恰当的方法和措施加以开发利用，以提升员工自身的人力资源价值。另一方面是指整体人力资源的可变性。任何一个社会组织人力资源状况都不是静止不变的，随着社会组织不同时期的变化，其人力资源的数量、质量、结构形式都会发生变化。一个社会的人力资源状况也会受到不同政治条件和经济因素的影响。

（3）双重性。人力资源同时具有生产性和消费性。生产性是指人力资源是物质财富的创造者；消费性是指人力资源的维持需要消耗一定的物质财富。生产性和消费性是相辅相成的，生产性能够创造物质财富，为人类或组织的生存和发展提供条件；消费性则能够保障人力资源的维持和发展，是人力资源本身生产和再生产的条件。

（4）社会性。人是依赖社会而存在的，其不可避免地会受到社会文化的影响，而形成特有的价值观念和行为方式，并具有复杂的心理和感情，这增强了人力资源管理的复杂性和难度。人的社会性表现为人有感情、有思想，同时也有爱心和责任心，这使人力资源比其他资源有更大的潜力，因为这种积极性、主动性被调动起来，就可以创造奇迹，创造难以估量的价值。

（5）再生性。人力资源在被使用后可以通过体力恢复和培训投入继续发挥效用，具有很强的再生性。人力资源是可以开发和再生的资源，其使用过程也是开发和再生的过程，是对其职业生涯的设计、能力培训和提升。此外，劳动保护、安全健康措施等都是人力资源开发和再生的途径。

（6）时效性。人力资源的形成、开发、配置、使用和培训均与人的生命周期有关。首先，人的一生中都存在着人力资源的积累过程，开发和利用仅仅是一生的中间阶段。其次，在这一阶段中，由于劳动者的类型、层次不同，其发挥作用的最佳年龄段也不同。即使同为高级人才，社科类人才与技术类人才发挥作用的最佳时期也不同，进一步理解，即使同为技术型人才，IT行业人才与生物医学人才发挥作用的最佳时期也不尽一致。再次，人力资源只有在使用中才能发挥其作用，它不能像物质财富那样储存起来。如果是体力型的人力资源，不能使用不仅会造成浪费，还要消耗其他资源来维持它；作为智力型的人力资源，如果长期得不到开发使用，同样会造成浪费，还可能因为跟不上时代步伐而贬值。此外，一个人在一天中的不同时段，其特点也不一样，因而要求我们合理使用人力资源，使人的不同阶段的潜能得到最大限度的发挥。最后，人力资源的时效性也与其管理手段有关，有效的管理能够使人力资源长期发挥最佳功效，无效的管理则会导致人力资源的浪费和流失。就是对于同一个人，不同时期、不同的激励方式也可能带来不同的效益。

二、人力资源优化配置的要素与原则

人力资源优化配置是人力资源管理中的重要环节，是指通过不断改善人员招聘、任用、升降、调动和分配，以及考核、合理组合、合理流动等工作方法，达到人得其事、人尽其才、事尽其功的目的。所以人力资源优化配置总结一下就是要正确地用人，也要为适用人才创造合适的工作条件。[①]美国钢铁大王安德鲁·卡耐基曾说，“带走我的员工，把我的工厂留下，不久后工厂就会长满野草；拿走我的工厂，把我的员工留下，不久后我们还会有座更好的工厂”。这句话深刻说明了人才对企业发展的决定性作用，而人才的优化配置更是不可或缺、至关重要的。人力资源优化配置能为员工打造具有吸引力的职业规划，拓宽其发展路径，使企业招聘到优质人员，增强对人才的吸引力，从而提高企业的凝聚力。此外，还能帮助企业降低成本，提高效益，增强市场竞争力。

1. 人力资源优化配置的要素

对企业而言，人力资源优化配置主要包含以下四个关键要素：

（1）总量要素。企业的发展离不开人才，而人才的数目影响企业的运行质量。在人员短缺的前提下，一方面，企业的营运目标难以实现；另一方面，会导致当前企业员工的工作压力过大，产生不满情绪。而在人员数目过多的前提下，一方面，企业人力支出较大，难以获得高效的回报；另一方面，不利于日常工作的开展，员工间易出现责任推诿、工作互相推卸的状况，甚至会出现工作无人做的反效果，阻碍工作效率的提升[②]。对此，企业要从工作总量出发，分析企业员工的效率，判断人力资源现状，最后根据判断进行科学合理的人员分布，做出裁员、招聘或维持现状的决策。

（2）结构要素。对企业而言，企业结构配置主要体现在人力资源的整体结构

---

① 徐浩．企业人力资源优化配置的关键因素分析［J］．现代经济信息，2019（5）：142.
② 邵莉．浅谈现代（石油）企业如何实现人力资源的合理配置与管理［J］．化工管理，2016（3）：94.

上，优化人员配置能改善企业结构配置，促使企业运行效率提升[①]。这可从以下方面入手：一是企业职位结构。企业不同工种都有其难点及特点，基于此，企业要进行有针对性的结构配置；二是企业员工特点。每个人都是独立的个体，企业要根据员工的特点，通过适当的结构配置，将他们安排在相应的岗位上，以发挥个人的最大效能。针对员工的特点和能力，企业应以多种方式进行信息的收集及整理，并用表格清楚列明，使相关部门清楚企业的人力资源使用现状，从而更好地分配员工，优化人才使用效率。

（3）质量要素。质量配置，简而言之是根据岗位需求配置最适合的员工。这属于企业人力资源配置的重心。依据不同岗位需求，对不同能力、不同个性的员工进行合理的配对，以避免资历过高、有较强能力的员工在基础岗位上大材小用，或能力较弱的员工在较重要的岗位上小材大用，造成人力资源的浪费，不利于企业的持久发展。以中石油“人-岗”动态匹配的模式为参考对象，一方面，员工应具备满足岗位要求、出色完成工作的能力；另一方面，员工有一定的自主性，可以根据自己的专业及就业偏爱去挑选目标岗位。在这样的基础上，双方能够减少摩擦，企业在满足员工工作要求的同时能尊重员工，增强员工的工作积极性，同时企业会根据不同的发展需求进行人员安排，提高人、岗及企业发展三者的匹配度，以保证人力资源在企业能够达到最优配置。[②]

（4）工作负荷要素。工作负荷主要是指人体在单位时间内所承受的总工作量，可分为体力工作负荷和心理工作负荷。前者是指体力的支出。人的体力是有限的，当达到一定限额时，不仅会降低工作效率，而且不利于工作状态的长期保持。后者主要是指由监测和决策所带来的负荷。过紧的环境下，员工由于精神紧张，难以聚焦于工作；而过松的环境下，员工缺乏相应的压力，导致动力不足。如果员工反映工作量过大，企业要进行相应调整，以确保员工身心上的最优状态，如扩招岗位人员或分散任务负担；若员工的任务远低于员工的能力范畴，企业可适当减少人员的配置。例如，吉林石油集团在油田扩建后，原工作团队的工作量急剧增加，人员的工作负荷较大，不利于员工的长久健康发展，人力资源部立即根据指示招聘新员工，扩大团队规模，以缓解工作队伍的压力，增强企业的营运效果。[③]

2.人力资源优化配置的原则

“不以规矩，不能成方圆”，做任何事情都要遵照一定的规则。人力资源管理更是需要遵循用人规律，人力资源配置的重要性使其在执行中更不得草率，应当遵循以下原则：

（1）合理原则。首先，人才的选择要合理。人才的选择要依据岗位的需求，既要选择优秀的人才，也要使个体素质及其发展符合岗位的要求；既要避免人低配于岗，也要避免人高配于岗，要做到人-岗对应，协调兼顾。其次，人才的使用要合理。唯才是举、人尽其才，是对人才最大的尊重。企业应充分了解员工，要做到眼

---

① 徐东．低油价下石油企业提高全要素生产率探讨［J］．国际石油经济，2016（5）：17-20.
② 谢劼．企业人才标准体系建设探索与实践［J］．当代石油石化，2018，26（7）：08-13.
③ 李俊杰，郭妮妮．石油企业人力资源优化配置的关键要素分析［J］．中外企业家，2019（28）：94.

中“有才无人”——选拔“不看亲”，让每一位员工都能在其对等的岗位上公平、充分地展现自己的才华，“才尽其用”“才-财对等”；不断让员工实现自我、突破自我，增强对企业的认同感和归属感，让人才浪费现象不再出现。最后，人力资源结构要合理。企业人力资源结构的合理包括岗位结构的合理和人员结构的合理。岗位的设置应当顺应企业的发展需求，依据各项工作的需求来设置企业应配备的具体岗位。在调整员工结构时，不仅要关注数量、年龄、性别、专业的结构搭配，还要注重层次的配合，使企业人力资源配置体系不断完善，不仅让各部门员工能够人尽其才，也能使各部门摆脱臃肿、运转和谐。[①]

（2）优化互补原则。它要求构筑层次清晰、能级匹配的人才体系，要达到年龄互补、个性互补、知识技能互补、集体互补、才干互补等目的，充分发挥每位员工的特长，采用协调与优化的方法，扬长避短，尽可能发挥团队的整体优势。[②]

（3）提高效益原则。一般来说，人们的行为活动中总会存在资源利用不充分的问题，而解决这一问题是提高单位经济效益或组织效益的根本途径；企业应尽可能地充分利用人力资源，使自身由低效能向高效能转化。[③]

（4）动态调节原则，其核心在于人员与岗位要适时进行调整。在人力资源配置的过程中，应按照岗位需求与人员专业技能的变化进行人力资源配置的动态调节，通过动态调节使人员与岗位达到最高的契合度，实现经济和社会效益的最大化。在这一过程中，人力资源部门应制定客观、公平、公正的人力资源考核和评价制度，通过定期的考核和评价对人员能力和岗位需求进行评估，并根据评估结果及时进行动态调整。这个调整包括两方面：一方面是将能力突出的人员调配到更具有挑战性的岗位上进行培养；另一方面是对不适合岗位要求的人员进行及时的调整，避免能力制约岗位工作的完成。动态调整应是一项长期工作，人力资源部门应制定人力资源动态调整的长效机制，保证人尽其才、先公后私，确保组织和人员的利益。[④]

三、养老机构的人力资源优化配置

机构养老就是把要接受养老的老人集中在一个专门设置的机构中，由专业人员为他们提供物质生活、医疗健康以及精神生活等各方面的照料和服务，使老人能快乐健康地度过晚年生活。机构养老的场所包括养老院、老年公寓、托老所、老年护理院和敬老院等，其总称为养老机构。[⑤]养老机构的重要特征之一就是专业化，其职能是提供专业化的老人照护服务。养老机构人员是老人照护服务的重要承担者。[⑥]对养老机构而言，一方面，要提高员工的素质和技能；另一方面，要对人员进行优化配置，加强人力资源管理，只有这样才能提高养老机构的服务水平，赢得老人及其家属对养老机构的认可。具体来说，养老机构人力资源优化配置应从以下

① 王馨．论企业人力资源配置的原则与意义［J］．现代经济信息，2019（11）：24-25.
② 程东全．人力资源优化配置的程序与原则［J］．领导科学，2005（20）：51-52.
③ 周东明．人力资源合理配置原则［J］．合作经济与科技，2006（11）：26.
④ 华晔．人力资源配置的原则与目标实现［J］．中外企业家，2019（2）：83.
⑤ 孙唐水．养老机构中的人力资源建设问题与对策探讨［J］．南京邮电大学学报（社会科学版），2009（9）：61-65.
⑥ 何文炯，杨翠迎，刘晓婷．优化配置　加快发展——浙江省机构养老资源配置状况调查分析［J］．当代社科视野，2008（1）：29-33.

方面入手：

1.优化养老机构的部门设置

养老机构部门设置主要指养老机构内部行政、业务和后勤职能部门的设置和人员配置。内部组织严密、人员精干是养老机构高效运行、高质量服务和规避经营风险的保障。养老机构的决策者对此需要精心规划设计。

部门设置涉及养老机构的组织结构问题。组织结构是组织成员为实现组织目标，在管理工作中进行分工协作，在职务范围、责任、权利方面所形成的结构体系，是整个管理系统的“框架”。组织结构可以通过组织结构图来反映。组织结构图可以形象地反映组织内各机构、岗位相互之间的关系，体现组织结构形式。

（1）组织结构设计的原则。为了有效地利用养老机构内部的人力资源，提高组织的竞争力，要科学合理地设计组织结构。进行组织结构设计时需要遵循以下原则：

①任务与目标原则。企业组织设计的根本目的，是实现企业的战略任务和经营目标。这是一条最基本的原则。因而，组织结构设计要从这一原则出发，体现一切设计为组织目标服务的宗旨。当组织的任务、目标发生重大变化时，如从单纯生产型向生产经营型转变、从内向型向外向型转变，组织结构必须作相应的调整和变革，以适应任务、目标变化的需要。

②专业分工和协作的原则。组织内部每一个部门都不可能承担组织所有的工作。组织内部各部门之间应该是分工协作的关系。也就是说，组织中有管财务的部门，有管人力资源的部门，有做后勤保障的部门，还有主导业务流程的部门。因此，设计组织结构时把握好分工和协作原则至关重要。

③有效管理幅度原则。每一个部门、每一位领导都要有合理的管理幅度。管理幅度太大，无暇顾及；管理幅度太小，可能没有完全发挥作用。所以在设计组织结构的时候，要确定合理恰当的管理幅度。

④集权与分权相结合的原则。设计组织结构时，既要有必要的权力集中，又要有必要的权力分散，两者不可偏废。集权有利于保证组织的统一领导和指挥，有利于人力、物力、财力的合理分配和使用。而分权是调动下级积极性、主动性的必要组织条件。合理分权有利于基层根据实际情况迅速而正确地做出决策，也有利于上层摆脱日常事务，集中精力抓重大问题。因此，集权与分权是相辅相成的。

⑤稳定性和适应性相结合的原则。稳定性是指组织抵抗干扰，保持其正常运行；适应性是指组织调整运行方式，以维持对内外环境变化的适应能力。在进行组织结构设计时，既要保证组织在外部环境和企业任务发生变化时能够有序地正常运转，同时又要保证组织在运转过程中能够根据变化情况做出相应的改变。组织应具有一定的弹性和适应性，为此，需要在组织中建立明确的指挥系统、责权关系及规章制度；同时要选用一些具有较好适应性的组织形式和措施，使组织在变动的环境中具有一种内在的自动调节机制。

（2）养老机构部门设置的类型。养老机构要根据具体情况（如部门的划分、部门人员职能的划分）绘制整体的和个性的组织结构图，各个部门也要绘制部门内部具体的、细分的组织结构图。养老机构的部门设置主要有以下几种类型：

①直线制。它是指养老机构中没有职能部门，从最高管理者到基层，实行直线垂直领导（如图3-2所示）。

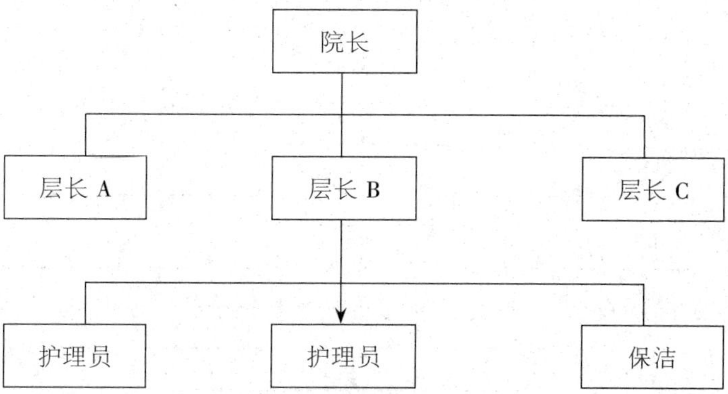

图3-2 直线制部门设置

直线制一般在小型养老公寓中比较常见，其要求各直线管理人员具备较强的综合管理能力。直线制并不适用于管理人员较多、管理工作复杂的大中型养老机构。

②直线职能制。它是指在组织内部既设置纵向的直线指挥系统，又设置横向的职能管理系统，以直线指挥系统为主体建立的两维的管理组织。该类型为大多数养老机构所采用，图3-3和图3-4分别为内地某养老机构的组织结构和香港乐天护老院的组织结构。

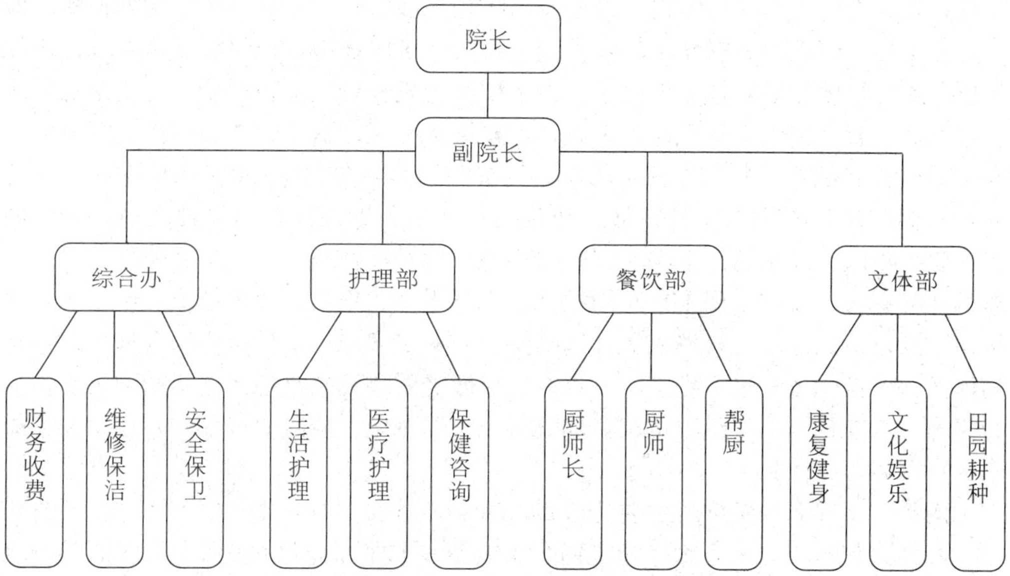

图3-3 内地某养老机构的组织结构

③事业部制。我国的养老机构发展非常迅速，也出现了如亲和源、中精众合等连锁形式的养老机构。这些养老机构在直线职能制框架的基础上，按照地域或者服务对象设置独立核算、自主经营的事业部，在总公司的领导下，制定统一政策，分散经营，是一种分权化体制。上海和佑养老集团组织架构如图3-5所示。

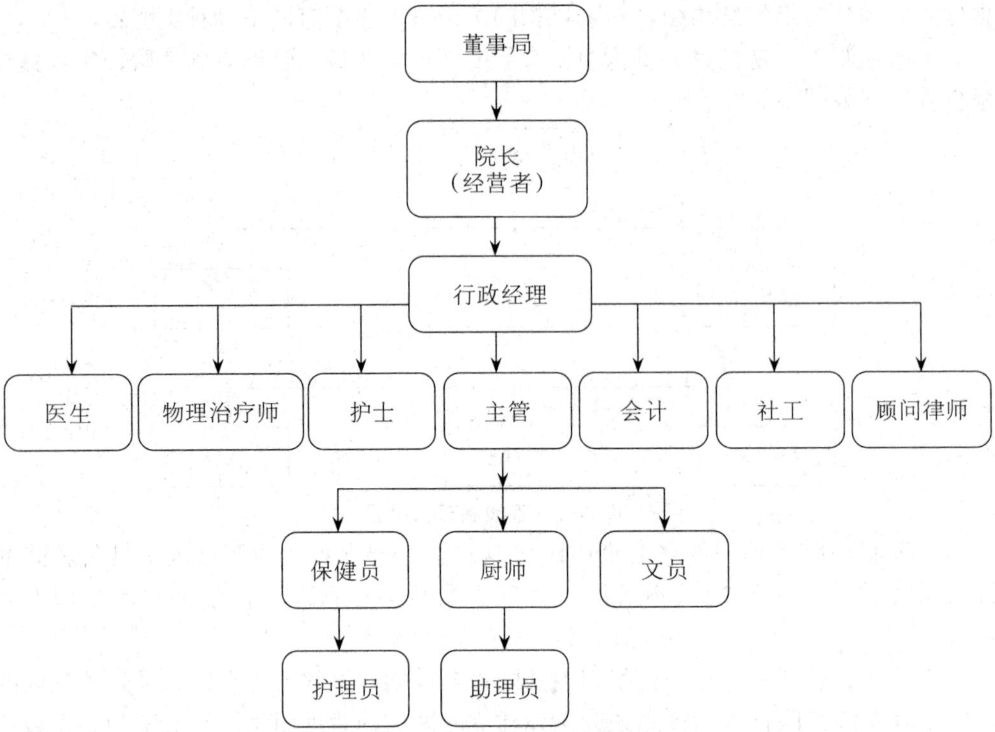

图3-4 香港乐天护老院的组织结构

④国内养老院常用组织结构形式。同其他组织一样，养老机构内部也实行分级管理。较大型的养老机构特别是公办养老机构，多实行“三层五级”管理模式，即分为决策层、管理层、操作层和院长级、科级、区主任级、班组级、员工级，由此形成了阶梯形的领导与被领导关系。中小型养老机构可以不拘泥于上述复杂的分级管理模式，其内部组织管理部门和人员可根据实际工作需要，本着精简、高效的原则灵活设置和配置。例如，在上海市，许多街道养老机构（150张床位左右）一般只设一名院长，不设副院长，其下配备有一名院长助理或数名管理人员，分工明确，职责清晰，分别承担全院的行政、业务、后勤等管理工作，且养老机构内部管理得井井有条，没有出现工作互相推诿、人浮于事的现象，值得借鉴。中小型养老机构更强调部门综合，管理人员（包括院长）一专多能，既是机构的管理者，也是具体任务的操作者和执行者，这一点在农村敬老院和民办小型养老机构中表现得尤为突出。养老机构内部组织机构名称没有统一的规定，应以明确部门管理职能为原则进行命名。

例如，某养老服务中心主要为介助和介护老人提供托养服务，项目总投资3亿元，占地面积4.27万平方米，建筑面积3.57万平方米，床位600张。同时，该养老服务中心还对社会承担一定的培训任务，该养老机构的部门设置如图3-6所示。

总之，养老机构主要为老年人提供居住、生活照料与护理、疾病预防与保健、医疗与康复、康乐等服务。内部组织结构要根据养老机构的性质、规模以及开展的服务项目进行设置。同时，在符合国家、行业与地方政策法规、管理规范的前提下，遵循精简、高效、降低成本等原则。

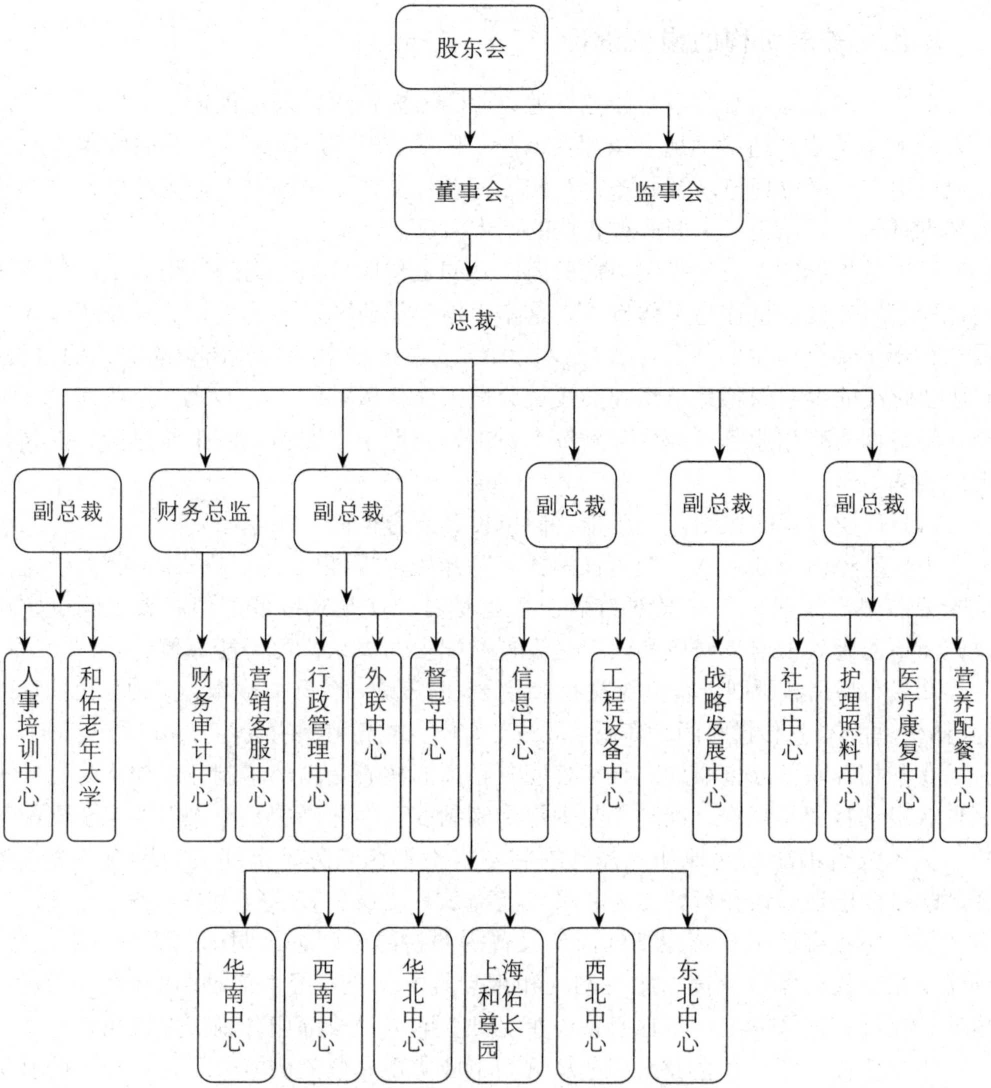

图 3-5　上海和佑养老集团组织架构图

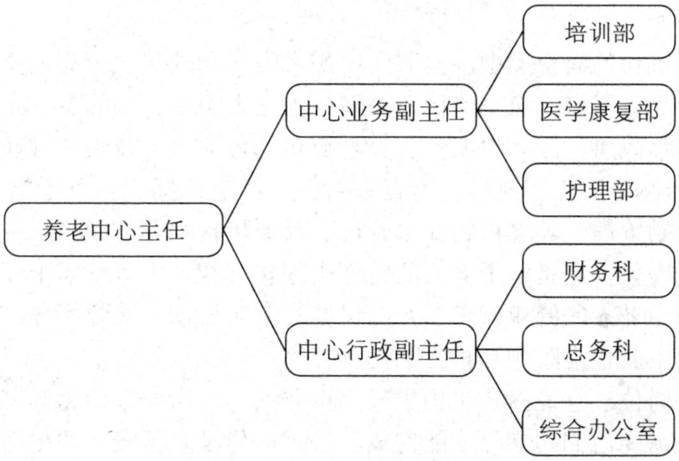

图 3-6　某养老机构部门设置

2.优化养老机构的岗位设计

企业工作岗位分析的中心任务是为企业的人力资源管理提供依据，实现“位得其人，人尽其才，适材适所，人事相宜”。事实上，工作岗位分析的最终成果——岗位说明书、岗位规范以及职务晋升图等一系列文件，必须以工作为基础，才能发挥其应有的各种作用，全面实现企业的基本目标。

岗位是指组织中为完成某项任务而设立的工作职位。定岗的过程就是岗位设计的过程。岗位设计也称为工作设计，是指根据组织业务目标的需要，并兼顾个人的需求，规定某个岗位的任务、责任、权力以及在组织中与其他岗位的关系的过程。它所要解决的主要问题是组织向其成员分配工作任务和职责的方式。企业通过岗位设计将整体战略和业务目标分解到每个员工，有助于激发员工的工作热情、提高其工作效率。

（1）岗位设计的原则。一般地，岗位设计应遵循以下基本原则：

①因事设岗原则。从“理清该做的事”开始，“以事定岗、以岗定人”。设置岗位既要着眼于企业现实，又要着眼于企业发展。企业应按各部门职责范围设定岗位，而不应因人设岗；岗位和人应是设置和配置的关系，而不能颠倒。

②最少岗位数原则。企业既要考虑到最大限度地节约人力成本，又要尽可能地缩短岗位之间的信息传递时间，降低“滤波”效应，提高组织的战斗力和市场竞争力。

③不相容职务分离原则。不相容职务分离的核心是内部牵制。古埃及时已在记录官、出纳官和监督官之间建立起内部牵制制度。内部牵制是一人不能完全支配账户，另一人也不能独立地加以控制的制度。不相容职务是指那些如果由一个人担任，既可能出现错误和舞弊行为，又可能掩盖其错误和弊端行为的职务。

基于不相容职务分离原则的岗位设置需要在岗位间进行明确的职责权限划分，确保不相容岗位相互分离、相互制约和相互监督。企业经营活动中的授权、签发、核准、执行和记录等工作步骤必须由相对独立的人员或部门分别实施或执行。

④整分合原则。在企业组织整体规划下应实现岗位的明确分工，在分工的基础上有效整合，使各岗位职责明确，又能上下左右之间同步协调，以发挥最大的企业效能。

（2）养老机构的岗位类型。按照《中华人民共和国职业分类大典》和养老机构的具体情况，我们把养老机构的岗位类型分为三大类别，如图3-7所示。

一是管理行政岗位。其主要负责养老机构的各项事务及人的管理工作。该类岗位主要包含养老院院长、老年公寓寝室主任、养老院膳食主任、老年娱乐会所管理、养老院后勤管理、养老机构社工管理、养老机构物业管理等。

二是医护岗位。它是基于老人的特殊生理状况和基本医疗需求而设立的，主要负责养老机构中老人的健康管理、社区保健、健康咨询、康复指导、预防保健等工作。该类岗位主要包含医生、护士和药剂师等。

三是护工岗位。它是养老机构中较为重要的一个岗位，因为养老机构中的大部分服务项目都需要他们的参与才能完成。护工岗位是基于老人的生活照顾需求而设立的，主要负责养老机构中老人的生活照料、健康与医疗照护等工作。

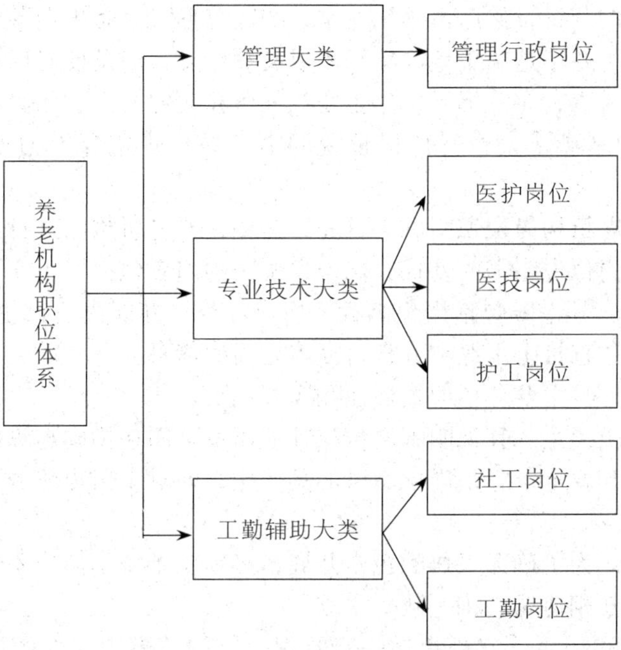

图3-7 养老机构岗位设置情况

四是医技岗位。它是基于老人的特殊生理和心理需求而设计的，主要负责养老机构中老人的生活保健、医疗保健以及心理/精神支持等工作。该类岗位主要包括心理咨询师、康复保健师、护理保健师、营养师等。

五是社工岗位。它以帮助养老机构中的老人排忧解难为出发点，主要负责为老人提供陪同就医、咨询（包括心理咨询、法律咨询等）、代办服务等工作。目前，我国养老机构对该岗位的重视程度还不够，专门在养老机构中设立该岗位并将其与护工等相关岗位区分开来的还比较少。

六是工勤岗位。它主要是针对养老机构环境卫生的保洁与维持、就餐饮食、物业维修等日常维护工作而设计的。该类岗位主要包括厨师、保洁员、勤杂工等。

（3）养老机构岗位设置的操作步骤。其分为以下三个阶段：

一是准备阶段。该阶段要根据工作岗位分析的总目标、总任务，对企业各类岗位的现状进行初步了解，掌握各种基本数据和资料。具体任务是了解情况，建立联系，设计岗位调查的方案，确定岗位调查的目的、范围、对象和方法。

进行工作岗位分析，还应做好员工的思想工作，明确岗位分析的目的和意义，与员工建立友好合作关系，使员工对岗位分析有良好的心理准备。

二是调查阶段。这一阶段的主要任务是根据调查方案对岗位进行认真细致的调查研究。在调查中，灵活运用访谈、问卷、观察、小组集体讨论等方法，广泛深入地搜集有关岗位的数据和资料。例如，岗位的识别信息，岗位的任务、责任、权限，岗位劳动负荷及员工的疲劳与紧张状况，岗位员工任职资格条件、生理和心理方面的要求、劳动条件与环境等。同时，对各项调查事项的重要程度、发生频率（数）应详细记录。

三是总结分析阶段。本阶段是岗位分析的最后环节。它首先要对岗位调查的结果进行深入细致的分析，然后再采用文字、图表等形式，做出全面的归纳和总结。

工作岗位分析并不是简单地收集和积累某些信息，而是要对岗位的特征和要求做出全面深入的考察，充分揭示岗位主要的任务和关键的影响因素，并在系统分析和归纳、总结的基础上，撰写出岗位说明书、岗位规范等人力资源管理的规章制度。

（4）起草养老机构岗位说明书。首先，需要在养老机构内进行系统全面的岗位调查，并起草出岗位说明书的初稿。岗位说明书的内容包括以下方面：

- 基本资料。其主要包括岗位名称、岗位等级（亦即岗位评价的结果）、岗位编码、定员标准、直接上下级和分析日期等方面的信息。
- 岗位职责。其主要包括职责概述和职责范围。
- 监督与岗位关系。其说明本岗位与其他岗位之间在横向与纵向上的联系。
- 工作内容和要求。它是岗位职责的具体化，即对本岗位所要从事的主要工作事项做出的说明。
- 工作权限。为了确保工作的正常开展，必须赋予每个岗位不同的权限。但权限必须与工作责任相协调、相一致。
- 劳动条件和环境。它是指在一定时间、空间范围内工作所涉及的各种物质条件。
- 工作时间。其包含工作时间长度的规定和工作轮班制的设计两方面内容。
- 资历。它由工作经验和学历条件两个方面构成。
- 身体条件。结合岗位的性质、任务对员工的身体条件做出规定，包括体格和体力两项具体要求。
- 心理品质要求。该项要求应紧密结合本岗位的性质和特点进行深入分析，并做出具体规定。
- 专业知识和技能要求。
- 绩效考评。它是指从品质、行为和绩效等多个方面对员工进行全面的考核和评价。

其次，养老机构人力资源部组织岗位分析专家，包括各部门经理、主管及相关管理人员，召开有关岗位说明书的专题研讨会，对岗位说明书的订正、修改提出具体意见。从说明书的总体结构到每个项目所包括的内容，从本部室岗位设置的合理性到每个岗位具体职责和权限的划分，以及对员工的要求等，都要进行细致认真的讨论，并逐段、逐句、逐字对岗位说明书进行修改。表3-1是一份比较详细的养老院院长岗位说明书，对其工作岗位、职务、职责和工作时间进行了非常详细的描述。

表3-1 **养老院院长岗位说明书**

岗位名称	院长	岗位编号	XZ001
所在部门	养老院	岗位定员	1
直接上级	理事会	工资等级	

续表

<table>
<tr><td>直接下级</td><td colspan="3">副院长及医疗保健中心、护理中心、活动中心、财务部、信息中心、行政接待中心、营养配餐中心、后勤管理中心主任</td><td>薪酬类型</td><td></td></tr>
<tr><td>所辖人员</td><td colspan="3"></td><td>岗位分析日期</td><td></td></tr>
<tr><td>一、本职概述</td><td colspan="5">负责养老院的经营管理，组织制定和实施养老院总体战略、年度经营计划和财务预算，完成年度经营目标；组织养老院各部门建立健全良好的沟通渠道；打造高效的团队；指导、监督、检查所属部门的工作</td></tr>
<tr><td>二、组织架构</td><td colspan="5">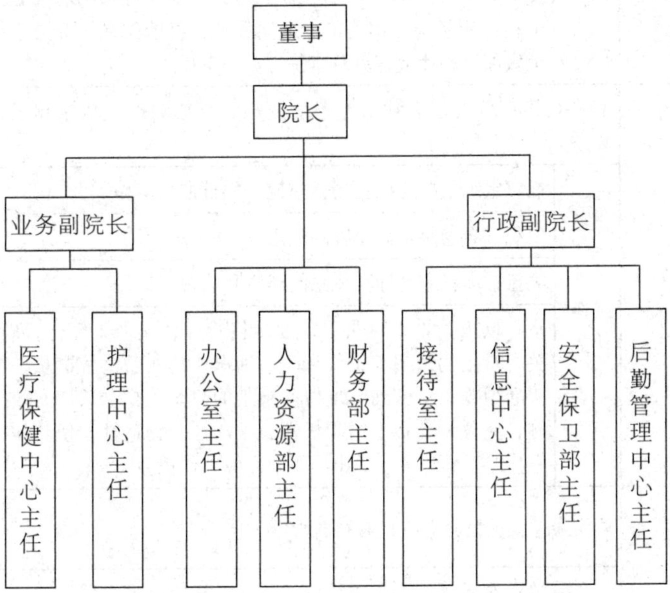
</td></tr>
<tr><td rowspan="9">三、直接责任</td><td rowspan="3">职责一</td><td colspan="3">职责表述：负责制定并组织实施养老院的总体战略</td><td>工作时间百分比：约10%</td></tr>
<tr><td rowspan="2">工作任务</td><td colspan="2">组织制定养老院的发展战略，并根据内外部环境变化进行调整</td><td>频次：1次/年</td></tr>
<tr><td colspan="2">组织实施养老院总体战略，发掘市场机会，领导创新与改革</td><td>频次：日常</td></tr>
<tr><td rowspan="5">职责二</td><td colspan="3">职责表述：负责制订和实施养老院年度经营计划、财务预算</td><td>工作时间百分比：约30%</td></tr>
<tr><td rowspan="4">工作任务</td><td colspan="2">下达年度经营目标，组织制订养老院年度经营计划、财务预算</td><td>频次：1次/年</td></tr>
<tr><td colspan="2">向各部门下达本部门年度经营目标和财务预算</td><td>频次：不定期</td></tr>
<tr><td colspan="2">监督、控制经营计划与财务预算的实施过程，及时分析并采取有效措施应对变化</td><td>频次：1次/年</td></tr>
<tr><td colspan="2">组织实施利润分配方案</td><td>频次：1次/年</td></tr>
</table>

续表

三、直接责任	职责三	职责表述：负责建立良好的内外部沟通渠道和关系		工作时间百分比：约30%
		工作任务	定期向上级述职；定期向上级汇报战略和经营计划执行情况、资金运用情况和盈亏情况及其他重大事宜	频次：不定期
			建立养老院良好的沟通渠道，协调各部门之间的关系	频次：日常
			开展养老院的社会公共关系活动，树立良好的企业形象	频次：日常
			建立养老院与上级主管部门、政府相关部门、金融机构、赞助单位、志愿者组织、行业协会、媒体等顺畅的沟通渠道；使养老院与相关单位之间保持良好的关系；努力争取上级部门和社会各界对本院工作的支持	频次：日常
	职责四	职责表述：负责建立健全养老院统一、高效的组织体系和工作体系		工作时间百分比：约15%
		工作任务	制定组织结构的优化调整措施，经批准后实施	频次：日常
			组织对养老院工作流程的改进	频次：日常
			主持推动养老院标准体系的建设和完善	频次：不定期
			坚持以人为本，对员工既要严格管理，又要人性化管理，关心员工的思想、工作和生活情况，切实帮助解决员工的实际困难，认真细致地做好员工的思想工作，采取有效措施，充分调动员工的积极性、主动性、创造性，使其保持旺盛的工作热情，尽忠尽职地完成工作任务	频次：日常
	职责五	职责表述：主持养老院日常经营管理工作		工作时间百分比：约10%
		工作任务	负责养老院员工队伍建设，参与选拔中高层管理人员，对下属人员进行指导、考核	频次：不定期
			主持召开养老院相关例会，对重大事项进行决策	频次：日常
			保证养老院升级达标、质量审核等顺利通过	频次：日常
			经常深入科室、住区、病房检查指导工作，解决服务与管理工作中存在的问题，随时纠正工作中出现的偏差，不断提高服务质量，保证养老院高效运转	频次：不定期
			深化养老院的人事制度、管理制度和分配制度改革，努力提高养老院的运营效益	频次：不定期
			加强班子内部团结，实行民主管理、科学决策，规避养老院的经营风险	频次：日常
			加强经营管理，降低成本，杜绝浪费，提高经济效益，增强养老院的自我发展能力	频次：日常
			代表养老院参加重大业务、外事或其他重要活动	频次：不定期
	职责六	职责表述：负责处理养老院的重大突发事件，并及时向上级报告		工作时间百分比：约5%

续表

四、领导责任	1.对养老院是否正确执行国家政策和上级相关制度、规定负责 2.对养老院的规章制度的施行情况、工作程序的正确执行、工作目标的完成负责 3.对养老院人、财、物的有效管理负责 4.对养老院预算开支的合理支配负责 5.对养老院员工的纪律、行为、工作秩序和整体精神面貌负责 6.对养老院设备、设施的完好性负责 7.对养老院的安全工作负责 8.对养老院造成的影响负责		
五、工作权限	1.对养老院的员工有日常管理权 2.对养老院的经营目标和重大投资的决策有建议权 3.对所属下级工作中的争议有裁决权 4.对直接下级人员有奖惩的建议权、任免的提名权 5.对所属下级的工作有监督、检查权 6.对所属下级的管理水平、业务水平和业绩有考核评价权 7.对养老院出现的重大突发性问题有临时处置权 8.代表养老院与政府对口部门和有关社会团体及机构联络的权力 9.上级赋予的其他权力		
六、管辖范围	养老院人、财、物		
七、岗位工作关系	内部关系	监督管理	全院职工及各业务科室和相关的职能科室
		请示上报	民政局
	外部关系		上级主管部门、政府相关部门、金融机构、赞助单位、志愿者组织、行业协会、媒体
八、任职资格	(一)基本要求	性别、年龄要求	性别：不限 年龄：男60岁／女55岁以下
		教育要求	学历要求：本科或以上学历 专业要求：医学或管理类及相关专业，副高以上职称
		从业资格要求	10年以上工作经验，5年以上高层管理工作经验
		身体要求	身体健康
	(二)应知应会	通晓企业的运作与管理知识，掌握养老政策、行业规范等专业知识，了解法律、财务等方面的知识	
	(三)基本素质要求	具有较强的组织领导、经营策划、文字撰写和语言表达能力以及协调公关能力，熟悉国家重大政策、法律、法令、法规，有丰富的医学或社会学管理知识，了解和掌握当代养老机构管理的最新动态，并能够创造性地应用于养老院的管理实践中	

续表

九、绩效考核要点	1.上级各项指令的贯彻执行能力、工作规划能力、工作综合协调能力、监督检查督办能力 2.全院各科室与员工满意度评价 3.会议研究制定的决议及相关事项的督办情况 4.重大活动的组织指挥能力和预期效果 5.养老院总体的工作效率、紧急事项处理能力与预期结果、年度计划任务完成情况	
十、其他	使用工具设备	计算机，一般办公设备（电话、传真机、打印机、Internet/Intranet网络、文件柜）
	工作环境	独立办公室
	工作时间特征	正常工作时间，有时加班，经常出差
	所需记录文档	通知、简报、汇报材料、工作计划、总结、研究报告、公司文件
十一、备注：		

3.优化养老机构的人员编制

劳动定员亦称人员编制。养老机构劳动定员是指在一定的服务条件下，为保证养老机构经营活动正常进行，按一定的素质要求，对养老机构配备的各类人员所预先规定的限额。其具体方法如图3-8所示。

我国针对养老机构内部人员配置比例、数量及资质等做出了一定的规范性要求。例如，《老年人社会福利机构基本规范》规定：①城镇地区和有条件的农村地区，老年人社会福利机构主要领导应具备相关专业大专以上学历，熟练掌握所从事工作的基本知识和专业技能。②城镇地区和有条件的农村地区，老年人社会福利机构应有1名大专学历以上、社会工作类专业毕业的专职的社会工作人员和专职康复人员。为介护老人服务的机构有1名医生和相应数量的护士。护理人员及其他人员的数量以能满足服务对象需要并能提供本规范所规定的服务项目为原则。③主要领导应接受社会工作类专业知识的培训。各专业工作人员应具有相关部门颁发的职业资格证书或国家承认的相关专业大专以上学历。无专业技术职务的护理人员应接受岗前培训，经省级以上主管机关培训考核后持证上岗。

再如，《国家级福利院评定标准》规定：①福利机构应有一支适应工作需要的专业化队伍，其中医疗康复专业队伍中必须有高级职称的专业技术人员。国家一级福利院医护人员应占全院职工总数的70%以上，国家二级福利院应占65%以上。②工作人员与正常老人的比例为1∶4，与生活不能自理老人的比例为1∶1.5。

《国家二级福利院评定标准实施细则》中也有一些相关规定：①机构领导班子结构合理。大专文化程度的占2/3以上，有卫生技术职称的人员在1名以上。②行政管理人员配备合理，不超过全院职工总数的10%。③工作人员与正常老人的比例为1∶4，与生活不能自理老人的比例为1∶1.5。④福利机构应有一支适应工作需要的医疗技术队伍。医护人员结构合理，卫技人员和有主管部门颁发的上岗合格证的护理人员占全院职工的65%以上。其中有高级职称的卫技人员至少1名。有专（兼）职营养师（士）。

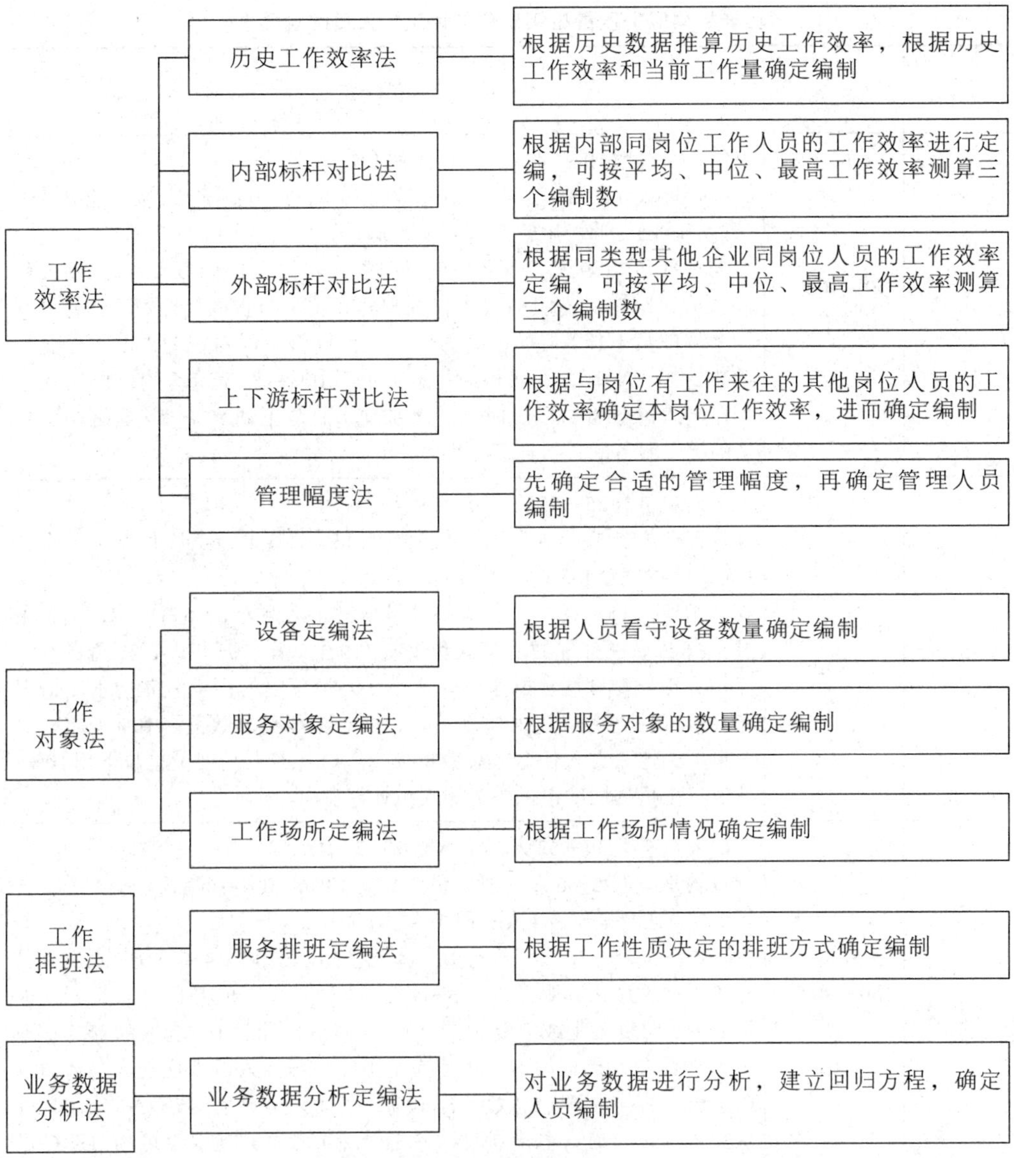

图 3-8　劳动定员方法

一些省市和地区在人员配置特别是护理人员配置方面有着更为明确、细致的规定，主要是采用服务对象定编法。比如，北京的《养老机构服务质量星级划分与评定》对养老机构的人员编制做出了较为详细的要求，可以作为养老机构管理者设定人员编制的重要参考，具体见表 3-2。

上海在地方标准《养老机构设施与服务要求（DB31/T685-2013）》中，对养老机构护理人员按照服务对象的照护等级和服务时间进行比例设置，具体见表 3-3。

在养老机构的人力资源优化配置实践中，应做到合理安排工作内容，实现人岗匹配。在工作中，适当的岗位竞争有其存在的必要性，每一个护理人员都能够凭自己的能力竞争上岗、选择自己力所能及的工作，是实现组织良性发建的一个重要要求。应对养老机构护理人员实行三级动态管理，即将护工划分为优秀、合格、见习

表3-2　《养老机构服务质量星级划分与评定》人员配置要求

星级	床位要求	人员配置
一星级	50～100张床位	工作人员总数10～14人，工休比例1/4； 行政管理人员2~3人，占人员总数的15%。其中：院长1人、会计1人（可以兼任）、照护主管1人（可以兼任）； 养老护理员7～9人，养老护理员与老人比例为1：6~1：7；工勤人员1～2人，医疗保健服务人员根据需要设置。负责专门照护1名老人的养老护理员不计算在人员总数内；生活完全不能自理老人占入住老人总数20%以上时，养老护理员总数上浮10%；生活完全自理的老人占入住老人总数80%以上时，养老护理员总数下调10%；其他卫生机构协助提供服务的人员计算在内
二星级	100～150张床位	工作人员总数25～27人，工休比例1/4； 行政管理人员3～4人，占人员总数的13%。其中：院长1～2人、会计1人、照护主管1人； 养老护理员15～18人，养老护理员与老人比例为1：6～1：7；工勤人员5～6人，医疗保健服务人员2人（医生1人，护士1人）。负责专门照护1名老人的养老护理员不计算在人员总数内；生活完全不能自理老人占入住老人总数20%以上时，养老护理员总数上浮10%；生活完全自理的老人占入住老人总数80%以上时，养老护理员总数下调10%；其他卫生机构协助提供服务的人员计算在内
三星级	150～200张床位	工作人员总数39～53人，工休比例1/3～4； 行政管理人员5～6人，占人员总数的13%。其中：院领导1~2人、会计2人、社会工作者1人、照护主管1人； 养老护理员25～35人，养老护理员与老人比例为1：4～1：6；工勤人员6～8人；医疗保健服务人员3～4人（医生1人，护士1～2人，康复人员1人（康复医生或康复护士））。负责专门照护1名老人的养老护理员不计算在人员总数内；生活完全不能自理老人占入住老人总数20%以上时，养老护理员总数上浮10%；生活完全自理的老人占入住老人总数80%以上时，养老护理员总数下调10%；其他卫生机构协助提供服务的人员计算在内
四星级	200张床位以上	工作人员总数77～93人，工休比例1/2～1：3； 行政管理人员7～10人，占人员总数的10%。其中：院长2～3人、会计2～3人、社会工作者1人、部门主管2～3人； 养老护理员50～55人，养老护理员与老人比例为1：4； 工勤人员10～15人，医疗保健服务人员10～13人（医生3～4人，护士5～6人，营养师（兼），康复、心理人员2～3人（康复医生、康复护士、心理咨询员（师））。负责专门照护1名老人的养老护理员不计算在人员总数内；生活完全不能自理老人占入住老人总数20%以上时，养老护理员总数上浮10%；生活完全自理的老人占入住老人总数80%以上时，养老护理员总数下调10%；其他卫生机构协助提供服务的人员计算在内

续表

星级	床位要求	人员配置
五星级	200张床位以上	工作人员总数77～105人，工休比例1/2～1∶3； 行政管理人员7～10人，占人员总数的10%。其中：院长2～3人、会计2～3人、社会工作者1人、部门主管2～3人； 养老护理员50～67人、养老护理员与老人比例为1∶3～1∶4；工勤人员10～15人；医疗保健服务人员10～13人（医生3～4人，护士5～6人，营养师（兼），康复、心理人员2～3人（康复医生或康复护士、心理咨询员（师））。负责专门照护1名老人的养老护理员不计算在人员总数内；生活完全不能自理老人占入住老人总数20%以上时，养老护理员总数上浮10%；生活完全自理的老人占入住老人总数80%以上时，养老护理员总数下调10%；其他卫生机构协助提供服务的人员计算在内

表3-3　**上海养老机构护理人员安排要求**

照护等级	时间	人员配比
重度（专护）	6：00—18：00	1/8
	18：00—6：00	1/16
中度（一级、二级）	6：00—18：00	1/20
	18：00—6：00	1/40
轻度、正常（三级）	6：00—18：00	1/40

三种工作等级，并且建立相应的评定标准，定期开展考核，实现护理人员在工作中的职级流动。根据养老机构的实际需要，参照老年人的人员数量和身体状况等实际情况，按一定比例确定护理人员的照看对象数量。在人力资源配置过程中，要打破养老机构原有的统一护工模式，按照不同的养老情况分成不同的层级，层级之间可以做到相互转换，从低级到高级，逐级递进，适才所用。[①]

4.强化养老机构的人力资源管理

养老机构的人力资源管理，重点是招聘、培训、绩效和薪酬的设计和安排。与其他企业相比，养老机构的人力资源管理有一定的特殊性。

（1）人员招聘。产品和服务需求的增加会导致企业出现劳动力短缺，在这种情况下，企业需要开展有效的招聘活动。经常可以听到养老院的经营者们这样的抱怨："开养老院不愁没人住，只愁找不到工作人员。"[②]在我国，随着老龄化形势的日益严峻，养老需求日益增加，养老服务人才的有效招聘变得日益重要和迫切，养老机构不仅人才招聘难，而且招聘来的员工队伍不稳定，流动率高，加重了养老机

① 赵志浩，阳依娅，刘卓. 郴州养老机构护理人员人力资源配置问题探究［J］. 人才资源开发，2019（3）：19-20.
② 薛亚芳. 养老人才未来发展机遇多［N］. 就业时报，2007-04-05（12）.

构的招聘工作负担。因此，强化养老机构人员招聘工作刻不容缓。养老机构要想获得生存和发展，并赢得竞争优势，就必须采取各种措施，做好人员招聘工作，为养老机构的发展获取合适的人力资源。[①]

人员招聘是养老机构人员配置中最关键的一个步骤，在确定了机构内部人员需求、工作内容及任职条件后，就要进行人员招聘，通过甄选聘用人才。

①养老机构的人员来源。现如今养老机构人员的来源五花八门，但是其主要来源有以下三个：

第一，农村剩余劳动力和城镇下岗、待业人员。随着经济的发展与机械化程度的提高，农村富余劳动力越来越多，很多人选择到城市打工。而部分养老机构的准入门槛很低，对从业人员能力、学历的要求也不太高，这就使得部分农村富余劳动力涌向了养老机构。

第二，大中专毕业待岗生。由于家庭或者个人原因，部分中、高职毕业生没有选择继续深造，而是走上了打工之路。他们的学历相对较低，可供选择的工作机会较少，高校毕业生数量的急剧增加也使他们就业相对困难。养老机构行业强大的吸纳能力，让他们逐步认同并慢慢接受。

第三，其他来源。例如，部分养老机构通过人才市场或通过猎头公司从医院或其他养老机构招聘人员。这一类型的人员具有丰富的养老机构管理和服务经验，能够很快地投入到工作中去。

②招聘渠道。养老机构在进行招聘时，主要采取以下几种方式：广告招聘、网上求职、委托中介和招聘会（见表3-4）。养老机构可根据自身的服务定位和实际情况灵活选用。

同时，养老机构在招聘中应注意以下三个方面：

第一，在明确区分各岗位的职责、权限及与各岗位相匹配的条件和要求的基础上，完善职务说明书，并根据职务说明书的要求拟定招聘条件，实施招聘。

第二，在聘用方式上，不同岗位人员应采取不同的聘用方式。例如，养老护理员的聘任应采取长期合同制；对于专业医护人员，可以考虑与医院合作，聘请医院医护人员定期到机构巡诊。

第三，注意新员工的岗前培训。目前，大多数养老机构所招聘的护工人员都是农村进城务工人员，他们缺少专业知识和技能，因此要特别重视对这类人员的岗前培训。

③招聘流程。它是指从组织内出现人员空缺到候选人正式进入组织工作的整个过程。这是一个系统而连续的程序化操作过程，同时涉及人力资源管理部门及养老机构内部各个用人部门及相关环节。为了使人员招聘工作科学化、规范化，应当严格按一定程序组织招聘工作，这对招聘人数较多或招聘任务较重的养老机构尤其重要。

从广义上讲，人员招聘包括招聘准备、招聘实施和招聘评估三个阶段。狭义的招聘指招聘的实施阶段，其间主要包括招募、选择、录用三个步骤。

---

① 伏燕. 养老机构人才招聘难的应对策略［J］. 社会福利，2012（4）：22-29.

表3-4 **主要招聘方式比较**

方式	适用范围	特点	成功/失败率	提示
招聘会	通用性专业、职位（如会计、文秘、行政、销售人员等）所需的一般层次人才	招聘信息时效性较强，可向招聘单位直投简历，费用较低，主观性强	失败率为80%	给招聘者留下好印象最重要，应聘前需精心准备
网上求职	适用于多种行业、各类公司的诸多招聘职位，面向多层次人才	及时获取相关招聘信息，简历制作、投递便捷，目的性强，省去了奔波之苦，个人免费或费用较低。但面试前的电子化交流、标准化模式，使其个性特征不突出，信息可信度不高	失败率为75%	电子化简历是关键因素
委托中介	适用于自主求职缺少经验、时间、条件或对职位有特殊要求的人才	信誉好的专业中介机构能够提供完善、持续、融会贯通的服务，成为真正的职业顾问。中介机构良莠不齐，有的机构收费与服务不成正比	失败率为50%~85%	注意选择值得信赖的中介机构
招聘广告	适用于想进入人才市场但不知如何应聘的人	信息发布广，但针对性不强、费用高	失败率为80%~90%	简历要新颖，能引人注目

• 准备阶段。这个阶段的主要任务包括确定招聘需求，明确招聘工作特征和要求，制订招聘计划和招聘策略等。

确定招聘需求就是要准确地把握组织对各类人员的需求信息，确定人员招聘的种类和数量。具体步骤为：首先，由养老机构统一的人力资源规划或由各部门根据长期或短期的实际工作需要提出人力需求。其次，由人力资源管理部门填写“人员需求表”。每个养老机构可根据具体情况的不同制作不同的人员需求表，但必须依据工作描述或工作说明书制作。一般说来，人员需求表可包括以下内容：所需人员的部门、职位；工作内容、责任、权限；所需人数及何种录用方式；人员基本情况（年龄、性别等）；要求的学历、经验；希望的技能、专长；其他需要说明的内容。最后，由人力资源管理部门对人力需求及相关资料进行审定和综合平衡，对有关费用进行评估，提出是否受理的具体建议，报送主管部门审批。

经批准确定的人员需求要求人力资源管理部门制订招聘工作计划。制订招聘工作计划为组织人力资源管理提供了一个基本框架，尤其是为人员招聘录用工作提供了客观依据、科学规范的使用方法，能够避免人员招聘录用工作的盲目性和随意性。有效的招聘计划，离不开对招聘环境的分析，包括对养老机构外部环境因素的分析，如对经济环境、劳动力市场及法律和法规等的研究；还包括对养老机构内部环境的分析，如养老机构的战略规划和发展计划、财务预算、组织文化、管理风格等。招聘计划一般包括：人员需求清单、招聘信息发布的时间和渠道、招聘人选、招聘者的选择方案、招聘的截止日期、新员工的上岗时间、招聘费用预算、招聘工作时间表等。

招聘策略是招聘计划的具体体现，是为实现招聘计划而采取的具体策略。在招聘中，必须结合本组织的实际情况和招聘对象的特点，给招聘计划注入有活力的内容，这就是招聘策略。其包括：招聘地点策略、招聘时间策略、招聘渠道策略及招聘中的组织宣传策略等。

• 实施阶段。招聘工作的实施是整个招聘活动的核心，也是最关键的一环，包括招募、选择、录用三个步骤。

第一，招募。根据招聘计划确定的策略及单位人员需求所确定的用人条件和标准进行决策，采用适宜的招聘渠道和相应的招聘方法，吸引合格的应聘者，以取得较好的效果。一般来说，每一类人员均有自己习惯的生活空间、喜欢的传播媒介，单位想要招募到符合标准的人员，就必须采用该类人员喜欢的招聘途径。如招收普通护工，可以到养老机构所在地的劳动中介市场进行选择；招募高层次的养老服务人员，可到相关高职院校选择。

第二，选择。它是指组织从人、事两个方面出发，使用恰当的方法，从众多的候选人中挑选出最适合职位的人员的过程。在人员比较选择的过程中，不能仅仅进行定性比较，应尽量以工作岗位职责为依据，以科学、具体、定量的客观指标为准绳。常用的人员选择方法有：初步筛选、笔试、面试、心理测验、评价中心等。需要强调的是，这些方法经常相互交织在一起，并且相互结合使用。

第三，录用。它是依据选择的结果做出录用决策并进行安置的活动，主要包括录用决策、发录用通知、办理录用手续、员工的初始安置、试用、正式录用等内容。在这个阶段，招聘者和求职者都要做出决策，以实现个人和工作的最终匹配。一旦有求职者接受了组织的聘用条件，劳动关系就算正式建立起来了。

• 评估阶段。对招聘活动的评估主要包括两个方面：一是对照招聘计划对实际招聘录用的结果（数量和质量两个方面）进行评价总结；二是对招聘工作的效率进行评估，主要是对时间效率和经济效率（招聘费用）进行评估，以便及时发现问题，分析原因，寻找解决的对策，及时调整有关计划，并为下次招聘总结经验。

（2）员工培训管理。调查发现，大部分养老机构缺乏员工培训，职业培训体系尚未建立。[①]养老机构应根据培训需求分析，对员工进行培训，使培训内容能够充分体现老年人身心整体护理的需求和特点。此外，要针对在岗人员的培训意愿，开展不同内容和方式的培训，以满足从业人员的工作需求。

①培训模式。养老机构的培训模式有以下几种：

• 政府培训模式。它是改革前的一种养老机构培训模式，是一种政府包办模式，政府承担责任，政府组织培训，政府管理培训活动，适用于传统的计划经济环境。

在政府培训模式下，员工培训的责任主体是政府，培训对象由养老机构员工和

---

① 陈卓颐，黄岩松. 关于老年服务与管理专业办学的理性思考［J］. 中国老年学杂志，2008（28）：143-145.

将来进入养老机构就业的人员组成；培训一般由政府委托事业单位或其他培训机构实施。其培训制度属于政府管理制度的范畴，政府承担培训责任，政府享有法律、法规规定的各项权利，培训机构和养老机构服从政府的管理。现在，一般国办养老机构特别是各类型社会福利院还采取这种培训模式。

• 市场培训模式。它是改革后形成的一种养老机构培训模式，是一种以市场经济为背景的培训模式，它的运行机制和条件都是市场，适用于发达的市场经济环境。

在市场机制下，培训的责任主体是养老机构或员工本人，培训对象也是由养老机构员工和将来进入养老机构就业的人员组成；培训的实施由培训机构负责。其培训制度属于市场经济制度，培训机构和养老机构享有由契约规定的各项权利，承担培训责任。

• 社会培训模式。它也是改革后出现的一种培训模式，是对其他培训模式的补充，可以与政府培训模式和市场培训模式相结合。社会培训模式适用于不同的经济社会环境。

社会培训体系的构成如下：培训的责任主体是各类非政府组织，培训对象由养老机构员工和将来进入养老机构就业的人员组成；培训的实施由非政府组织或培训机构负责。其培训制度属于道德规范，非政府组织承担培训责任，相应地享有由契约规定的各项权利。

• 混合培训模式。它是以上三种培训模式的综合，适用于政府、市场和社会组织的培训机制均难以独立发挥作用的社会环境。

混合培训模式的责任主体由政府、养老机构和社会组织共同组成；培训对象由养老机构员工和将来进入养老机构就业的人员组成；培训的实施由培训机构负责。其培训制度是市场、政府和社会组织三项制度的综合，以此规定各责任主体的责任及其权利、义务。其责任主体的特殊性在于它不是单一的，而是多元主体，是权力、经济和道德的不同类型的主体。它们之间包含了权力关系、金钱关系和道德关系，因此，需要有一定的法律制度才能把它们整合为一个整体。

②培训内容。养老机构应从管理和服务两个角度开展培训，以满足员工不同的知识需求。从管理角度看，在全方位的培训过程中，应重点让管理者了解全球化的社会背景、我国的老年政策及相关法律和法规、老年服务事业的现状和发展、养老机构的经营与管理、养老服务内容的拓展和服务水平的提高等方面的知识，以提高他们的管理和决策能力，改进服务意识和服务理念，提升服务质量和水平；护士以更新知识、完善知识结构为主，加强老年医学和老年护理学基本理论、技能的培训以及心理学、人际沟通等人文科学知识的学习，提高整体护理的能力；护理员则以基本的护理知识及生活照料的培训为主，使他们在基本护理理论知识的指导下，为老年人提供规范、合理的生活照料服务。此外，培训应与人员晋升、转岗、工资调整等充分结合起来，避免培训对象单一、培训流于形式。应注重培训效果评估，实现培训良性循环和人才开发目标。

③培训流程。一个完整的培训流程从培训需求分析开始，经过培训计划拟订、培训方案制订、培训项目实施、培训效果评估和培训跟踪反馈，最后是分析差距与

不足，并以此作为新的培训需求分析的起点，从而形成一个完整的培训过程。

• 培训需求分析。其目的是确认培训的必要性，了解培训的具体内容，排定培训需求的轻重缓急。一般来说，培训需求分析需要从组织、工作和人员三方面来进行：一是组织分析，根据养老机构的目标、资源、绩效差距等，确定整体的培训计划；二是服务质量方面的培训计划；三是员工个人方面的培训计划。

• 培训计划拟订。如果培训需求分析的结果显示确实有必要进行员工培训，接下来就是制订培训计划了。培训计划拟订包括确定培训目标、规划培训内容、做好培训预算。培训目标是指该培训希望达到的目的或希望取得的效果。培训目标的确定应该针对培训需求分析的结果，解决培训需求分析确认的首要或急需解决的问题。同时，这个目标必须具体，并具有可操作性。规划培训内容是根据需要解决的问题进行具体的培训课程设计。培训课程的设计要有针对性，要遵循宜细不宜粗、宜小不宜大的原则。此外，培训也是一项重要的投资，这意味着培训需要资源的配合。培训的深度和广度取决于经费的投入情况。培训经费预算不仅决定着培训计划和培训方案能否获得批准，而且是衡量培训计划和培训方案是否可行的一个重要指标。

• 培训方案拟订。有了培训计划，还要有详细的实施方案，或者说是详细而具体的操作性行动指南。首先是确定培训的时间、地点和人员，其次是确定培训师的来源和要求。培训师的来源有两个主要途径。内部培训师由养老机构内部的管理人员、专业技术人员或人力资源部门的专职培训师担任。内部培训师的优势是熟悉养老机构的具体情况及存在的问题，了解养老机构的文化，掌握养老机构的工作流程，更关心培训效果和员工培训后的能力，而且培训成本相对较低。内部培训师的劣势则是距离太近，反而会出现“当局者迷”的情况，难以做到站得高、看得远；大多数内部培训师缺乏专门的培训技巧，培训难以取得“外来和尚会念经”的效果。聘请外部培训师有一定的风险，外部培训师不熟悉养老机构的具体情况和存在的问题，培训缺乏针对性。另外，评价、确认和选择优秀的培训师本身就具有很大的挑战性。优秀培训师往往需要支付较高的报酬，“货不对版”会给养老机构带来损失。此外，养老机构的培训预算往往也捉襟见肘。最后要确定具体的培训实施办法，包括由谁总负责，由谁负责某项具体的工作（如谁负责发通知、谁负责准备设备、谁负责安排和预约场地、谁负责准备培训资料等），需要哪些部门配合，以及培训过程中应该注意的事项等。实施办法越具体，培训过程出现差错的可能性就越低。

• 培训项目实施。在这个阶段，首先是通知受训人员，告知培训的目的、时间、地点和要求，同时还要知会管理层以及其他相关的部门和人员，既让受训人员做好准备、安排好工作，又得到管理层和其他相关部门和人员的支持和配合。其次是布置和落实好培训场地及培训所需要的各种设备和仪器。这个环节特别需要注意细节，如培训前做好仪器和设备的调试工作等。最后还要提前按照培训师的要求准备好培训所需要的各种资料，将其提前发到受训者手中。这个阶段还要注意培训过程中的全程关注、配合和培训中出现问题的处理。

• 培训效果评估。培训是养老机构一项重要的投资，不仅需要金钱成本，还需要时间成本和机会成本，当然还包括劣质培训给养老机构文化、产品质量、员工士气等带来的负面影响。因此培训效果是养老机构最为关注的，做好培训效果评估也就成为培训的关键环节之一。培训效果评估大体上包括培训目标达成度、受训者满意度以及对整个培训过程的检查三个方面。目标达成度是指对照前面设定的培训目标以及评估标准进行衡量，即哪些目标已经达到以及达到的程度、哪些目标未能达到及其原因、哪些目标设定不合理需要加以调整等；受训者满意度是针对培训目标以及受训者的培训期望，了解受训者对培训项目（包括培训目标、培训课程、培训安排、培训师的水平和能力、培训方式和方法以及个人收获等）的具体感受和评价；培训过程的检查是对培训的整个过程进行回顾和分析，检查每一个环节，总结经验和教训，不断改进培训工作，不断提高培训的质量和水平。

• 培训跟踪反馈。培训的效果并不仅仅体现在培训过程中对培训目标达成度、受训者满意度和培训过程的检查，培训的目的是员工工作态度、工作行为和工作绩效的改善，即培训效果在实际工作中的转化。这往往需要培训结束后进行一段时期的跟踪和反馈，包括对培训转化度、培训满意度和效果持续度的评估。培训转化度是指培训的内容与实际工作的切合度和在工作中的转化程度。培训转化度可以通过受训者的个人反馈、个人绩效或受训者上司和主管的评价来测量。培训满意度是培训结束后一段时期内受训者对当时受训的效果的感受及评价。效果持续度是指培训效果持续时间的长短，通常是在培训结束后三个月、半年和一年各做一次回顾和评估。这个环节关键是设立培训跟踪反馈机制和渠道。

• 评估差距和不足。一次培训的结束意味着下一次培训的开始，所以在做培训分析之前，还必须对前面的培训进行回顾、评价，成功的经验必须保持和发扬，但更重要的是找出问题和差距，作为下一次培训的一个重要起点，并在以后的培训中吸取教训，加以改进和完善。

（3）员工绩效考核。养老机构应根据员工考核管理办法，组织实施员工考核，对于服务态度好、服务质量高、老人特别满意的员工，要向上级部门或领导提出表扬和奖励的建议；对于服务态度差、服务质量低、老人投诉多的员工，要及时批评教育和进行处罚，情节严重者可予以辞退。

绩效考核是对员工的工作状况和工作结果进行考察、测定和评价的过程。养老机构要通过建立科学的绩效管理制度，从根本上切实保障绩效考核的客观性、科学性和考核结果的可靠性。要把定性考核和定量考核、贡献考核和能力考核有机结合起来，根据员工的工作性质和所处的组织层次，不同岗位确定不同的考核指标体系，并将考核结果与员工培养挂钩；依据考核结果，按照有关规定对被考核人员实施奖惩以及调整职务、级别、工资和福利等，从而调动养老护理人员的积极性，使其更好、更优质地服务更多的老年人。

在养老机构人力资源管理中，一般采用的绩效考核方法是量表法。量表法是应用最广泛的考核方法之一，量表的形式多种多样，其一般设计过程包括三个步骤：①选定考核维度并赋予权重。选择维度时要根据职位的具体内容，力求全面、准确，然后根据各维度的重要性分别赋予不同的权重。②确定量表的尺度，把选定的维度划分为不同等级。③确定量表等级的含义，用词语或短句描述说明各等级分别对应的情况，以明确界定不同等级，使被考核者能够根据描述“对号入座”。养老机构的员工绩效考核量表应体现岗位差别，根据岗位职责的不同，设计具有不同考核维度和权重的量表，避免用同一量表考核不同岗位的人员。表3-5是某养老机构根据养老护理员的工作内容制定的考核表，其采用的是典型的量表法。

表3-5　**养老护理员考核表**

考核项目	考核内容	评分标准	分值	得分
个人卫生	个人卫生	员工头发凌乱有异味，指、趾甲未及时修剪，有眼屎，流鼻涕，蓄胡须，未及时洗澡有异味，每发现一项扣1分，扣完为止	10	
仪容仪表	衣着整洁得体	每发现一次未穿工作服扣2分，工作服不整洁、敞襟露怀、有异味扣1分，头花未戴扣1分，发现当班人员打瞌睡、躺下睡觉和在床上睡觉一次扣2分，扣完为止	10	
工作态度	态度和蔼，礼貌待人，用语规范文明	用语粗俗发现一次扣2分，态度蛮横发现一次扣3分，在护理区内聚众议论、大声喧哗发现一次扣2分，争吵每发现一次扣3分，扣完为止	10	
	工作积极主动，服务文明	怕脏怕累怕麻烦的各扣1分，扣完为止。无正当理由不参加学习者，每次扣2分。服务不文明，服务态度不好，有投诉每次扣2分	5	
	遵守劳动纪律，坚守岗位，不干私活	凡迟到或早退在半小时内的，扣1分，未请假或请假未准许而不到岗上班的，扣5分。旷工半天扣1分，旷工1天扣5分。擅自调班和擅自离岗、串岗、干私活、玩游戏、玩牌（含旁观者），护理区内吃零食、吸烟，在非规定的时间洗澡、洗头，洗涤除工作服外的私人物品、洗私人的交通工具等每发现一项扣2分。不得在工作区域接待外人，私带外人来洗澡、留宿、洗衣服，每发现一例扣2分，扣完为止。爱护设施和公物，如工作失误损坏公物一次扣当事人3分。损坏公物按物品的造价赔偿	15	
	服从安排，文明陪护	服从工作安排和工作调动。上班期间每出现一次顶撞、辱骂现象扣5分，扣完为止。员工之间相互谩骂、打架，当月考核不得分，发现一次罚款100元。发现护理员打骂、虐待老人，不按规定使用约束用具的，一次性罚款200元，经警告仍无悔改的移交公安部门处理	10	
工作内容	擦洗身体	每天定时给老人擦身、洗手、洗脚，发现一例老人身体、手、脚有污垢扣1分，扣完为止	5	
	床单整洁，床下少杂物	床单有污垢、不整洁发现一例扣1分，床下摆放多余杂物发现一次扣1分，扣完为止	5	

（4）薪酬福利管理。

第一，养老机构员工的薪酬管理。养老机构特别是民办养老机构可以实行利润分享和所有权计划，并用技能薪酬提高员工工作的积极性。

利润分享法和所有权计划法都是较常用的薪酬方案。利润分享法是在经营业绩较好的时期，养老机构拿出一部分利润分给员工。所有权计划是指员工通过股票、期权等对组织拥有一定的所有权，并且可以出让所有权和分红的方式获得一定收益。相对而言，技能薪酬是指根据个人所获得的技能而提供的相应薪酬。

各种薪酬各有利弊，养老机构需要根据自身实际情况，综合考虑，灵活组合。总体来说，如果能够进行科学合理的设计，利润分享和所有权计划会有助于员工树立主人翁意识，有助于员工主动性和积极性的提高；技能薪酬有助于员工建设学习型机构，不断提高现有员工的技能水平；而绩效加薪和激励薪酬也有助于员工更好地完成本职工作，提高绩效水平。

为解决养老护理员薪酬比较低这一突出问题，养老机构要着力提高养老护理员的薪酬，从根本上消除养老机构内部工资收入分配的“平均主义”。在工资结构上，要根据护理人员的工作量和工作表现，使其工资水平真正体现劳动价值，也就是要遵循按劳分配的原则。另外，关于津贴的部分，虽然在工资结构中比较灵活，但应设置较为固定的基数。所以，养老护理人员的工资结构应该由岗位工资、薪级工资、绩效工资（即奖金）、津贴和补贴组成。薪酬设计应以护理服务价值为导向，将能体现护理人员的技能和业绩的因素价值化，相关从业者的工资制定应参考业绩、个人技能水平以及评级。护理人员只有在综合提升多方面的水平以及付出更多劳动的情况下才能有更多收获。此外，设计薪酬时还必须考虑到养老护理员的薪酬与工作时间的增长关系。这也是公平的含蓄体现，只有竞争力强的员工才能提高自己应得的酬劳，这也能促使护理人员积极提升自己的技能水平，以增强在本行业中的竞争力。①

第二，养老机构员工的福利管理。福利是员工总薪酬的一个组成部分，对激励员工和留住员工具有重要作用。因此，对员工福利进行有效管理是养老机构获得竞争优势的重要手段。员工福利一般包括社会保险、企业补充保险、带薪休假、节假日补助等。在设计员工福利时，可以将福利分为两部分进行分发：一部分是沉淀福利，员工当年不能拿走，等到几年之后养老机构再兑付。如果员工提前离开，沉淀福利则不能全部拿走，以此来增强员工的稳定性。还有一部分是弹性的即期福利，员工可以根据个人的需要自行选择福利组合，以此来吸引和留住高素质员工。

目前，我国大部分养老机构在员工福利方面做得还不够，很多员工没有社会保险，也很难有带薪休假，一些养老机构的工作人员是全天制的上班，除一年有8天左右的年假外，其余均无休息，尤其是对一些包吃住的护理员工来说，服侍老人、整理房间就是他们生活的一切。这样的作息时间安排缺乏合理性与科学性，容易导致员工的职业疲劳和倦怠。养老机构要想吸引和留住员工、提高员工的工作效率，在福利项目的设计方面，必须给予更多的投入。国内养老机构可选福利项目见表

① 罗楠. 浅谈养老护理员的薪酬设计［J］. 经济研究导刊，2019（29）：75-77.

3-6，表格中的福利项目相对比较完整，养老机构可以根据自身实力和实际情况合理选择其中的内容作为激励手段。

表3-6 **养老机构可选福利项目**

序号	核心福利	序号	选择福利		
1	补充医疗保险	1	住房相关费用：物业费、取暖费、维修费等	8	超市购物卡、电影卡等
2	补充养老金	2	车辆相关费用：燃料费、车辆维修费、车辆保险费、车辆保养费、过桥过路费、车船税、车辆年检费、车位及停车费、洗车费、驾校培训费等	9	健身费：健身月、季、年及次卡，各种球类等单项体育健身费，各类保健、保养费
3	健康体检	3	通信费：通信设备费、固定电话及手机通话费、上网费用等	10	旅游费
4	工作餐	4	商业保险	11	出国考察
5	带薪休假	5	子女教育费：入托费、赞助费、学费	12	配偶生育报销
6	探亲假	6	个人培训费	13	法律诉讼费
7	独生子女补贴	7	服装相关费用：衣服/鞋帽、洗衣费等	14	俱乐部会员费

总之，人力资源优化配置，其中的关键是“人”。人是物质力量与精神力量的统一体。作为自然人，每个人都有力气，有基本的思维能力；作为社会人，每个人又都有精神需要，内心蕴含着巨大的精神力量。没有获得激励时，人发挥出来的只是物质力量；获得激励之后，人的精神力量就得到了开发，激励越大，所开发出来的精神力量就越大。因此，养老机构管理者应注意开发员工的精神力量。如加强养老服务组织文化的建设，为员工营造一个和谐、适宜、团结向上的工作环境和工作氛围，激发大家的团队荣誉感，在进取、奋发、平等、和谐的文化氛围中，增强员工的工作积极性。①

① 高玲玲，张英华，张俊娥. 优化护理人力资源配置 提高护理质量［J］. 中国护理管理，2009（2）：46-48.

第四章　发达国家养老服务体系与人才培养

他山之石，可以攻玉。

——《诗经·小雅·鹤鸣》

我国日益严峻的养老形势对加快发展养老服务业提出了迫切要求。从中国的国情出发，借鉴一些发达国家如美国、英国、德国、日本的养老服务体系建设及其人才培养的经验，对推进我国养老服务业的发展、加速养老服务业人才的培养、构建有特色的养老服务体系、切实提高老年人生活质量和生命质量有着重要作用。

一、美国养老服务体系与人才培养

人口老龄化是一个全球性话题。联合国老龄化议题的导言中写道："世界正处于一个独特的、不可逆转的进程中，人口结构的转型将导致老龄人口增加。由于生育率的下降，从2007年至2050年，60岁及以上人口比例预计增加一倍，他们的实际人数将增长3倍，到2050年将达到20亿。在大多数国家，超过80岁的人数很可能翻两番以上。"美国联邦统计局数据显示，到2030年，当婴儿潮一代悉数年满65岁时，全美人口的20%，即超过7 000万人口将不小于65岁。[①]

美国目前有近3亿人口，其中白人占77.1%，12.9%为黑人。美国65岁以上老年人口，2000年占总人口数的12%。到2030年，这一比例将达到20%。21世纪老年人口增加是由于第二次世界大战后，"babyboom"即"人口爆炸"一代婴儿激增时期的人口进入老年。同时老年人口增加也是人口预期寿命延长的结果。美国人口的预期寿命从建国开始时期的35岁，到1900年的47.3岁，2000年已经达到77岁。

从婚姻家庭状况看，2000年美国52%的成年人口已婚并和配偶住在一起，

① 叶奕. 美国养老产业模式［J］. 科技智囊，2014（12）：39.

24% 从未结婚，10% 离婚，7% 丧偶。而 65 岁以上老年人口中，56% 是已婚，32% 丧偶，7% 离婚，不到 5% 是未婚。

从全国人口变化趋势看，美国西部人口增长最快，随后是南部，增长最慢的是中部和东北部，加利福尼亚州是人口最多的州。

从美国老年人口年龄结构看，53% 是 65～74 岁，35% 是 75～84 岁，12% 是 85 岁以上；从老年人口性别比看，女性老年人口多于男性老年人口。全国总人口的性别比是 96.1/100（以女性为 100），而老年人口性别比偏低，65 岁以上是 69.8/100，65～74 岁是 82.4/100，75～84 岁是 64. 4/100，85 岁以上是 40.7/100。

从老年人口居住情况看，28.2% 单独居住，5.7% 居住在类似于老年之家的地方，66.2% 是和其他人住在家里。年龄越大，居住在老年公寓的比例越大。65～74 岁居住在老年公寓的比例是 1.8%，75～84 岁的比例是 6.0%，而 85 岁以上的比例达到了 21.9%。美国 89.8% 的老年人口得到了社会保障。

1. 美国养老服务业的特点

第二次世界大战后，经过 70 多年的发展，美国的养老制度和养老服务体系日趋完善，养老服务业取得较快发展，不但能满足老年人的基本生存需求，而且越来越重视老年人的发展需求，呈现出以下特点：

（1）明确政府职责，依法管理。这是美国养老服务业发展的重要保证。美国的养老制度建立在法制基础之上，联邦政府继 1935 年出台了《社会保障法》后，又先后推出了《美国老年人法》、《老年人社区服务就业法》、《补充保障收入法案》、《医疗照顾保险法案》、《老年人营养方案》、《老年人个人健康教育与培训方案》、《食品券法案》、《住房补助法案》和《多目标老人中心方案》等一系列与老年人生活密切相关的社会福利法案，将老年人的收入、健康、服务、居住、学习、娱乐等均纳入法制管理范围。

美国政府的老年管理突出综合协调管理，目标责任分解到位。如美国 1965 年通过的《美国老年人法》明确规定设立老人署，规定了署长在老年人保障和事务方面的目标、责任、权力，并由署长挂帅、其他部门和社会参与成立老龄委员会。1972 年通过的《老年人营养方案》规定了老人署署长在此方面的目标、责任、权力。同时，因为老龄工作涉及面较广，法律也明确规定了其他部门的责权利等。

（2）规范社会化服务，投入多元化。社会化服务是美国老年人获得养老服务的主要形式。美国社会化养老服务体系主要有支持性服务（协助看病、购物、交通，房间整理、打扫）、营养服务、预防性健康服务、照料者后援服务（提供政策信息、人员培训、临时替代等）、防受虐待和为土著老人服务六大内容，项目全面，服务标准统一、规范。

目前，美国的养老服务机构主要有三类，即营利性服务机构、非营利性服务机构、政府公立的服务机构。其中，营利性服务机构占 66%，非营利性服务机构占 27%，其余 7% 为政府举办的服务机构。美国政府鼓励举办非营利性质的养老机构，政府也参与投入。非营利性养老机构自主运营，政府向其购买服务，并采取税收优惠、经费补贴政策予以扶持。对于政府履行服务义务的老人，其所需的居住、培训、助餐、文化活动、家务等服务，政府可能指定不同的社会服务机构承担。由于老年人对养老机构的需求较多，美国政府采取各种措施鼓励社会力量兴办养老机构，从而逐步实现了资本投入多元化和管理多样化。无论何种形式，政府均提供资金、技术帮助和优惠政策，如免征地税、营业税等。

（3）提升服务质量，专业运作。美国养老服务模式大致可以分为公寓型服务、日间照料型服务、护理康复型服务、社区居家养老型服务。其代表性机构有：老年公寓和老年生活辅助机构、老年日间照料中心、老年护理康复院（分介助型和特护型）、多目标社区老年人服务中心、老人在家照顾服务机构等。专业化运作是美国养老服务业提升养老服务质量的基本途径，这表现在以下方面：①

①服务质量标准化。美国各州对养老机构的硬件设施、人员配备、资格认定、评估方式、监督机制和服务规范都有相应的硬性要求，每个老人要有标准化和量化评估表，记载所有项目和指标，如身心状况、精神状况、理疗次数、服药状况、日常生活和特殊需求等。政府要求养老机构将这些资料定期交付老年研究中心，不断研究、改善护理、管理模式，力争为每个老人制订全面、合适的健康计划。

②服务手段信息化。由于当前居家养老是主要趋势，为确保为居家老人提供的服务到位，美国非常注重信息化建设，大力推广家庭紧急救助系统。该系统由与互联网连接的电脑、电视、电话和一系列传感器组成。这些传感器被精心放置在厨房和卧室等处，用来监控老人在家中的情况，并记录他们的行为。如果家里一段时间没动静或房门传感器在一定时间内一直关闭，系统就会向家人发出警报。通过电视界面，家人可观察老人的情况。即使相隔千里，老人也能经常和家人交流。

（4）设立中介机构，社工服务。中介机构在为老人提供服务方面发挥了重要作用。养老服务体系中需要有非行政性的能提供管理、评估、指导和事务性服务的机构。美国有政府或政府指定的老人事务管理和评估中心。有需要的老人，可由家人、家庭医生、社工等转至这类中心。中心主要工作人员在美国被称为福利经纪人，相当于专业社工。他们的主要职能：一是根据老人的经济条件、行为能力和家庭状况等，评估其是否需要政府照护和需要什么样的照护项目；二是向政府报批照护老年人的费用；三是评估和选择指定的涉老服务机构；四是安排需要政府照护的老人与服务机构对接；五是评估和监控服务质量；六是开展家庭照护的技术培训和指导。②

（5）实施医保制度，保障有力。美国三种形式的医疗保险制度为养老提供了有力保障。③美国“Nursing Home”（类似养老院）并非官方机构，任何人只要有足够的资金、场地和人员配置就可以申请营业。“Nursing Home”的价格不是大多数长者自己能够承受的。据统计，入住美国“Nursing Home”，每人每年大概需要交5万美元，和美国中等家庭的收入相当。有极少部分人在年轻的时候买了专门的保险来应付“Nursing Home”的费用。大多数美国人养老主要是通过医疗照顾制度（Medicare）和医疗补助制度（Medicaid）。

---

① 吕永久. 浅析美国养老制度及对我国的启示［J］. 理论参考，2013（11）：62-63.
② 管华盈. 美国加拿大养老服务业发展的启示［J］. 江南论坛，2014（10）：49.
③ 谢家瑾，刘寅坤. 美国、加拿大社区养老考察调研报告［J］. 中国物业管理，2012（12）：37.

医疗照顾制度于1968年7月开始实施，是美国社会保障制度的一部分，基本上是年满65岁老年人的医疗保险，但未满65岁的残障者及长期肾病患者亦可申请。它由四部分保险组成：住院保险、常规医疗保险、升级保险计划（服务多样但费用较高的私营医疗保险）、政府补贴处方药保险。根据《联邦保险贡献法案》（Federal Insurance Contribution Act），联邦政府征收税项，税项分为两部分：一是社会保障税，二是医疗保险税。美国的在岗工作人员需每人每月上交工资的1.45%支付这笔保险费用。不过该保险只承担完全没有生活自理能力长者的短期、临时入住"Nursing Home"的费用。2009年共有4 590万人参加医疗照顾计划，联邦政府耗资4 254.23亿美元。

医疗补助制度是指联邦政府主办、州政府管理的计划，向没有收入或低收入老年人提供医疗保险补助，由州政府确定低收入的审核与补助标准，通常州政府与保险公司签约来处理Medicaid事务，各个州的具体标准和做法不尽一致。使用Medicaid来承担入住养老院的费用的前提条件是家庭所有财产低到一定程度，现在的标准是所有财产不超过2 000美元。政府补助并不直接划拨给受益人，而是支付给医疗保健服务提供方（医院、诊所、养老院等）。因此不少长者是先自己拿钱入住"Nursing Home"，高昂的费用很快就把他们降到贫困线以下，然后就可以名正言顺地申请Medicaid，直到去世。2009年按月享受医疗补助计划的人数约为5 110万，联邦政府提供了全部资助总额的57%，即2 623.89亿美元。另外，还有700多万人享受各州政府自行制订的额外医疗补助计划。

2.美国养老社区模式

美国养老社区建设的理念是针对不同需求的人员进行产品定位，进而演化出养老服务业的定位。在养老社区的运作中引入市场化的运作模式，力求提高资源的配置效率；通过商业化的运营模式，引入优质的养老服务资源，从而提高养老社区的服务质量，满足老年人的养老需求。

（1）美国养老社区建设的历程。美国养老社区建设是一个随着老年人口比例不断增长、经济不断发展、社会福利水平不断提高而不断完善的过程，大致分为以下三个发展阶段：[①]

①市场发展初期（20世纪60年代）。美国在20世纪60年代初期就进入了老年社会。1970年，60岁以上老年人口占全国人口的比例已达到14.1%，老年产业已成为投资热点。而受西方传统文化的影响，老年人偏好独居，因而对适合老年人居住的养老设施的需求逐渐产生。美国的经济在20世纪六七十年代处于一个较快增长期，人均GDP从1960年的2 787美元增至1970年的5 067美元，国民经济的发展，使人们的消费水平得到较大提升。另一方面，经济总量的增长使人均福利维持在一个较高的水平上。1960年，美国的社会保障开支已占到国民生产总值的10%，完善的社会保障体系为老年人的养老解除了后顾之忧。同时，这一时期也是美国房地产业不断发展和完善的时期，市场不断细分，老年住宅作为一个新的细分市场在有

① 谢家瑾，刘寅坤．美国、加拿大社区养老考察调研报告［J］．中国物业管理，2012（12）：34-35.

效需求及消费力的支撑下开始逐步形成。这一时期，美国老年住宅市场的主要产品为提供护理服务的老年公寓。但其在获得政府贷款支持的同时，也受到必须获得专业的经营执照等政策的限制。

②市场快速发展期（20世纪70年代）。进入20世纪70年代后，美国经济获得快速发展，人均GDP从1970年的5 067美元升至1980年的12 282美元。在经济高速增长的背后，美国对社会保障的投入也不断增加，到1976年，社会保障的投入已达到国民生产总值的20.9%，老年人退休后的收入基本上达到退休前的70%。美国人口老龄化的程度则进一步加深，60岁以上老年人口占全国总人口的比例已接近17%。这一时期，是美国养老服务业的快速发展期，养老公寓和社区（主要为护理型）开发量以大约每年2%的速度增长，而入住养老公寓的老年人口已经占到总人口的3%以上。这是美国养老公寓发展较为活跃的一段时期，也是投资者获利较多、风险较少的时期。但需要指出的是，在这一时期，由于美国政府对护理型养老公寓的开发有相当优惠的政策，因此护理型养老公寓和社区成为主流。

③市场成熟期（1980年至今）。从20世纪80年代后期开始，美国经济发展的速度开始减缓，但由于其绝对值大，因此其福利依然能维持较高水平。自1976年起，社会保障的投入稳定在国民生产总值的20%以上，而与此同时，60岁以上老年人口的比例也达到20%左右。美国养老社区经过几十年的发展，已处于一个相对成熟期，目前养老社区开发量以年均10%左右的速度增长，而入住养老社区的老人已占到老年人口的5%以上。1980—2000年间，美国养老社区数量增加约26%。这一阶段，对政府支持依赖较强的护理型养老社区出现过度开发问题，导致该类产品趋于饱和，投资呈下降趋势，而非护理型老年住宅则拥有较好的投资回报。独立养老居住社区（包括公寓及活跃老年社区）是美国养老市场近期发展最快的。1990年该部分的收入为125亿美元，2000年则达到约300亿美元。这一时期，美国养老市场基本上进入了一个成熟发展阶段，竞争开始出现并越来越激烈，市场上出现了一批品牌开发商和专业养老运营机构，大多为全国连锁经营，并在市场上占有较大份额。

（2）美国养老社区的服务模式。在美国，养老社区一般分为四大类：生活自理型社区（Independent Living）、特殊护理型社区（Skilled Nursing）、生活协助型社区或者是无障碍社区（Assisted Living）以及混合型的持续护理退休型社区（Continuing Care Retirement Communities，CCRC）。上述四种社区除了生活自理型社区之外，其他三种社区的开发和运营均需要得到州政府的授权批准，并且与医院和专业护理机构保持紧密的联系。

①生活自理型社区。该类社区主要面向年龄在70～80岁可以自理的老年人，他们大多希望住在一个有很多娱乐活动场所的社区环境中，他们能够保持自己独立的生活习惯，很少或基本不需要其他帮助。这类社区由一些卖给老年人居住的独栋房子、联排公寓或别墅构成。社区内提供高尔夫、钓鱼、网球、游泳、划船、教育课程、艺术、手工、演出等活动。同时，社区的面积较大，建有俱乐部、人工湖泊、游泳池、图书馆、高尔夫球场、自行车道、网球场、饭店、礼堂等设施及场所。理想的老年人居住建筑应该是允许老年人自由且独立地生活，并提供必要的协

助，而不是一切包办，否则会降低老年人的活动能力，加速其变老进程。因此，大小合适、坚固耐用、温暖舒适、交通方便、价格合适的住房有助于增强老年人生活独立自理的能力，而不适合的住房将加重老年人对护理的需求。社区应尽量维持有需要的老年人在社区内的独立生活，直至他们必须接受住院照顾。换句话说，社区能提供合适的协助，让老年人可以在自己的生活上获得最大的独立性。该类社区真实地反映了美国人自强、自立的文化理念，以及美国老年人社区养老的目标之一：提供各种项目帮助长者做力所能及的工作，齐心协力让老年人维持在社区内与其他社区人士的接触，并能够继续成为社区内的一分子，让老年人过上最大程度的独立自主的生活，发挥其自身价值。由于为生活自理型老年人提供的特殊护理和医疗服务较少，故此类社区的月收费水平较低。但是由于费用开支较低，所以该类社区的毛利率较高，一般在45%左右。

②生活协助型社区（或者是无障碍社区）。其主要面向80岁及以上并且没有重大疾病，但是生活需要照顾和护理的老年人。该类社区提供的服务主要有：娱乐、饮食、保洁、维修、应急服务、交通、体检等。此外，还可以付费的方式进行生活辅助护理、药物管理、阿尔茨海默病（Alzheimer Disease）的特殊护理。同时，该类社区也为处于出院后恢复期的老年人或子女外出的老年人提供暂时的居住护理服务。因为该类社区提供多种增值服务，而且人工成本较高，所以收费也较高，毛利率在35%左右。

这种养老方式的资金来源包括：个人资金、社会保险收入、长期养老保险。此外，美国的一些州还会提供一定的医疗补助。有别于独立居住的模式，生活协助居住模式只提供房屋租赁，因为这种居住模式中会使用一些有助于老年人身体康复治疗的专业的设施设备，因此居住者不能购买相关物业。

③特殊护理型社区。它又称专业护理中心、康复之家、长期照料社区、护理居住社区。它是面向患有慢性疾病的老年人、手术后处于恢复期的老年人以及有记忆衰退和功能障碍的老年人提供24小时护理照料的社区。该类社区配置专业的护理人员，并且提供各类专业的护理服务和医疗设施。由于提供专业的医疗服务，因此医疗项目的收费水平较高，每个月的收费也较高，但是医护人员的劳动成本居高不下，导致该类社区的毛利率只维持在15%～20%的低水平。

入住特殊护理型社区的资金来源有私人资金、长期养老保险、医疗补助。该类社区提供常规的医药监督和康复治疗服务，受美国联邦、州政府的管辖，必须满足美国联邦、各州政府的要求。例如，在人员配置方面规定有专业的管理人员、注册护士、心理医生、护工和其他人员。绝大多数特殊护理型社区都参加了美国医疗补助和医疗保险项目。

④持续护理退休型社区。其主要面向那些刚刚处于退休期、生活可以自理，但是不想由于未来生活自理能力下降而被迫频繁更换居住地区的老年人。为了实现对入住老年人的持续护理，该类社区一般是生活自理单元、生活协助单元与特殊护理单元混合的社区，可以实现对老年人的综合护理，毛利率在30%左右。入住该类社区的老年人必须一次性缴纳10万～40万美元的会员费，通过专业护理机构的体检，并且与社区的运营管理方签订入住合同之后才享有长期的居住权。在居住期

间，每隔一段时间还需要缴纳一定的服务费，但是后续的服务会更加便宜，是一种边际递减的费用模式。

持续护理退休型社区将独立居住、护理居住、公共设施等集中在一起，当老年人需要增加服务项目时，不必再来回搬迁。它不仅提供了持续性的生活照顾，包括住房、社交活动支持、健康照顾、住户环境安全，同时还满足老年人在身体、情绪与心理等各方面的需求，并在老年人的日常生活及家事方面予以协助。老年人根据自身的需求和经济条件，可以选择一退休就入住不同的居住形态（包括独立居住、协助居住和护理居住等），只要每月支付一定的服务费用，就不必再有护理、家政之类的烦恼。这种模式能为老年人提供从最初的退休享乐到最后的临终关怀的"一站式"养老服务，容易形成连锁经营的格局，实现规模效应。

在以上四种模式中，生活协助型社区的发展速度最快，而且发展得也较为成熟。持续护理退休型社区由于混有几种类型的社区模式，增加了管理难度，发展速度较慢，而且受2008年金融危机的冲击较大。目前，整个美国大约有1 900处CCRC社区，但是80%被非营利组织控制，相当部分还是由原来传统模式的养老院演化而来的，并不是未来美国养老社区的发展主流。平均来看，美国养老社区的月租金大约是3 000美元，大城市（纽约、芝加哥、波士顿、洛杉矶、费城等）的月租金在4 000美元左右，入住率在2006年达到顶峰，峰值为92%左右，在金融危机之后下降至85%，目前缓慢攀升至88%左右。[①]

养老社区无疑是老年人安度晚年的一种绝佳选择。养老社区意味着积极老龄化，而非消极居住等待离世，它的兴起代表着一种全新的养老模式，是养老观念的一次革命性变革。美国养老社区的发展历程告诉我们，养老社区的兴盛是经济社会变迁的重要反映和成果；反过来，养老社区开发又带动养老服务业发展，形成新的经济增长点，进一步促进社会繁荣与稳定。发展依靠人民，发展为了人民，老年人是社会人口的重要组成部分，让老年人分享社会发展成果，体现的不仅是人文关爱精神，也是人类文明的一大进步。[②]

3. 美国的居家养老与机构养老模式

除了养老社区模式，美国还有多元的居家养老模式和专业机构养老模式值得我国借鉴。

（1）多元的居家养老模式[③]。美国有发达的民间社团组织，探索出了丰富多元的居家养老模式。如会员制模式，最早由波士顿一群老年居民在20世纪90年代探索出来，是以会员形式要求老年居民每年缴纳一定的会员费，会员可以享受到交通、购物、家政、房屋维修、花园维护等一系列由志愿者提供的基本服务，以及一些专业机构提供的家庭保健护理和医疗服务。又如合作居住模式，有些类似于中国的四合院模式，在享有私人住宅的基础上，让居民共享公共设备，如公共厨房、餐饮区、休息区、洗衣房、图书馆、工艺坊、健身房、花园等，便于老年人邻里互

① 洪韬. 老龄化视角下我国养老社区建设的研究——基于对美国养老社区的借鉴［J］. 广东青年职业学院学报，2012（10）：29.
② 张卫国. 美国养老社区研究［J］. 世界经济与政治论坛，2012（9）：149.
③ 马天月. 美国人的养老模式及启示［J］. 中国社会工作，2018（10）：46-47.

动。PACE医疗护理模式则源于联邦政府的扶老政策。PACE的中文意思是综合性老人健康护理计划，1997年被正式纳入美国联邦政府平衡预算法案。PACE针对55岁以上体弱、患病和行动不便的老人提供其必需的医疗护理救助服务，包括病理医疗、物理理疗、处方药物、喘息照护、营养咨询、社会公益服务等，这些服务和所产生的费用都由美国联邦医疗保险与医疗补助网络覆盖的服务商提供。

（2）专业机构养老模式。除社区养老外，一些高龄老人往往倾向于入住专业养老机构，包括老年公寓、养老院、护理院等。养老公寓以公租、廉租为主，多分布在大城市人口密集区，如纽约曼哈顿、布鲁克林区，面向低收入老年群体，公寓里提供餐饮、图书阅览、健身及各项文娱活动等场所和服务。专业养老院、疗养院和护理院则面向因慢性病、重大手术和失能、失智等而生活不能自理的老人，院内设有专业护理设施，配备医生和护理人员，为老人提供24小时生活照顾、医疗诊治、康复治疗和健康监管等服务。护理院受联邦和州政府监管，必须在人员配备、医疗水平等各方面达到一定标准才能拥有营业执照。入住护理院的资金来源有私人资金、医疗补助、长期照料保险。在美国，人们认为护理院是仅次于核电站的规定最多的行业。

4. 美国养老服务人才的培养

美国已经形成了比较完善的社会养老服务体系，服务内容和方式的多样化促进了专业化的养老服务业人才的培养。美国非常重视养老服务的专业化水准和对老年人的爱心，高度重视养老服务队伍专业化建设，规定养老护理人员需经过正规职业培训和考试后才能取得执业证书，如美国加州规定养老院院长必须经过80小时训练、考试合格后才能取得资格证书。美国志愿服务氛围浓厚，对专业养老服务形成有力补充，绝大多数医科大学招生都有明文规定，申请入学的学生必须在医院或养老机构做过一定时数义工，否则不予录取。[①]

在美国，已经实现护理队伍专业化。美国的各养老机构，其工作人员或为老服务人员均由专业人士组成，除注册护士、执照护士、辅助护士、护工外，一般还设有营养师、理疗师、心理专家、活动辅导员和志愿者等。这些人员均受过专门业务训练和专业培训，具有较扎实的护理知识基础和职业技能，持证上岗，确保服务达到专业水准。

在居家养老护理方面，美国有专业的家务服务、家庭保健等专业人员。其中，家庭保健服务主要由家庭保健医生或护士提供专业或辅助照护。这些从事养老护理的人员都是经过专业化训练和理论学习的。居家养老护工的培训分为线上培训和线下培训。线上培训可以在政府相关网站上进行，政府将护理培训材料上传到政府网站上，受雇护工可以随时接受辅导，但这对受雇护工的要求高且需要其熟悉电脑操作。对于线下培训，政府通常通过招标的形式将其外包给护理培训机构，同时规定培训合格率要达到某一个水平才算完全履行了合同义务，这样可以在降低培训成本

① 张孟强，任姗姗．美国养老服务发展经验与启示［J］．中国民政，2019（2）：54-55.

的同时保障培训质量。[①]美国PACE的服务人员均受过专门的业务培训，拥有扎实的养老专业知识；由专门的PACE协会（NPA）每年举办3次专业会议以培训PACE的团队成员，并与医学中心合作，为PACE定向培养人才。[②]

到目前为止，美国已经形成了学士、硕士、博士等多层次的养老护理人才梯队，其中注册护士必须拥有硕士及以上学历和熟练的专业知识、技能。[③]

二、英国养老服务体系与人才培养

英国是世界上第一个工业化国家，也是世界上最早建立社会保障制度的国家之一。第二次世界大战结束后，由于社会逐步稳定，经济开始快速增长，国民生活水平不断提高，再加上医疗卫生事业的发展和各项保障措施的完善，英国的老年人口不断增多，进一步加快了其人口老龄化进程。联合国的数据显示：早在1950年，英国60岁及以上老年人口在总人口中的比例就已达到15.5%；进入21世纪之后，英国的人口老龄化程度逐渐提升，2000年其老龄化水平已达到20.8%；到2050年，这一比例将会上升到28.8%，接近30%。届时，将近1/3的英国人口是老年人口，人口老龄化形势非常严峻。

据英国国家统计局的数据[④]，截至2010年年底，英国65岁及以上的老年人口数量已达到1 030万，在总人口中的比例达到17%；85岁及以上的高龄老年人口数量增长至140万，占总人口的2.3%。到2035年英国65岁及以上的老年人口在总人口中的比例将达到23%；85岁及以上的高龄老年人口将增长到350万，在总人口中的比例达到5%；16～64岁人口的比例将从65%下降到59%，人口老龄化与高龄化的程度进一步加深。

1.英国近百年来的老龄社会政策

老龄社会政策是通过国家立法和政府行政干预解决老年人社会问题的一系列政策、行动准则和规定，代表着国家在老年人社会问题方面所作的“顶层设计”。英国是较早步入老龄化社会的传统发达国家，在老龄社会政策建设方面经历了近百年时间，目前已经达到相当成熟的程度。并且，英国也是世界上最早开展机构养老的国家，其起源可以追溯到近代收容贫困人口的济贫院时期。在老龄社会政策的影响下，英国的各类机构养老设施所承担的社会职能不断地发生改变（见表4-1）。[⑤]

① 荆涛，杨舒，仲维树．“居家扶助型”养老模式：美国经验与中国实践［J］．社会建设，2019（11）：25-33.

② 杜词，王芳，袁莎莎．美国全方位养老服务计划及对我国医养结合的启示［J］．中国初级卫生保健，2019（9）：6-8.

③ 程承坪，吴琛．健康战略下发达国家发展养老健康产业借鉴研究——以美国、德国、日本为例［J］．当代经济管理，2018（3）：83-88.

④ 陈成文，孙秀兰．社区老年服务：英、美、日三国的实践模式及其启示［J］．社会主义研究，2010（1）：116-118.

⑤ 卫大可．英国老龄社会政策发展及对机构养老服务转型的影响［J］．城市建筑，2014（3）：34-35.

表4-1　　英国老龄社会政策的发展及其作用

人口老龄化阶段	时期/社会背景	相关的老龄社会政策	解决的老年人社会问题
1929年老龄化人口占比为7%，正式进入老龄化社会	20世纪初期/工业化和城市化不断推进；准备进入老龄化社会	《养老金法案》（1908）《寡妇孤儿及养老年金法》（1925）	运用制度解决养老在内的社会问题，开始为部分老年人发放养老金、退休金
	20世纪40至70年代/第二次世界大战；战后重建，全面建设福利国家；国民经济快速增长；石油危机	《贝弗里奇报告》（1942）；《国家卫生服务法案》（1946）；《国民保险法》（1946）；NCCOP成立（1947）；《国家援助法案》（1948）；《公共卫生法案》（1948）；社会服务部成立（1972）	建立NHS（国家医疗服务体系）；搭建养老服务在内的社会福利政策框架；政府直接参与，大力推行机构养老；以服务主导养老设施建设，解决老年人健康照护问题；“去机构化”，开始重视社区照料的作用
1976年老龄化人口占比已达14%。1980年以后人口老龄化日益加剧	20世纪80年代至21世纪初/经济增速放缓；高社会福利难以为继；“去福利化”；社会福利的社会化、多元化解决；人口老龄化日益加剧	NCCOP正式更名CPA（1980）；《日益老龄化白皮书》（1981）；审计署报告（1986）；《弗斯报告》（1987）；《瓦格纳报告》（1988）；《格里菲斯报告》（1988）；《全民健康与社区照料法案》（1990）	进行政策反思与调整；政府部门转变职能；引入“准市场化”运营机制；以需求主导养老设施建设，社区照料快速发展；建立多元化社会养老服务体系

2.英国的社区照顾

英国的社区照顾始于第二次世界大战后，与当时兴起的“非住院化”运动息息相关。随着福利制度在英国的逐步衰退、新保守主义思潮的抬头，政府因势利导，社区照顾的养老模式应运而生。1990年，英国颁布《全民健康与社区照料法案》，经过3年的实践，于1993年在全国推行，英国的社区照顾养老模式正式建立。

（1）社区照顾的定义与形式。1989年，英国政府颁布《社区照顾白皮书》，对社区照顾下的定义是：“社区照顾是指提供适当程度的干预和支持，以使老人们获得最大的自主性，且掌握自己的生活，为给老人提供服务的家庭成员提供针对老人的暂托、喘息照顾和日间照顾，通过团体之家和临时收容场所，扩大照顾范围，直至提供居家护理照料。英国的社区照顾主要有‘社区内照顾’和‘由社区照顾’两种方式。”

所谓社区内照顾，是指政府直接干预并有制度和法律体系作为保障的规范性的养老照顾，一般由政府、公益机构等正式组织提供，照顾者都是经过相关机构培训的专业或半专业服务人员，老人在社区内的养老服务机构接受专业服务人员的照顾。如老人日间护理服务中心、养老院、老人福利院、老人护理院等提供的各种护理服务均属社区内照顾的范畴，它的服务对象主要是生活基本不能自理的老人。

所谓由社区照顾，是指通过血缘关系或道德维系的没有政府直接干预的非规范性养老照料。其一般包括三种：第一种是家庭成员照料，主要是子女对父母的照料；第二种是亲属即兄弟姐妹及远亲等对老人的照顾；第三种是非亲属（包括朋友、邻居、慈善机构、非营利组织）对老人的照料。服务对象通常是有一定自我照顾能力的老人。

虽然两类照顾模式的服务方式、服务对象、服务人员、服务地点等不尽相同，但是它们都能够满足老年人从低龄到高龄直到生命最后阶段的不同层面的不同需要，而且“由社区照顾”是从预防性、发展性的角度为老年人提供照料服务，“社区内照顾”则是从补救性的角度为老年人提供照料服务。

（2）社区照顾的服务项目。英国的社区照顾主要是通过下列服务项目实现的[①]：

第一，居家服务。这是对居住在自己家中、尚有部分生活能力又不能完全自理的老年人所提供的服务。具体项目包括上门做饭、理发、洗澡、购物、清洁卫生、陪同去医院等。有了这些周到、全面的服务，可使行动不便、年老体弱、家中无人照顾的老年人生活在自己熟悉的社区环境中或自己家里，方便和他人沟通。从事居家养老服务的人员有政府雇员、志愿者，这些护理服务或免费或收费较低，一般收费标准由地方政府确定，老人在可以承受的范围内自己支付一部分，不足部分由政府补齐。

第二，家庭照顾。它是生活不能自理、卧病在床的老人在家接受子女全面照顾的养老方式。为了鼓励子女全方位照顾老人，政府规定对在家居住、接受子女照顾与在专业机构养老发给相同的补助，以此鼓励老人在家养老。这样就可以使家人有充足的经济实力照顾老人，而不影响家人的生活水平。

第三，老人公寓。它的服务对象是无人照顾但有生活自理能力的老人。老人公寓通常为两居室，生活设施较齐全，电视、洗衣机、厨房、卫生间等应有尽有。老人公寓内设有紧急呼救装置，与社区的控制中心相连，一旦老人身体不舒服，只要求助紧急呼救装置，社区可派人迅速赶到老人公寓提供救援。这类老人公寓收费较低，数量有限，申请入住的老人较多，必须经过政府从严审查，生活确有困难的低收入老人才能居住。

第四，托老所。其主要包括暂托处和老人院。暂托处是一种短期护理服务机构，是专门针对子女有事外出或子女长年累月护理老人而身心不堪重负，需要放松休息而设置的。这时就可将需要照顾的老人暂时寄存到暂托处，由服务人员代为照顾，时间是几小时，也可以是几天，一般为两周，最长不超过一个月。暂托处照顾老人时间较短的不收费，但是超过两周，就需要支付相应的费用。老人院则是针对生活不能自理又无人照顾的老年人而设置的专门机构。英国有许多老年人是单身的或子女不在身边，当他们尚有自理能力时，可在家或老人公寓接受护理服务，一旦完全丧失自理能力，只能入住老人院，接受集中照顾。

---

① 陈笑楠. 老龄化背景下我国城市居家养老研究［D］. 长春：吉林大学，2008：10.

第五，老年社区活动中心。它是由地方政府兴办、具有综合性功能的社区服务机构，是按照社区居民的人数多少而设置的，服务人员为政府雇员。老年社区活动中心的主要服务对象为60岁以上的老年人。其为居住在本社区的老人提供社交、娱乐场所，对于那些行动不方便的老人，由中心派车接到中心参加相应的活动，晚上中心再派车将其送回。

英国是非常发达的市场经济国家，除了上述这些服务机构外，还有大量私营的、以盈利为目的的养老服务机构，老人可根据自己的经济能力和需要自由购买养老服务，但价格较高。总之，英国通过一系列政策措施，把原有由国家包揽的社会福利服务转移到家庭和社区，从而建立起了多元化的社会福利服务体系，以更好地为老人服务。①

（3）社区照顾的特点。1993年英国政府颁布法令，在全国实行社区照顾，时至今日，英国的社区照顾已成为普遍的社会工作方式，期间不断进行完善、变革，在不同时期有着不同的侧重点，但发展的大方向是从“由社区照顾”向“社区内照顾”发展，这种转变也被称为当代老人社会政策变化的象征。经过几十年的变迁，英国的社区照顾愈加成熟，在以下三方面展示出鲜明的特点：

①官办民助，政府主导。英国社区照顾的主要特点是官办民助，以社区为依托，政府发挥主导型作用，辅以市场化的运作，由专业机构提供服务。②社区工作人员包括管理人员、关键工作人员和照顾人员，形成官民结合的管理格局。同时，在管理方式上实行“契约制”，将一部分由政府承担的服务移交给社会机构。在具体管理中实施项目管理，建立了一套从项目申报、执行到监督、年度报告和评估，从工作人员到志愿者、义工的完整规范的工作管理和评估体系，经评估认定为合适的机构，才能拿到相应的政府经费。

英国的社区照顾，政府在其中发挥主导作用，承担许多职能。

第一，制定政策与立法。政府规定社会福利方面的基本原则，发表社会福利方面的白皮书，制定有关的社会立法。

第二，制定具体措施，指导政策执行。为此，在社区内设置许多服务机构，发展社区组织去完成这一职能。

第三，财政支持。政府虽然将社会服务方面的事务下放到社区、家庭，但对这些服务给予财政支持。也就是把原来由政府承办的社会福利与服务改由政府出钱，交给社区、家庭去承担。

第四，监督、检查民间团体和私营机构。政府虽然把社会福利与服务交给社区、民间团体等来组织，但它们的服务水平、质量，仍然要受到政府的监督和检查。政府基于合同对相关服务机构进行监督，服务机构违反合同约定的，需要承担相应的法律和民事责任。在执行过程中，服务机构的人员培训、设备设施、服务标准和服务价格等，都要接受政府工作人员的定期检查，资金提供方也会不定期地进行抽查，安排义工进行监督等。

第五，宏观管理。面对庞大的社会福利与服务体系，英国政府实施严格的宏观

---

① 祁峰．英国的社区照顾及启示［J］．西北人口，2010（6）：21-22.
② 郑少卿．英国社区养老模式对我国的启示［J］．商场现代化，2012（7）：394-395.

控制与管理，以保证社会福利事业健康有序运行。所有这一切，只有社区等民间组织而没有政府的参与是不可能办好的。

②专业服务，以人为本。英国社区照顾坚持以人为本的理念，按照需求层次理论，构建了“生活照顾—物质支援—心理支持—整体关怀”逐层递进的全方位的服务模式。其中，生活照顾包括居家服务、家庭照顾及老人公寓、托老所照顾等；物质支援包括提供食物、安装设施、减免税收等；心理支持包括治病、护理、传授养生之道等；整体关怀包括改善生活环境、调动周围资源等。每一大项中又包括许多小项，可谓丰富多彩。这是针对需要照顾的老人而制定的模式，每个老人由于生理、心理等方面的不同，其需要的服务也不尽相同，必须根据实际情况为老人制订适合其自身需要的服务计划。这种多样化的服务模式，既可提高资源的利用效率，又可为老人提供针对性服务。依据此原则，社区照顾还发展了个案管理系统和项目管理模式，从而使其更好地为需要照顾的老人服务。

英国社区照顾最突出的特点是以人为本。虽然许多为老年人提供服务的机构较小，但都能就近就便，功能齐全，服务周到细致，适用于所有的老年人，而且在为老年人提供服务时，都能充分征求老人自己的意见，不强迫老人接受既定的服务和安排。此外，还会对需要照顾的老人进行生理和心理检查，建立入住老人健康档案，针对不同情况的老人设计不同的康复计划。如对脑中风的病人，采取声、光、电复合刺激的方法帮助其恢复记忆；针对身体活动不方便的老人制订康复计划等。

英国社区照顾服务体系的优越性还体现在人才队伍的专业化上。社区照顾服务由专业的机构提供，服务人员大多经过专门的职业培训，拥有照顾老人所需的各类专业技能，会根据每位老人的家庭、身体状况以及兴趣爱好提供个性化服务，满足老人不同的照顾需求。

③多方参与，服务老人。从20世纪80年代起，英国的社会服务领域就出现了一个最显著的特点，即混合经济型服务，也就是服务供给主体的多元化。政府开始从直接的服务供给中退出来，鼓励民营和慈善组织开展养老服务，政府把更多的精力放在政策制定、监督管理和购买服务上，这在很大程度上减轻了政府的资金投入和服务压力，也丰富了养老服务的内容和种类。养老服务市场进一步细化，服务也更加专业化，更好地满足了老年人的服务需求。[①]尤其是社区照顾养老服务，更是呈现出高度的社会参与局面。据统计，英国每年有48%的人参加志愿者活动，服务社区养老事业。在社区，从议员到普通居民，从青少年到老人，各个层次的人都积极加入社区义工队伍，共同服务社区的养老事业。政府还将在社区内从事公益劳动当作感化触犯法律的人的一项内容，在犯罪者表现较好的情况下，指定他们去社区干活。[②]

3.英国的院居照顾

（1）院居照顾养老服务的发展概况。从20世纪七八十年代开始，英国在人口

---

① 王莉莉，吴子攀．英国社会养老服务建设与管理的经验与借鉴［J］．老龄科学研究，2014（7）：61-70.

② 郑少卿．英国社区养老模式对我国的启示［J］．商场现代化，2012（7）：394-395.

老龄化水平不断提升以及经济发展速度放缓的双重压力下，公共财政负担进一步加重，由政府包办的高社会福利制度开始难以为继，对社会福利制度进行改革势在必行。以此为契机，英国私营老人护理院的数量迅速增长，在社会养老服务中的份额明显增加，由此带动接受院居照顾养老服务的老年人总数大幅增长。据统计，1980年，英国地方政府提供63%的机构养老床位，私营部门提供17%，但到了2002年，两者的市场份额正好发生反转，此后这一趋势一直持续。在私营部门的带动下，英国院居照顾总床位数也出现了大幅增长，替代了大量的NHS医院床位。1987—2010年，NHS为老年人和精神病人提供的医疗床位数减少了60%。与之形成鲜明对比的是，1985—2005年，院居养老设施中的医护床位激增了360%。私营老年护理院和养老院在20世纪80年代快速扩张的主要诱因是政府允许用补充福利金为入住的老年人全额付费，这一政策鼓励了大量有照护需求的老年人搬进私营养老机构。1996年，英国院居照顾养老服务的总规模达到峰值，共拥有床位约57.6万张，之后数量有所下降。同一时期，院居照顾养老服务的范围进一步收窄，开始倾向为老年人提供康复医疗等准医疗服务，定位目标也更加明确，入住者主要为生活不能自理、长期患病或身体衰弱的高龄老人，许多老年人在养老院或老年护理院走完生命的最后旅程。

进入21世纪，随着私营部门介入社会养老服务业的程度不断加深，大规模连锁经营成为英国机构养老行业的发展趋势，而独立经营的个体或家庭式小型养老院在逐渐减少。到2005年，英国规模最大的11个院居照顾服务组织拥有或运营全英20%的机构养老设施以及30%的养老床位，但机构养老设施的单位规模没有明显扩大，到2010年平均床位数也仅为25床。就各种类型的机构养老设施而言，地方政府承办的养老院单位规模最大，然后依次是私营部门、志愿者组织和NHS，而老年护理院的平均规模要大于养老院，是后者的两倍多。①截至2012年年末，英国65岁以上老龄人口已达1 080万，占总人口的17.2%，②其中，约4%左右长期住在各类养老机构中，③这一比例明显低于发达国家的平均水平。与养老院相比，老年护理院更受青睐，接收了近3/4的院居老人，许多原来需要入住医院的老年人开始向护理院和能提供较好医疗照护服务的养老院转移，其中绝大部分入住者对照护服务有“高支持需求”（英国把具有以下一种或多种病症的人员认定为有“高支持需求”：阿尔茨海默症、精神错乱、具有挑战性的行为、大小便失禁、重度听力或视力受损、行动完全依赖他人。对有“高支持需求”老人的界定标准与我国对完全失能老人的界定标准大体相当）。另外，院居照顾还为患精神疾病的老年人提供特殊照护，英国超过半数的阿尔茨海默症患者住在机构养老设施中，近年来对此类床位的需求还在不断增长。通过英国第二大健康照护服务组织Bupa养老机构对入住老

① ANON. Personal Social Services Adult Social Care Survey, England -Provisional 2010-2011 [J/OL]. NHS Information Centre, 2011 [2013-03-03]. http: //www.hscic.gov.uk/catalogue/PUB08128/per-soc-seradu-soc-car-sur-eng-2010-11-fin-pra.pdf.

② ANON. Later Life in the United Kingdom December 2013 [J/OL]. AGEUK, 2013 [2013-03-03]. http: //www.ageuk.org.uk/Documents/EN-GB/Factsheets/Later_Life_UK_factsheet.pdf.

③ ANON. Age UK Estimate Calculated from Care of Elderly People Market Survey 2012-13 [J/OL]. Laing and Buisson, 2013 [2013-03-03]. http: //www.Laingbuisson.co.uk.

年人所做的人口普查数据[①]，可以更加直观地了解目前接受机构养老服务的老年人现状（见表4-2、表4-3）。[②]

表4-2　　Bupa养老机构入住老年人基本情况（2012年）

年龄构成	年龄中位数：85岁。其中：男性81岁、女性86岁
性别比例	男性：32.0%，女性：68.0%，且年龄越高，女性比例越高
照护类型	阿尔茨海默症：41.1%，体衰老人：51.1%，其中精神疾病：4.2%，低龄身体残疾：3.6%
院居时长	时长中位数：20个月。其中：最终在机构中死亡者的时长中位数不到9个月

表4-3　　Bupa养老机构入住老年人健康状况（2012年）

疾病名称	老年护理院	养老院	疾病名称	老年护理院	养老院	疾病名称	老年护理院	养老院
关节炎	18.0%	19.7%	心脏病	22.3%	15.6%	神经损伤	2.7%	0.9%
躁郁症	1.1%	0.9%	亨廷顿病	0.5%	0.1%	神经系统疾病	78.3%	65.5%
大脑性瘫痪	0.6%	0.2%	大小便失禁	77.2%	65.0%	骨质疏松症	9.6%	7.6%
阿尔茨海默症	45.0%	40.9%	认知困难	2.1%	1.9%	帕金森病	5.4%	3.7%
抑郁症	10.6%	11.6%	胸肺疾病	8.3%	5.9%	精神分裂症	2.2%	1.3%
糖尿病	15.4%	11.6%	肢体残疾	1.4%	0.5%	中风	23.1%	11.9%
癫痫症	6.4%	2.8%	运动神经元病	0.5%	0.1%			
骨折	12.9%	9.3%	多发性硬化病	1.9%	0.3%			

（2）院居照顾的服务形式和内容。英国院居照顾服务包括下列形式和内容：[③]

①老年护理院。其提供医院设施外的最密集与最持续的护理照顾。老年护理院受到严格的管制，并被要求符合一定的标准，如全天24小时都要有合格的护理人员。

②养老院。其面向非失能的老人提供多种多样的服务，并在促进积极的社会与个人生活方式维持的同时，考虑到老人独立性的逐渐丧失而为他们提供相应的服务。对于那些不能独立完成日常活动或者患有持续性身体、心理症状（无须密集医学治疗）的老人，院舍会为他们提供长期性治疗，由全科医生提供（老人在养老院

① Bupa，即保柏集团，成立于1947年，“Bupa人口普查”是对其下属机构中的入住者进行的全面信息统计，每3年进行一次，普查数据由Bupa与英国老龄问题政策中心（CPA）联合发布，在英国乃至世界医疗照护行业具有很高的权威性和参考价值。

② ANON.A Profile of Residents in Bupa Care Homes: Results from the 2012 [J/OL]. Centre for Policy on Ageing, 2012 [2013-03-03]. http://www.cpa.org.uk/information/reviews/Bupa-Census-2012.pdf.

③ 马凤芝. 世界老龄化国家和地区养老机构规划的经验——以英国、日本和我国香港地区为例 [J]. 社会工作，2013（5）：31-41，151-152.

中的）健康照顾。

4.英国养老服务业人才的培养

系统化、专业化培训是提高老年照护服务质量的根本途径。2012年英国社会照护岗位有163万个，其中，直接护理工作岗位占76%，专业人员岗位占比达到6%。与专业化服务相配套的是发达的职业培训市场。英国老年护理服务课程内容丰富，培训手段多样化，在养老服务业人才培养上有许多成功的做法。[①]借鉴英国在养老服务人员培训方面的成功经验，创建适合我国的科学、合理的培训体系，对提高老人的生存质量、促进社会福利和老龄事业的健康发展，无疑具有重要的现实意义和长远意义。

英国养老服务业人员主要由护理助手、护士和管理者构成。护理助手（Healthcare Assistants / Auxiliary Nurses）被认为是社会护理人员（Social Care Worker）。英国的护理标准法对护理助手的定义是为任何人提供个体化护理的人。护理助手较为精确的含义体现在以下三个方面：一是与提供健康、教育与社会服务相联系；二是受雇于儿童之家、老人院和其他机构；三是被家庭护理机构雇用，在残疾、虚弱、疾病、不能自理的患者家里提供个体化护理。[②]护理助手的职责包括晾洗衣被、穿衣、喂食，帮助患者移动、如厕，整理床位，使患者在各方面获得较高的舒适度，并测量体温、脉搏、呼吸和体重。护理助手负责80%～90%的护理工作。她们被护士监管，绝大多数患者的照护工作都是由护理助手做的。护理助手每星期通常工作37.5小时，包括晚上和周末、业余时间和自由时间。她们为老年人及其家庭积极地解决各种养老问题[③]。以前，他们几乎没有受过培训，没有疾病的应对能力，但是这种情况在近几十年得到很大的改善。随着长期照料系统的改变，护理助手在疗养院中的角色越来越重要。一个充满热情、知识丰富的护理助手能使老年人的生活质量产生巨大的变化。2004年，英国对国内养老机构提出的最低标准之一是50%的护理助手拥有NVQ（National Vocation Qualification）2级证书。养老院需要雇用大量的具有NVQ资格的护理助手。许多养老院里的护士通过学习，成了NVQ评估者，她们能帮助护理助手获得NVQ资格。

养老院的护士和医院的护士工作类似。养老院的护士具体负责老年人的护理工作，她们的大部分时间都用于管理和监督护理工作。注册护士需要评估老年人的健康状况、制订治疗计划、监督执照护士和护理助手、执行静脉输液等。她们通常工作在特护科室，如中风或者脑外伤患者需长期康复的病房。养老院里90%以上的注册护士是女性，她们一般是利用业余时间工作。养老院会为护士提供灵活工作时间和家庭政策。很多护士选择在离家近的养老机构工作，这样可以省去很多途中耽误的时间。

管理者需要有一定的经验去护理老年人，还必须拥有被认证的管理资格证书，包括NVQ4级证书和其他管理资格认证。很多管理者以前是从事养老护理工作的，

---

① 葛江霞．英国养老服务体系的三个借鉴［J］．社会与公益，2015（4）：88-89.

② LINDA.Nursing in Care Homes［M］．Oxford：Blackwell Publishing，2002：3.

③ ELISE. A Guide for Nursing Home Social Workers［M］．NewYork：Springer Publishing Company，2002：3.

通过自身的不断学习，获得了NVQ4级证书，加入了管理者的行列。其工作内容主要是负责养老机构各项事务，确保养老机构的高质量护理。

英国养老服务人员的培养途径及培训方式具体体现在以下方面：①

（1）NVQ培训。NVQ是国家职业技能等级培训，各行各业的在职人员都必须满足不同等级的NVQ标准要求。许多护理助手都没有受过正规教育，获得NVQ资格证书将使其更受雇主的器重。NVQ的资格认证能使护理助手获得不同等级的资格证书，这能向雇主证明他们的能力和水平。一般来说，养老机构的护理助手需达到NVQ2级水平。具有NVQ3级的人能进行护理教学，NVQ3级护理助手将会得到护士培训，也有机会成为医生助理。一些大学能给具有NVQ3级的人提供加速护士教育的机会。进行NVQ培训，可以在认证评估中心（Approved Assessment Centre）进行注册，注册后需进行辅导或培训（NVQ培训有不同的方法），学习地点在工作的地方或评估中心。所有的NVQ候选人都被叫作评估员，评估员必须完成他的课程，通过评估中心的评估认证。

（2）护士教育。在英国，所有护士的教育都必须与护士和助产士协会（Nursing and Midwifery Council，NMC）的标准相吻合；护士教育项目的时长必须达到4 600个小时，其可以是3年的持续学习，包括50%的理论和50%的实际操作。第一年的课程是公共基础课，学生学习能运用于护理各大分支的技能。在第二和第三年，学生学习护理某一特别领域的专业知识。护理的四大分支是成人护理、儿童护理、疾病护理和心理护理。护士有很多机会加强自己的专业和教育，特别是在一些大型的养老连锁机构。在养老院中，护士有机会作为部门经理，管理众多相关机构②。

（3）在职培训。其涉及护理人员的教育培训，贯穿护理人员的整个工作生涯。在职培训通常由许多以小组成员为单位的小型培训组成。所有类型的教育方法都被运用，包括活动挂图、电影、讲座、录像、角色扮演、个案讨论和其他方法。在许多工作繁忙、效益高的养老机构，每周都会进行3次或以上的在职培训。培训内容包括护理法律和法规、老年人的生活护理、疾病护理要点等。培训的内容详细且系统，对房间窗户开放时间都有严格的规定，而这些通常是通过科研研究出来的。培训机构为护理人员的工作单位或其他管理养老机构的组织。它们会根据国家的护理发展动态及新政策的出台情况，进行配套的护理培训，培训内容也随着护理学科的发展不断更新。养老机构针对职员的培训建立档案，每年进行总结，对每个职位、每个层次的培训时间都有严格规定。许多养老机构都把培训场所设在护理学校，身体治疗、药品和其他与健康相关的培训项目都设在附近的大学③。

---

① 宁素荣，张会君，尹姣，等. 英国养老护理人员培训对我国的借鉴与启示［J］. 医学与哲学，2011（7）：78-80.

② LINDA. Careers and Jobs in Nursing［M］. London：Kogan Page Publishers，2004：103.

③ JAMES. Nursing Home Administ ration［M］. New York：Springer Publishing Company，2007：185.

三、日本养老服务体系与人才培养

日本养老问题由来已久，第二次世界大战结束后，日本进入了战后的生育高峰期；从20世纪70年代起进入人口老龄化社会，成为亚洲人口老龄化程度最高的国家。据资料统计，1980年，日本65岁以上的人口已经占到了社会总人口的9.1%，这一比例在1990年升至12.1%，在2000年达到17.2%。根据日本政府公布的数据，截至2010年10月，日本总人口为1.028亿人，其中65岁以上的老年人口达到2 958万人，占总人口的比例为23.1%。据日本国立社会保障与人口问题研究所推算，这一比例在2020年将达到26.9%，2050年将创下32.3%的新高。[①]

日本是世界上少子化和老龄化状况最严峻的国家之一。2013年，日本65岁以上老龄人口的比例达24%，而同一年，日本总人口减少了24.4万，连续7年呈自然减少态势，且今后或将持续。具体到年龄段，日本65岁以上的老年人口为3 083万，在总人口中所占比例达24.4%，为历史最高值；15～64岁的劳动年龄人口为7 895万，首次跌破8 000万，在总人口中所占的比例也降到历史最低值，仅62.47%。2003年支撑每位老年人的劳动年龄人口为3.56人，而2013年这一数值已降到2.56人。[②]

在少子化和老龄化的双重巨大压力下，日本社会各界开始思考如何解决养老问题，不断探索老年人养老模式。其中，机构养老以其标准化服务及减轻家庭负担等优点深受日本老年人的喜爱，成为日本养老服务模式的重要组成部分。[③]

为了更好地解决社会老龄化问题，日本政府在1989年开始实施社会养老“黄金计划”，1994年在此基础上进行修改和完善，实施了“新黄金计划”，并且在2000年开始实施介护制度。经过30多年的探索与创新，日本在居家养老、人才培养、服务标准化、老年康复与预防、制度建设等方面积累了丰富的经验，值得我们学习与借鉴。

1. 日本养老服务业发展的特点

面对国内严峻的老龄化形势，日本政府大力扶持养老服务产业且卓有成效，诸如居家护理、养老地产、养老金融等多项养老服务新兴产业发展态势良好，其中部分产业已成为日本新的经济增长点。

（1）政府大力扶持，完善法律、法规。[④]20世纪70年代末80年代初，日本进入人口老龄化社会，老龄人口不断增加，老年人的需求也相应增加；而政府承担的社会福利职能已不能满足老年人的需求，加之养老服务产业服务需求灵活，发展初期风险较大但利润较低，为扶持养老服务业的发展，日本政府开始对老年人福利政策进行调整，鼓励民间发展福利事业，以适应老龄社会的多种福利需求。为此，日

① 郭丽．中日人口老龄化的差异及对策思考［J］．上海理工大学学报（社会科学版），2011（6）：154-158.

② 陈建军．日本养老产业链考察手记［EB/OL］．［2014-08-25］．http：//www.kaixian.tv/gd/2014/0825/8630020.html.

③ 班晓娜，葛稣．机构养老与政府职能：日本经验及启示［J］．大连海事大学学报（社会科学版），2014（6）：43-47.

④ 张俊浦．日本养老经验对我国社会养老服务体系建设的启示［J］．改革与战略，2014（8）：136-140.

本政府制定了明确的行业规范，并通过产业指导、培训及税收优惠等一系列措施扶持中小企业发展，促进了日本养老服务产业化及市场化。

1974年，厚生省公布了“收费养老院设置运营指导方针”，建立了市场规范及行业标准。“指导方针”对养老机构的属性、设施标准、人员配置、服务标准和优惠贷款制度等做了明确规定，并规定养老机构每年向政府提交报告，接受政府的监督。进入20世纪80年代后，日本政府针对养老机构及养老产品混乱的局面，制定了“银色标志制度”，成立了“银色标志认证委员会”，开始对符合条件的社会养老机构、老龄产品和服务及其厂商等进行认证并公之于众。1988年5月，日本政府对以往的社会福利以及医疗事业团体法进行了修订，对民间兴建或经营的具有医疗、看护功能的福利设施提供低息或免息贷款，同时在税收上给予优惠。修改法案公布后，养老服务业得到了蓬勃发展。同时，随着老年人社会保障机制的成熟以及老年人经济实力的增强，老年人开始追求更高层次的精神生活和物质享受。1994年，日本老年人口比例超过14%，正式迎来了“老龄社会”。同年3月，老年社会福利展望恳谈会发表了《21世纪福利展望》，提出应建立尊重老人意愿的以自立为目的的利用型体系。同年12月，日本修订“黄金计划”，出台了《高龄者保健福利推进十年战略》（“新黄金计划”）。新计划的主要内容有：①充实地区服务；②支援老年人的自立；③综合实施痴呆症老年人对策；④促进社会参与。1999年12月，厚生省、大藏省、自治省共同制定了“今后5年老年人保健福利政策的方向”（黄金计划21）。其基本方针为：树立充满活力的老年人形象；维护老年人的尊严，支援自立；建设互相帮助的地区社会；提供利用者满意的服务。①

为了保证老龄服务产业可持续发展，日本政府不断改革完善法律、法规，已构建了完善的养老服务法律及政策体系，切实为养老服务业提供支持。日本国会通过的相关法律包括：《高龄者保健福利推进十年战略》《生活保护法》《国民健康保险法》《老年人福利法》《国民年金法》《介护保险法》《社会福祉士及介护福祉士法》《国民养老保险法》《关于社会福利服务基础结构改革》《老年人保健法》等，切实通过法律文件维护老年人权益，为老年人养老服务提供全方位法律支持。②

（2）实施养老保险，推进老人消费。日本是社会保障最健全、社会福利水平很高的亚洲国家。经过数十年的发展，日本形成了三个层次的养老保险制度。③

第一层次为国民年金（又称基础年金），覆盖全体国民，凡20岁以上60岁以下、在日本拥有居住权的所有居民，都必须参加国民年金保险。国民年金又分为养老年金、残障年金、寡妇年金、母子年金和遗孤年金5种。

根据《国民年金法》，所有参加保险的公民都必须缴纳保险费，在缴纳了一定年限的保险费后才能受领保险金。但对一些特殊对象，如无收入的老人、单亲家庭、残疾者、5人以下小微企业的被雇佣者等，则采用非缴费型福利年金制度，费用全部由国家负担。

---

① 田香兰．养老事业与养老产业的比较研究——以日本养老事业与养老产业为例［J］．天津大学学报（社会科学版），2010（1）：29-35．

② 孔星．老龄化视角下中国城市养老服务产业化研究——基于日本经验［J］．长沙民政职业技术学院学报，2014（9）：6-9．

③ 陈建军．日本养老产业链考察手记［EB/OL］．［2014-08-25］．http：//www.kaixian.tv/gd/2014/0825/8630020.html．

第二层次是与就业收入相关联的雇员年金，按照参加者职业的不同，又可分为厚生年金和共济年金。其中，覆盖5人以上的私营企业职工的年金称为厚生年金，而国家公务员、地方公务员、公营企业员工、农林渔团体雇员、私立学校教职员工参加的年金则统称为共济年金。截至2008年年底，厚生年金参加者为3 379万，共济年金参加者为457万。凡是参加第二层次者全部自动参加第一层次国民年金。

第三层次是可以任意参加的养老保险，主要是私人部门经营管理者的职业养老金或公司养老金，包括厚生年金基金、适格退职年金、国民年金基金等，参加的条件是已参加了第一、第二层次的养老保险。至2008年年底，厚生年金基金参加者为525万。

第一、第二层次的养老保险均由政府来运营并且带有强制色彩，人们通常称为公共养老保险金；第三层次的养老保险可由企业自主运营、公民自主参加，因而被称为非公共养老保险金。这样“三层并行”的基本机制，保证了全体国民都可以找到适合自己需要的基本养老保障。

日本政府通过建立全方位多层次的养老保险制度，确保老年人具备一定的消费能力，从而刺激养老服务产业可持续发展。

（3）培育专业人才，规范职业资格制度。美国学者法利认为，社会工作从诸多职业种类中脱颖而出是由于社会需要有受过专业培训的人员来提供社会服务。社会实践经验表明，帮助解决个人及社会问题的工作需由具备专业能力、严格遵从责任制要求的人员担当。[①]介护福祉士由多种人才构成。有些需求者同时患有多种疾病，需要综合治疗和护理，这就要求护理人员有全面的知识；有些需求者希望了解当地的福利和医疗服务信息；有些需求者病情严重，需要专业的医疗看护；有些需求者只需要日常生活照顾；有些需求者则身体有障碍，进食、个人清洁、排便等都需要照顾。各种各样的需求就要求护理人员的多样化，在多个领域支援有需求的老年人。[②]

日本政府重视养老服务业的行业指导作用，先后颁布了多项法律、法规，针对养老服务人员进行培训和资格考试，养老服务人员的培训资金由政府与企业共同负担；培育专业化的养老服务经营管理机构，提高从业人员的照护服务水平。日本从事养老服务的专业人才包括以下三类：

①介护福祉士。1987年制定了《社会福祉士及介护福祉士法》后产生了“介护福祉士”一职，只有获得“介护福祉士”职业资格才可以从事相关服务工作。法律规定，介护福祉士的工作主要针对“饮食、洗澡、排便”等身体护理。2007年12月，厚生劳动省又修改为“使用介护福祉士的名称，需要掌握专门的知识和技术，对身体或精神上有障碍的人的身心进行护理，以及对本人和看护人员的护理知识进行指导”。工作内容修改以后，介护福祉士不仅要提供身体护理，还要在心理、社会、日常生活等方面向有需求者提供广泛的援助。[③]

②家庭介护员。其工作包括上门访问在家生活的残疾人或老年人，在其饮食、

① 日本健康保险组合联合会．社会保障年鉴2008年版［M］．东京：东洋经济新报社，2008：10.
② 王磊，林森，赵晔．日本介护保险制度改革及其启示［J］．地方财政研究，2013（5）：75-79.
③ 日本社会福祉士养成讲座编集委员会．高龄者支援和介护保险制度［M］．东京：中央法规出版株式会社，2009：10.

洗澡等日常生活方面提供援助，也包括打扫、帮助其购物等。家庭介护员需要进入都道府县知事指定的研修班学习期满，将证书上交给相关部门后方可上岗。

③看护师。根据《保健师助产师看护师法》第5条，“看护师执照由厚生劳动大臣颁发，看护师的工作主要是对伤病人或产妇在疗养方面给予照顾或者提供辅助诊疗，即“疗养上的照顾”和“诊疗的辅助”。“诊疗的辅助”需要按照医生的指示完成。“疗养上的照顾”同介护福祉士的工作内容重复，因此，双方积极的合作是很必要的。

此外，日本还有社会福祉士、介护支援专门员、理学疗法士、作业疗法士、言语听觉士等专业人才。这些专业人才多方面合作，更全面、更好地对各类老年人提供专业服务。

2.日本的养老服务体系

（1）居家养老。日本社会一直深受儒家文化的影响，因此居家养老成为日本社会养老服务体系的根本，并建立起居家养老服务的社会支援体系。2000年日本开始实施的“介护保险制度”提出，要重视居家养老介护服务，“目标就是让高龄者尽可能在自己家里、在已经住惯的社区养老，整个社会养老服务体系要为此提供支援”。日本构建的居家养老服务体系主要有以下三个特点：

第一，以居家养老为核心，提供多种选择的养老服务。日本介护保险制度的基本目标即“对高龄者的养老介护服务提供社会性支援”、“让高龄者自身来选择不同的养老服务”和“重视居家养老介护服务”，使每一个高龄者都能就近享受到应有的养老服务。值得注意的是，与以前高龄者只能接受行政机构的安排相比，现在的新制度提出以合同的方式、遵循高龄者的实际意愿来决定和选择何种介护服务，并提供达40多项的服务类型，无疑是养老介护服务内容的又一创新之举。

第二，居家养老配备专业的“家访护理员”。为保证介护服务的质量和满意度，日本政府采用科学的手法提供居家养老服务，通过专业培训、资格认证，建立介护专业人才教育培育体系。拥有专业资格的“家访护理员”和“家访看护师”为高龄者提供24小时的上门服务。

第三，建立居家养老支援中心。日本相关法律规定，地方政府必须根据社区人口规模设立相应的“基干型居家养老支援中心”和“社区型居家养老支援中心”。通过社会福祉士、看护师、保健士等专业人员为本社区的居家老人提供综合性、持续性的介护服务，如评价高龄者的身心状况和服务需求，搜集社区居家养老信息，指导和帮助制订居家养老服务计划等。2006年，各地方政府在此基础上，利用特种车辆进行上门服务，开展了一系列“地区亲密型养老服务”的社会养老支援。由此可见，日本的居家养老服务不仅方便老年人的日常生活，更体现了制度的创新和与时俱进，其服务内容的多样化和贴近老年人的产品种类可供中国居家养老业界重点参考。①

（2）社区养老服务。日本的社区养老服务工作由市政府设立的社会部全面负

---

① 李蕾．我国居家养老服务现状及完善路径研究——基于日本和英国成功经验［J］．长沙民政职业技术学院学报，2014（6）：9-12.

责，社会部下分设福利计划科、社会福利科、老人福利科、保险医疗科、老人之家等，全面掌握市内各区域老年人的健康状况、经济状况、日常活动情况等资料。在相关政策和法规的保障下，社区充分利用社会资金、资源、人才，汇集各方力量，向老年人提供福利、保健、医疗等综合性服务，以满足不同身体状况的老年人的需要，帮助老年人健康、愉快地度过晚年生活，提高他们的生活质量，解除年轻人的后顾之忧。

①上门服务，是指不同类型的社区服务人员，如医生、护士、康复师和家庭服务员等，到老人家中提供多项服务：照料老年人的日常生活，如进餐、洗澡、理发、换衣、排泄等；帮助做家务，如做饭、清扫或帮助老人在室内移动；定期上门了解患病老人的病因，观察其病情，发现问题及时与医院联系会诊；到老人家中进行诊疗护理，为其换药、输液、注射等；对老人及其家属给予用药、营养、康复训练等方面的指导。

②日托服务，即白天将住在家中的老人（主要是65岁以上行动不便、身体虚弱或患有身体障碍或精神障碍而难以进行日常生活的老人）接到老年护理中心、福利中心等机构，为其提供洗浴、就餐服务，对其进行生活或心理指导、健康检查、功能训练，组织兴趣小组开展娱乐活动等，晚饭后则派车送他们回家。

③短期托付服务，即针对65岁以上的老人，在其护理者因疾病及其他原因暂时无法进行居家护理时，短时间（原则上期限为1天至3个月）内让他们入住设施，并组织生活协助、健康娱乐、康复修养、交流谈心等活动；为长期住院的老人在出院回家之前做过渡准备而提供短期护理服务，为临终前的老人提供静养关怀服务。

④长期服务，指社区为老人提供超过3个月以上的服务。对于因身体、精神上有明显障碍，缺乏生活自理能力，需要长期照看而家庭照料又存在困难的65岁以上老年人，由社区的一些老年设施照顾其饮食起居，组织各项娱乐活动，并对其进行身体检查、功能锻炼、心理健康和生活护理等方面的指导等。

⑤老年保健的咨询和指导服务。对每位60岁以上的老人发放一本健康手册，详细记录老人的健康状况及检查情况；定期为老人进行健康体检，以利于及时发现和治疗疾病；定期举办各种学习班，普及糖尿病、高血脂、心脏病等疾病的预防及简单护理知识和技能等；定期为肢体活动受限的老年病人举办肢体功能恢复培训班，指导他们进行肢体功能的锻炼。1992年日本开始在各都道府县建立老年人综合咨询中心，24小时提供咨询服务，解答老年人及其家属所关心的保健、医疗等问题。各社区的保健所还通过设立健康热线电话和专人接待等措施，开展健康咨询和指导工作。

⑥建立“老人俱乐部”。为发挥老人的经验与才智，鼓励他们积极参加各种社会活动，建立了“老人俱乐部”。截至1989年3月底，全国已建成“老人俱乐部”130 411个，会员达到838万人，60岁以上的高龄者43%以上都加入了这种俱乐部。为了保障“老人俱乐部”的不断发展，日本政府在中央层面建立了“长寿社会开发中心”，在都道府县建立了“光明的长寿社会促进机构”。这些机构的主要任务是提升国民对老年人参加社会活动的认识；建立各种组织，开展老年人体育活动，增强

其体质；培养组织老年人社会活动的领导人；树立综合开展老年人体育活动与其他保健活动的模范市町。[①]

此外，作为社区服务提供主体的市町村，为长期卧床、低收入老人无偿发放各种生活用具或护理用具，如尿不湿、呼吸机、体位变换器、浴缸等。

这些多元化的服务由许多规模、形式不同的社区老人保健福利机构提供，包括老人家庭护理站、老年人保健服务所、老年人日托服务中心、收容痴呆老人的生活小组或收容5～8名老年痴呆症患者的家庭型养老院、老人护理中心、老年福利中心、老年病医院、老人公寓、老人之家等。其中，老人护理中心是集住院、康复、娱乐于一体的机构。中心环境幽雅、生活设施齐全，经过专业培训的护理人员服务技术娴熟，职业道德良好，使入住的老人有宾至如归之感。老人之家分为特别护理老人之家、护理老人之家、低收费老人之家和收费老人之家，分别收治身体、家庭、经济等状况不同的老人。如特别护理老人之家主要收治65岁以上、在身体上或精神上有严重障碍、需要日常看护而又没有条件接受居家看护的老年人。这些社区养老机构由日本各级政府、政府资助下的民间组织、民间企业、财团法人或个人（保健护士等）开设，为社区老人提供无偿或按国家标准收费的服务。

当然，日本的社区老年服务并非尽善尽美，专业护理人员存在较大的缺口，老人之家和老年福利中心等远不能满足人们的需要，老年福利保健机构的服务质量有待提高，老年社区服务的方式与效率仍需进一步完善。得到日本政府大力支持和法律保障的老年服务业，以社区为依托，提供多样化的服务模式，使老年人在不脱离家庭与熟悉的社区环境的情况下，接受不同类型的照顾与服务，能够安度晚年，过上正常和积极的老年生活；同时也保障了老人的合法权益，减轻了老人家属在照顾方面的压力，促进了经济与社会的协调发展。[②]

（3）养老福利设施。老年人福利设施是考虑到那些在家生活困难、不能自理的老人的需要，代替家人照顾他们的日常起居而创建的机构。这些福利设施随着2000年《介护保险法》的施行而提供了各种新的服务。[③]

日本《介护保险法》赋予老年人对养老服务提供者的选择权，促进了养老服务市场竞争格局的形成。到2008年，日本共有养老服务设施4.3万家，其中政府负责管理的只有3 700家。除了社会福利法人和医疗法人等非营利机构提供养老服务外，大量营利机构进入社区护理领域。到2010年年初，日本共有社区护理机构3 400家，床位17.6万张，较2005年增加了4倍。同时，日本建立了完善的有关养老服务设施、设备、服务、人员配备和日常管理等标准，引入第三方评估，对养老服务设施进行有效监管，并向社会公示。当老人需要长期护理而自己没有支付能力或支付能力不足时，可先由护理保险金来支付服务费用，护理保险的这种“补需”方式，刺激了老年人的服务需求，促进了养老服务市场的繁荣。

养老福利设施分为利用型和居住型两种。利用型养老福利设施包括老年人日托机构（老年人日间服务中心、老年人日间护理中心）、公共利用设施（老年人休闲

① 阎东彬．日本社区老年服务制度对我国的借鉴［J］．改革与开放，2008（8）：26-27.
② 张莉清．日本的社区老年服务［J］．当代世界，2007（10）：61-62.
③ 于潇，赵毅博．日本介护保险制度下的老年护理服务介绍［J］．人口学刊，2014（3）：29-30.

活动之家、老年人福利中心、老年人修养之家）、护理支持设施（地区老年人支持中心、在家护理支持中心、老年人访问看护站、助手站）和其他设施（老年人短期入住设施、小规模多功能型住宅护理事务所）。①这些设施主要与社区养老服务相衔接和融合，支撑起社区养老服务的一片天空。

根据《老年人福利法》，居住型养老福利设施分为三大类，即养护老人院、疗养型老人院、特别养护老人院。

①养护老人院。其历史可以从养老院开始追溯。1929年救护法制定以后，养老院成为政府的救护设施；第二次世界大战后，日本制定了《生活保护法》，养老设施又改为生活保护设施。直到1963年《老年人福利法》制定以后，才成为今天的养护老人院。

养护老人院是针对65岁以上，由于身体、精神或者环境、经济等原因在家无法接受养护的老人，使他们入院保健、接受看护的一种设施。其定员必须是50人以上，如果和特别养护老人院合并，定员也要在20人以上。费用由被看护者及其家人支付。1976年国家提出不再新建养护老人院后，设施数量停滞不前，目前只有900余家。

②疗养型老人院。自1961年起，疗养型老人院一直是日本国库补助的收费型老人院，直到《老年人福利法》制定以后才成为老年人福利设施。与养护老人院的不同之处是，二者收益程度不同。疗养型老人院的收益比养护老人院多，但比收费老人院少。

疗养型老人院分为A型、B型、老人之家三种。A型是疗养型老人院的原型，同养护老人院的服务相同，提供饮食、保健服务。B型是针对那些不需要看护的老年人，作为住宅来使用的设施，老人可以自己做饭。老人之家以那些身体机能低下、独立生活困难、想自己独居的老人为对象，提供饮食服务。疗养型老人院的服务对象均为60岁以上的老人，且以合约的形式使用。养护老人院和疗养型老人院最主要的不同是居住条件。养护老人院是多人合住一室，而疗养型老人院的三种类型都是每人单间独住，不收费或收取较低的费用。

③特别养护老人院。它是根据《老年人福利法》创建，以身体或精神上有明显障碍需要经常看护、不能独自居住的65岁以上老人为对象，以入院后进行看护为目的的设施。日本1971年颁布了“社会福祉设施紧急整备5年计划”后，以此为契机，特别养护老人院的整备迅速发展。到了1999年已经创建特别养护老人院4 000多所，可容纳28万余人。该类老人院对需求者及其家属必须说明责任和义务，入院后不只提供单纯的日常护理，也会为老年人安心舒适的生活提供必要的服务。具体包括为每位老人制订不同的护理计划以及提供高质量的护理服务。特别养护老人院提供的护理服务是以介护福利为中心的24小时专门护理，代替了家庭成为老人生活的主场。

该类老人院里有各方面的专职人员，提供健康管理、营养管理和休闲娱乐、康

① 马卫东. 日本老年设施的类型及案例介绍［EB/OL］.［2014-04-21］. http：//wenku.baidu.com/link?url=Bj8_OMhYS7vreL4KTy54DoPjv69KoElywXiFKP83ofAojgljQsKs8KL6UovxgxGox4CzoD5Dw3VLNNQjTk7yaeR0Wdh_Ks8xd3ecKu6XI2_.

复训练等综合的、全方位的护理服务。介护保险制度实施以来，特别养护老人院的入住人数逐年增加，根据需求者对居住环境的意见和要求，单人间越来越多，当然也会征收相应的入住费用。同时，为了提高生活质量，老人院也会根据情况按照护理专业知识和技术进行个别护理。

根据厚生劳动省“身体障碍者实态调查”的统计，日本65岁以上有身体障碍的人数逐年增加，赴专门机构疗养的身体障碍者中，最多的是入住介护老人福利设施，大约40 000人；其次是入住介护老年保健设施，约285 000人；入住收费老人院的约29 000人；其他人入住身体障碍者援护机构或疗养机构。

根据总务省统计局的资料，到2011年，日本特别养老院有1 731所，定员127 233人；疗养院有944所，定员68 848人。近年来需求不断增加，疗养院数量和入院定员数都成倍增长。

一些已经结束治疗的老年人，虽然已经不需要继续在医院接受治疗，但经常以各种借口推迟出院。其原因主要是家人忙于工作没有时间护理，无法照顾老人的日常生活，或者家庭住宅面积小、房间狭窄、台阶多、居住环境差。而老年福利机构少，入住困难，因此造成医院床位紧张，不但影响了医院的收入，也增加了政府医疗费用的负担。这也是近年来老年福利机构越来越多的原因之一。

除了以上介绍的养老福利设施外，日本还建有很多收费型养老院，满足老年人多样化的养老需求。例如，日本大型家电厂商松下在东京、大阪等地经营着多家养老院。2001年12月，松下全资创办的第一家收费型养老院“真心香里园”在大阪开张，虽然价格较贵，半年间申请入住的老人还是超过了106人的定员。

“真心香里园”很像一栋高级公寓，和普通养老院的最大不同是，这里充分运用了数字技术，老人们的一举一动都会受到关照。

比如，每一位老人都会佩戴一个“定位仪”，拇指粗细，无论走到哪儿，控制中心都能找到老人。如果老人遇到危险，只要一摁按钮，护理人员马上就能赶到。

在房间里，老人的床脚处装有一个探测器，如果老人夜晚不慎掉下床，探测器会自动报警，通知控制中心。床单夹层中也有探测器，探知老人是否大小便失禁、床单浸湿。厕所里，马桶盖和马桶座专门漆成不同颜色，防止老人弄错，如厕时间如果过长或有异常反应，头顶上的探测器会智能分辨，通知控制中心。老人抬手可及之处有一个拉环，一旦有需要可直接呼叫。

房间的书桌上放着一台传真机大小的液晶显示器，机器右上方装着一个摄像头，这是一个远程医疗终端。只需触动液晶画面，老人就可进行简单的自我测试，如量血压、测脉搏等。测量的数据会自动记录在机器内，一摁发送键，数据就发送到了医疗中心，那里的医生看完报告后，可以和老人通过可视电话通话。

“真心香里园”的收费并不便宜，标准价格是初始入住缴纳1 800万日元（约合108万元人民币），以后每月缴纳25万日元（约1.5万元人民币），一直到老人去世，医疗费、个人消费、理发等费用另算。尽管价格如此高，床位依然供不应求。[①]

① 陈建军. 日本养老产业链考察手记［EB/OL］.［2014-08-25］. http://www.kaixian.tv/gd/2014/0825/8630020.html.

(4) 其他福利组织[①]。

①社会福利协议会（社协）：是根据不同地区提供不同养老服务和以推进社会福利事业为目的的非营利性民间组织，是以1951年制定的《社会福利事业法》为基础设置的机构。社协提供的相关服务包括：提供交流场所，构建当地居民网，根据《介护保险法》提供上门护理（家庭服务员）、进食、个人清洁服务等方面的生活支援，以及对残疾人的生活支援等。

社协有以下4种：全国社会福利协议会（全社协：负责社会福利活动的研究、建议、普及等）；都道府县社会福利协议会（都道府县社协：从各地的不同角度推广必要的社会福利活动）；政府指令城市（简称“政令市”）社会福利协议会（政府指令城市社协：推进地区社会福利活动的组织）；市町村社会福利协议会（市町村社协：同一地区社会福利活动的组织）。

②农业协同组合（农协）：主要是农业者（农民及小规模的农业法人）组织的协同组合。全国农业协同组合中央会（全农）组织的农协集团（综合农协）称作JA。其负责护理生活不能自理的老人，保全老人的临终尊严等。至今农协在全国建立的上门护理机构和日间护理机构、福利用具租借机构等超过360处。

③生活协同组合（生协）：是根据《消费生活协同组合法》成立的，是为了居住在同一地区的人或者同一公司的人生活的安定和丰富其文化娱乐生活，大家互相帮助、自发组织的非营利性团体。生协也提供制订护理计划、上门护理、日间服务、福利用具的租借等小规模多功能服务。

④NPO（Non-Profit Organization）：对社会的贡献日趋显著。NPO在社会福利方面开展最多的活动是社会保健、医疗和福利。

⑤共同募捐：为了推进民间社会福利事业，各都道府县都组织了共同募捐会。共同募捐会听取社协的意见，把募捐活动推广到各地。各都道府县从每年12月1日起发起“岁末互助募捐”活动。筹集来的资金主要用于老年人和残疾人的福利以及地区福利活动的推进。

3. 日本养老服务业人才的培养

快速发展的人口老龄化给日本经济和社会政策带来了巨大的挑战。日本政府通过社会养老服务体系的构建和行之有效的介护服务人才培养战略较好地解决了人口老龄化带来的各种矛盾，为我国构建社会养老服务体系提供了许多有益的经验和启示[②]。

(1) 日本养老服务人才的类型。目前，日本养老服务人才大致可划分为四种类型，即日常起居照料人员、各方统筹协调人员、医疗服务人员、高龄者居住环境改善人员。日常起居照料人员负责失能高龄者的就餐、洗浴、排泄及其他生活方面的照护，主要由介护福祉士与访问介护员组成。介护福祉士是通过国家资格认证的高度专业养老服务人才；而访问介护员是指完成各都道府县“访问介护员培养研修”

① 于潇，赵毅博. 日本介护保险制度下的老年护理服务介绍［J］. 人口学刊，2014（3）：25-32.
② 曹永红，丁建定. 日本社会养老服务体系发展及介护服务人才培养镜像［J］. 中国社会工作，2018（6）：56-57.

课程学习的人员，专业性相对较低，只从事居家型养老服务工作。各方统筹协调人员负责老年人的福祉咨询与护理方案建议，并联络各方开展协调协商活动，主要由社会福祉士与介护支援专门员组成。社会福祉士同介护福祉士一样，是通过国家资格认证的高度专业社会服务人才，为国民提供医疗、福祉、教育、行政等方面的咨询、指导、援助等服务。而介护支援专门员主要根据介护保险制度，为需要支援、介护的老人设计介护服务资金安排计划，也被称作"护理经理"（Care Manager）。医疗服务人员是为失能高龄者提供医疗服务的专业人员，包括精神保健福祉士、理学疗法士、作业疗法士、言语听觉士、保健师、看护师等人员。精神保健福祉士是对患有精神障碍的病人及其家属提供咨询援助的福祉工作人员；理学疗法士、作业疗法士、言语听觉士、保健师等从不同专业角度为失能高龄者提供医疗康复服务；看护师则辅助各专业医师开展服务工作。高龄者居住环境改善人员指的是针对高龄者日常生活需要，提供住宅改修建议与制订方案的福祉住房环境协调员。

这四类专业人员为老年人日常生活提供全方位支援，为应对人口老龄化打下了较为坚实的基础。其中，介护福祉士与社会福祉士作为养老服务行业的主力军，承担了重要的责任。日本厚生劳动省2007年颁布的《社会福祉士及介护福祉士法修订案》对这两种国家资格专业人员做了如下定义：社会福祉士是指掌握专业知识和技术，为身体、精神上存在问题或因为环境上的原因而无法进行正常生活的人提供咨询、建议、指导和援助服务，并负责与医生或提供保健医疗服务的人员进行联络，以及实施其他相关援助的专职人员；介护福祉士是指掌握专业知识和技术，对身体或精神上有障碍而不能进行正常生活的人进行与身心状态相适应的护理，并对被护理者及其看护人进行护理指导的专职人员。

由此可知，面向有照护需求的老年人，社会福祉士一方面要提供医疗、护理保险、退休金等相关咨询服务，指导老年人选择合理的照护方式；另一方面要在老年人与护理机构之间起桥梁作用，促进各方的协调协商。而介护福祉士则在日常生活中提供具体的照护服务。两类专业人员共同合作，完成从福祉咨询到护理实施的一系列服务。①

（2）日本养老人才队伍建设发展的历程。日本的养老人才队伍建设始于20世纪70年代，可以分为四个阶段。②

①起步阶段（1970—1980年）。1970年，日本65岁以上老龄人口达到730万人，占总人口的7%，开始进入人口老龄化时代。而同期65岁以上人口入住养老机构的比例仅为1%（1969年）。照护老人的多为没有接受过专业培训的30岁以上女性。除一些需照护程度较高的特别养老院的老人与照护人员的比例能够达到5∶1以外，大多数养老院二者的比例都在20∶1～25∶1，养老机构及养老人才紧缺状况比较突出。为此，1971年日本政府颁布了"社会福祉设施紧急整备5年计划"。该计划的实施，使养老机构总数和专业人才队伍都有了很大改善。到20世纪70年代末期，日本养老机构入住人数增长20倍，养老人才增长3.6倍。

②向专业化发展阶段（1980—1990年）。进入20世纪80年代以后，日本的养

① 林杰，陈星玲．日本养老服务专门人才教育体系探析［J］．比较教育研究，2018（6）：90-98.
② 康越．日本养老人才队伍建设简析［J］．中央民族大学学报（哲学社会科学版），2013（3）：58-62.

老需求和养老设施类型趋向多样化，对养老人才专业能力也提出了更高的要求。新的需求不仅促使20世纪80年代以后设置相关专业的高校增多，同时也促使日本政府开始实施专业资格认证。1987年日本政府颁布《社会福祉士及介护福祉士法》，并从1989年开始实施国家资格认证考试。社会福祉士和介护福祉士这两种国家认证资格的诞生，标志着日本养老人才队伍建设向专业化方向迈进。

③机构养老向居家服务延伸并逐步法制化阶段（1990—2000年）。1990年日本政府对与社会福祉相关的八大法进行了修订，其核心内容是将居家服务法定化。其要求各地方政府必须制订老人福祉计划，落实老人福祉相关事宜。八大法的修订使养老人才队伍建设由原来的主要以机构服务为主向居家服务延伸。1993年日本政府出台了《福祉人才确保法》，提出在保证人才总量与市场需求之间平衡的同时，确保服务质量。相关培训工作日益受到重视，先后建立了中央福祉人才中心、中央福祉学院、都道府福祉人才中心，形成了从中央到地方的全方位培训体系。

④快速发展阶段（2000年至今）。2000年日本政府出台了《介护保险法》，规定参加护理保险的人年满65周岁，在达到法定需要护理或生活援助标准之后，可自由选择所需的护理服务，与服务提供者签约后即可享受护理服务。随着服务内容、形式、主体的增加，日本各地区养老事业呈现出较快的发展态势。据统计，在新政策的直接推动下，接受各类服务的老年人口由2000年的149万人增加到了2009年的384万人。其中，接受机构养老服务的由2000年的52万人增加到2010年的85万人，接受居家服务的由2000年的97万人增加到2010年的320万人，翻了3番多，发展尤为突出。适应这一社会需求，各类养老人才总量快速增长，获得社会福祉士资格的人数从2001年的29 979人增加到了2010年的134 066人，增加了近4.5倍；获得介护福祉士资格的人数从255 953人增加到了898 429人，增加了3.5倍。

（3）日本的养老服务业人才培养体制。日本自20世纪70年代起开始将养老服务业人才培养列为养老体系建构的重要内容，并根据国家和社会的发展需求对人才培养体制进行了适当的改革。目前，日本已经建构起比较完善的养老服务业人才培养体制，对应对人口老龄化奠定了良好的基础。日本养老服务业人才培养体制具有如下特征：

①政府积极主导养老服务业人才培养。如前所述，为促进养老人才队伍的发展，自20世纪70年代起，日本政府出台了一系列相关法律、法规，并根据不同时期人口老龄化的特点不断调整专业人才培养的方向和措施，使专业人才的培养日趋合理。为增强养老服务专业人才的后备力量，日本地方政府积极鼓励年轻人参加社会福祉士和介护福祉士的专业资格考试。例如，为了缓解养老服务专业人才的求学压力和生活压力，日本东京都向正在学校学习的未来养老服务专业人才提供包括20万日元学费和5万日元生活费在内的助学贷款，并免除这些贷款的利息，使学生能够安心学习的同时对养老服务专业产生浓厚的兴趣。这些举措为暂无收入或收入较低的学生顺利完成学业并获取专业资格，以及投身老年福祉相关工作提供了一定的保障。可以说，政府通过法律和政策发挥主导作用，是日本养老人才队伍建设与

发展的重要基础。[①]

②明确养老服务业人才的培养目标。1987年《社会福祉士与介护福祉士法》颁布后，日本厚生省便着手编写教学大纲，推动介护福祉士与社会福祉士教育的正规化。福祉士培养教学大纲在2000年与2007年经过了两次大幅度调整，当前日本养老服务专业人才培养的指导性纲领为厚生劳动省于2007年颁布的《关于介护福祉士培养课程中教育内容等的修订》与《关于社会福祉士培养课程中教育内容等的修订》。其内容聚焦于职业伦理、专业知识与技能、合作与交流能力三大方面，对介护福祉士与社会福祉士的培养目标做出了清晰的定位（详见表4-4）[②]。日本介护福祉士与社会福祉士清晰的培养目标，是日本养老服务业人才教育体系建设与发展的基础。

表4-4　**社会福祉士与介护福祉士培养目标**

目标 职种	职业伦理	专业知识与技能	合作与交流能力
社会福祉士	形成作为专门职业者的高度自觉，确立伦理观念，能够设身处地地从被服务者的角度出发开展实践活动	1.掌握提供综合性的全方位服务所必需的专业知识，能够自如应对福祉咨询； 2.掌握防范虐待、援助救治、保障权利、防止孤立、创造生存价值、维持健康等相关服务所需的基础知识； 3.能够从自立支援的视角出发，提供合适的服务选项，以供咨询者参考； 4.把握所在地区的福祉需求，完善现存的服务不足的方面	掌握沟通、联络各个服务行业的技术，以形成服务网络
介护福祉士	1.能与他人产生共鸣，能设身处地地为他人着想； 2.形成以尊重人权为核心的职业伦理观	1.掌握不同护理方式的通用基础知识和技能； 2.深刻理解护理实践的科学根据； 3.理解为什么要激发并调动被护理者的潜在能力； 4.对与介护相关的社会保障制度以及政府政策有一定认识； 5.为了使被护理者尽量在熟悉的环境中生活，要准确地了解每一位被护理者的生活状态，重视他们的自立能力，掌握综合的、有计划性的服务能力； 6.拥有准确记录和记述的能力	1.形成被护理者本位思想，理解多职业领域协作以及团体合作的必要性，以提供更好的服务； 2.拥有流畅的沟通交流能力； 3.理解其他相关职业的作用，培养跨行业团队策划能力

① 康越．日本养老人才队伍建设简析［J］．中央民族大学学报（哲学社会科学版），2013（3）：58-62．
② 林杰，陈星玲．日本养老服务专门人才教育体系探析［J］．比较教育研究，2018（6）：90-98．

③完备的养老服务专业人才培养课程。20世纪80年代起，随着日本人口高龄化程度的不断提高，养老服务专业开始受到社会各界的广泛关注，各高等院校也纷纷依据社会对此类专业人才的需求状况开设了相关专业课程。到目前为止，日本开设养老服务专业类课程的高等院校共有355所，其中包括27所公立大学、120所专门学校以及208所私立大学。从纵向延伸方面看，日本开设此类课程的高等院校可谓层次多种多样，既包括研究生和本科层次，又包括函授层次。其满足了日本社会对养老服务专业人才的多样化需求。从课程结构看，日本养老服务专业人才培养课程主要由人类和社会、介护、身体和心灵的构造三大部分构成。其中，人类和社会的教育内容包括人类的尊严和自立、人际关系和交流、社会的理解等，要求达到240课时；介护的教育内容包括介护基础、交流技术、生活支援技术、介护过程、介护综合演习、介护实习等，要求达到1 260课时；身体和心灵的构造教育内容包括对老化的理解、对认知症的理解、对障碍的理解、身体和心灵的构造等，要求达到300课时。上述教育内容分别以必修和选修课程的形式出现，实习内容和相关教师的资格等也要符合国家相关法律、法规的要求。[①]

④完善的职业资格认证体系。为保证养老服务专业人才质量能够达到一定标准，推动养老服务专业人才培养质量的不断提升以及职业活动的正规化，日本自20世纪80年代末期开始建构养老服务专业人才职业资格认证体系，先后建立了社会福祉士、介护福祉士、精神保健福祉士认证资格，被统称为福祉领域三大国家认证资格。这三项考试均由日本政府委托的财团法人——社会福祉振兴考试中心组织实施。依据日本厚生劳动省的规定，社会福祉振兴考试中心必须成立由符合厚生劳动省规定的人员构成的三大考试委员会。委员的选任、变更和解聘有严格要求，并且必须通过厚生劳动省的批准。[②]考试内容涉及专业领域较多，社会福祉士的考试包括人体构造和机能以及疾病、心理学理论和心理支援等19个科目；介护福祉士的考试包括人类的尊严和自立、介护基础等11个科目；精神保健福祉士的考试包括精神医学、精神保健学和社会福祉原论等17个科目。

⑤完善的养老服务人才职业培训体系。日本在终身学习思想以及社会对养老服务专业人才的要求不断提升的背景下，建立了比较健全的养老服务人才职业培训体系。该体系在保障养老服务人才技术能力不断提升的同时，也缓解了社会中高层次养老服务专业人才不足的状况。日本养老服务人才职业培训体系由国家层面和地方层面两大部分组成。其中，国家层面由中央福祉人才中心负责实施，实施的主要内容包括都道府县人才中心业务的联络调整、人才供给信息的收集和提供、都道府县人才确保人员的研修、社会福祉事业从事人员的研修以及都道府县人才中心业务的宣传等；地方层面由都道府县人才中心负责实施，实施的主要内容包括福祉人才的免费职业介绍、希望就职到福祉岗位的说明会和讲习会、经营者的人才确保以及调查研究、宣传等。国家和地方两个层面的人才服务机构覆盖了日本全国，形成了从中央到地方立体交叉的养老服务人才职业培训体系。[③]为确保福祉人才的质量，自

---

① 姜茉然．日本养老服务专业人才培养体制特征及启示论略［J］．戏剧之家，2016（7）：236-237.
② 康越．日本养老人才队伍建设简析［J］．中央民族大学学报（哲学社会科学版），2013（3）：58-62.
③ 姜茉然．日本养老服务专业人才培养体制特征及启示论略［J］．戏剧之家，2016（7）：236-237.

2002年起，日本政府规定所有从事相关教学工作的教员，必须完成累计300小时以上的在职培训。另外，日本政府指定国立保健医疗科学院专门负责各级政府福祉部门行政人员的培训。一线教育工作人员和政府职能部门人员的培训，对保证教学质量和提高政府部门的工作效率起到了良好的促进作用。健全的职业培训体系，极大地推动了人才队伍整体素质的提高。

针对我国人口老龄化的趋势和特点，我们可以借鉴日本先进的养老服务业人才培养经验，建立和完善老年护理人才的培养体系，不断提高老年护理人才的素质，从而提高老人的生存质量，最终实现我国人口的健康老龄化。

第五章　养老服务业人才吸引力提升对策研究

良禽择木而栖，贤臣择主而事。士为知己者死，女为悦己者容。

——中国谚语

近年来，我国养老服务业获得了长足发展，但在取得良好成绩的同时，也存在两个不容忽视的问题：一是现有的养老服务人员数量严重不足，远低于社会需求量，高素质、高水平的专业人员尤其短缺；二是中高职院校、应用型本科院校相继开设养老服务相关专业，但招生情况不容乐观，即使做了大量招生宣传工作，仍有学校招不到学生，专业难以为继。这个看似矛盾的现象反映了一个现实问题，即养老服务业对人才的吸引力不够，从业人员供不应求且流失率高，离职、改行现象严重。因此，只有提升养老服务业的人才吸引力，才能让更多人参与其中，解决养老服务业从业人员数量不足、专业素质不高等现实问题，提高养老服务质量。

一、养老服务业人才吸引力的内涵和特征

1. 养老服务业人才吸引力的内涵

养老服务业人才吸引力包括两个客体：一是养老服务业各类企业、组织、单位（以下简称“养老机构”），二是各级各类养老服务人才。吸引力是双向的，在此只探讨其中一个单方向的吸引力，即养老机构对人才的吸引力。养老服务业人才吸引力是指养老机构通过现已拥有或能够提供的优质资源，使养老服务人才加入养老机构、向养老机构靠拢的程度和状态。

2. 养老服务业人才吸引力的特征

（1）多因性和指向性。多因性是指养老服务业人才吸引力的强弱是众多因素共

同作用的结果。这些因素既包括养老机构自身的硬件设施，也包括养老机构的软件资源。因此，提高养老服务业人才吸引力，需要考虑其多因性特征，从不同角度、多个方面进行探讨。指向性是指养老服务业人才吸引力具有明确的方向，在此我们仅探讨养老机构对人才的吸引力。不论是对外部人才的吸引力，还是对内部人才的吸引力，方向均是指向养老机构的。

（2）动态性和主动性。动态性指养老服务业人才吸引力是一个动态、变化的概念。养老服务业人才吸引力不是固定不变的，当主要影响因素发生变化时，它也会随之变化。由此可见，我们所研究的养老服务业人才吸引力是针对某一特定时期而言的，它明显受到时间的限制。主动性是指人才主动受养老机构的吸引而非被动吸引。若应聘人员在被迫无奈的情况下来到某养老机构工作，即使主动前来求职，也不能说是被养老机构吸引而选择加入的。因此，只有当应聘者在自由选择的情况下，积极主动地来到养老机构工作，才算是真正被养老机构吸引。

（3）针对性和差异性。这是指养老服务业要按实际需要来吸引人才。养老服务业对内部和外部人才的吸引方式各不相同。一般而言，对内部人才主要靠直接吸引，对外部人才则靠间接吸引。如果一个养老机构的招聘目的是储备后备干部，那么就不应把重点放在应聘人员的工作经验上；如果一个养老机构要招聘的是具备熟练护理技能的一线养老护理员，那么就不应把重点放在学历要求上。因此，养老服务业应按需吸引人才，不盲目追求最优人才。

二、提升养老服务业人才吸引力的意义

科学认识、评价和提升养老服务业的人才吸引力，对养老机构和养老服务业人才而言，都具有重要意义。解决当前养老服务业的人才短缺问题，关键是提高行业的人才吸引力，从而使更多具备专业知识和技能、爱岗敬业、职业道德高尚的人投身到养老服务业中。

1.解决养老服务业人才欠缺问题的必然要求

当前，养老服务业受到了各级政府的高度重视，众多优惠、扶持政策的出台使养老服务业的发展呈现出蓬勃向上的态势。然而，我们也应清晰地意识到养老机构的床位供不应求、养老服务专业人才稀缺等现实问题。据统计，全国养老护理人员需求为1 300万人，目前就业100多万人，其中持证上岗者不足4万人[①]。很多养老院招不到专业的护理人才，只能降低标准招聘农村进城务工人员或下岗失业人员。有些院校虽做了大量宣传工作，却招不来学生，即使招来了学生，也难以改变他们工作后跳槽、改行的情形。专业人才的极度匮乏已成为我国养老服务业的“软肋”。只有提高行业的人才吸引力，才能使高素质的专业人才加入。

① 孙童. 中国将建立养老人才库 养老护理人员需求大［N］. 中国日报，2015-01-29（8）.

2.有助于提升养老机构的竞争力

养老机构之间的竞争，究其本质是人才之间的竞争。对养老机构而言，要想在激烈的竞争中生存和发展，必须有与其发展相适应的优秀的人才资源；而养老机构要想拥有这些人才资源，就必须对人才拥有足够的吸引力。不管是对外部人才的吸引，还是留住内部人才，人才吸引力对养老机构而言都是至关重要的[①]。养老机构系统研究行业和自身的人才吸引力，能够明确改进方向，提高自身的竞争力。

3.为我国养老服务业发展提供智力支持

预计到21世纪中叶，我国老年人口将接近5亿峰值，老年人口的急剧增长引起了全社会的广泛关注。开展养老服务业人才吸引力及其提升对策研究，既可以促进人才培养，提高从业人员的综合素质，也可以为养老服务业发展提供一定的智力支持。

三、养老服务业人才吸引力的评价指标体系

通过构建科学、恰当的指标体系可以对养老服务业吸引人才能力的总体状况进行全面描述，为养老服务业人才队伍建设提供指导，进一步加强人才对养老服务业发展的支撑作用，同时也可为有关部门制定政策提供一定的参考依据。

1.选取评价指标的原则

选取养老服务业人才吸引力的评价指标，主要遵循以下三项原则：

（1）理论联系实际原则。应结合我国当前养老服务业发展的实际情况，对评价对象进行客观、全面的描述。

（2）科学性和实用性原则。指标应能反映评价对象（养老机构）的各构成要素，各项指标的设置应力求简练、含义明确和便于操作，最好能量化，使数据易于获取和处理。

（3）互斥性与可比性原则。各指标之间的相关性不可过高，应具备一定的互斥性。但是若各指标完全独立，就构不成有机整体，因此各指标之间应具有一定的可比性和逻辑关系。

2.评价指标体系的构成

评价指标体系由养老服务业环境和养老机构两方面因素构成，具体如图5-1所示。

（1）养老服务业环境。其包括产业发展环境、人才政策环境和区域经济环境。其中，产业发展环境主要包括产业集群规模、行业发展前景、社会协作网络等，这些因素对养老服务业人才有一定的影响。人才政策环境对人才吸引力有一定的影

---

① 王养成．企业人才吸引力及其定量评价研究［J］．工业技术经济，2006，25（12）：116-119.

响，具体包括政策内容和政策力度。区域经济环境主要包括地理区位、经济发展水平、企业经营环境、人才市场环境、创新氛围等，这些因素对养老机构集聚、发展有一定的影响。近年来，北京养老服务业加速发展，吸引了大量养老服务相关人才。例如，大连职业技术学院老年服务与管理专业自2013年以来有50%以上的毕业生在北京的各养老机构就业。

- 养老服务业人才吸引力
  - 养老服务业环境
    - 产业发展环境（产业集群规模、行业发展前景、社会协作网络）
    - 人才政策环境（政策内容、政策力度）
    - 区域经济环境（地理区位、经济发展水平、企业经营环境、人才市场环境、创新氛围）
  - 养老机构
    - 企业实力（企业规模、企业获利能力、企业市场地位）
    - 企业特征（企业性质、企业特点、企业生命周期）
    - 企业声誉（品牌形象、广告宣传、社会价值）
    - 组织激励（薪酬福利、培训开发、激励机制、发展空间）
    - 企业文化（企业理念、管理制度、企业领导、管理风格）
    - 职业价值（交往因子、义利因子、挑战因子、求新因子、成就因子、责任因子、环境因子、归属因子、体认因子、兴趣因子、创造因子）

图5-1　养老服务业人才吸引力评价指标体系图

（2）养老机构。它也是影响养老服务业人才吸引力评价指标体系的因素，包括企业实力、企业特征、企业声誉、组织激励、企业文化、职业价值等。决定养老机构实力的主要因素有企业规模、企业获利能力和企业市场地位。企业特征可以从企业性质、企业特点、企业生命周期等方面进行描述。影响养老机构声誉的主要因素有品牌形象、广告宣传、社会价值等。影响组织激励的因素主要有薪酬福利、培训开发、激励机制、发展空间等。企业文化是组织奉行并实施的价值观，包括企业理念、企业领导、管理制度和管理风格四项内容，具有营造积极气氛、凝聚士气等作用。组织激励和企业文化对内部人才的吸引力大于外部。顾雪英在《职业价值结构初探》一文中提出了职业价值的“十一因子模型”，具体包括：交往因子、义利因子、挑战因子、求新因子、成就因子、责任因子、环境因子、归属因子、体认因子、兴趣因子、创造因子①。从以上十一因子出发，提高养老服务业从业者的职业价值感，是提高养老服务业人才吸引力的重要举措之一。

四、养老服务业人才吸引力抽样调查

毋庸置疑，养老服务业的健康快速发展离不开养老服务人才的热情参与和辛勤付出。然而，近年来在养老服务业发展中有一个看似矛盾的现象引起了人们的思考，即一方面从业人员严重不足，人员流失率高，跳槽、离职、改行现象屡见不鲜，急需高素质的专业人员投身于养老服务业中；另一方面是中高职院校相继开设

① 顾雪英．职业价值结构初探［J］．心理学探新，2001，21（1）：58-63．

护理（老年护理方向）、老年服务与管理、社区康复、社会工作（老年社会工作方向）、社区管理与服务等养老服务相关专业，但招生情况却不容乐观，甚至有的学校广泛宣传、一再降分也招不满学生，自然也就难以做到培养大批高素质的养老服务人才了。这一矛盾现象表面上看是养老服务业的人才培养问题，但实际上却反映了养老服务业相关组织对人才的吸引力不够的问题。

只有提高养老服务业的人才吸引力，才能让更多的有志之士参与其中[1]。当养老服务业对各级各类养老服务人才拥有足够的吸引力时，养老服务业人才数量不足、专业素质不高等现实问题自然会迎刃而解，并能够满足老年人日益增长的各种养老需求，提高养老服务质量。为此，我们对我国养老服务业人才吸引力状况进行了抽样调查，以期能缓解或解决养老服务业人才不足问题，促进养老服务业快速发展。

1.研究对象和方法

（1）研究对象。本次调查对象为养老服务业的从业人员，为尽量避免地域、单位性质、工作岗位等因素对结果的影响，我们选取北京、南京、沈阳、大连等地不同性质的10家养老机构的工作人员进行了抽样调查。本次调查共发放问卷200份，回收有效问卷160份，有效回收率为80%；对收回的问卷进行了5%抽样核对，符合度良好。

调查样本中，男性34人（21.25%），女性126人（78.75%）；年龄分布20～30岁84人（52.50%），31～40岁23人（14.38%），41～50岁35人（21.87%），50岁以上18人（11.25%）；学历为初中及以下的36人（22.50%），高中17人（10.63%），高职或大专84人（52.50%），本科及以上23人（14.37%）；月收入2 000元以下的45人（28.13%），2 001～3 000元62人（38.75%），3 001～4 000元33人（20.62%），4 001～5 000元4人（2.50%），5 000元以上16人（10.00%）；在公立单位工作的53人（33.13%），私营单位工作的79人（49.38%），合营单位工作的15人（9.37%），其他13人（8.12%）；入行时间1年以内的55人（34.38%），1～3年60人（37.50%），3～5年15人（9.37%），5年以上30人（18.75%）；工作岗位涉及见习员工25人（15.63%）、一线护理员84人（52.50%）、前台服务人员6人（3.75%）、养老管理人员36人（22.50%）和养老后勤人员9人（5.62%）。

（2）研究方法。本研究通过自编问卷《养老服务业人才吸引力调查问卷》（见本章附录）进行调查，该问卷共25道题目，从总体评价、企业特征、企业形象、工作特征、人力资源管理制度、人才引进（流失）6个方面进行调查分析。根据李克特评分标准，每个题目均有5个选项并赋以不同分数，“非常不同意”为1分、“有些不同意”为2分、“不确定”为3分、“有些同意”为4分、“非常同意”为5分。将各项得分相加即为养老服务业人才吸引力的总分；得分越高，表明养老服务业对人才的吸引力越大，反之则养老服务业对人才的吸引力越小。利用SPSS19.0统计分析软件进行数据处理和统计分析（取置信度为95%），并得出结果。

2.养老服务业人才吸引力调查结果

本研究分析了从业人员的年龄、收入、学历等自然因素对养老服务业人才吸引力总分的影响，以及总体评价、企业特征、企业形象、工作特征、人力资源管理制度、人才引进（流失）等因素对养老服务业人才吸引力总分的作用。总体上看，目前养老服务业人才吸引力尚可，年龄、学历、收入、工作岗位等因素对养老服务业人才吸引力的主效应显著，性别、工作年限等因素对养老服务业人才吸引力的主效应不显著。

（1）年龄对养老服务业人才吸引力的影响。为考察养老服务业人才吸引力在人才年龄上的差异，本研究将所有样本分为4个年龄组：20～30岁、31～40岁、41～50岁和50岁以上，以年龄为自变量，以养老服务业人才吸引力为因变量，进行了单因素方差分析，见表5-1。结果显示，不同年龄组在养老服务业人才吸引力总分上差异显著（$F_{(3,\ 159)}=2.78$，$p<0.05$），在人力资源管理制度得分上差异显著（$F_{(3,\ 159)}=3.74$，$p<0.05$），在人才引进得分上差异显著（$F_{(3,\ 159)}=3.05$，$p<0.05$）。不同年龄组在养老服务业人才吸引力总体评价、企业特征、企业形象和工作特征得分上的差异不显著。这表明，养老服务业对不同年龄组人才的吸引力是不同的。相比较而言，这些不同年龄的养老服务业人才更注重企业的人力资源管理制度及其人才引进情况。

表5-1　**养老服务业人才吸引力年龄差异的F检验**

维度	20～30岁		31～40岁		41～50岁		50岁以上		F
	M	SD	M	SD	M	SD	M	SD	
总分	100.37	18.44	108.91	8.88	102.20	14.05	94.78	16.07	2.784*
总体评价	4.12	1.00	4.57	0.59	4.14	0.97	4.00	1.03	1.068
企业特征	12.33	2.58	13.22	1.93	13.29	1.79	12.22	2.13	2.112
企业形象	16.63	3.01	17.61	1.85	16.94	2.79	15.44	3.18	2.051
工作特征	36.54	7.47	39.65	3.64	37.97	5.75	34.94	6.83	2.181
人力资源管理制度	20.20	4.10	22.39	2.17	19.71	3.85	18.50	4.66	3.740*
人才引进	10.55	2.14	11.48	1.75	10.14	2.09	9.67	2.09	3.045*

注：*p<0.05。

（2）学历对养老服务业人才吸引力的影响。为考察养老服务业人才吸引力在人才学历上的差异，本研究将所有样本的学历水平分为4个组：初中及以下、高中、高职或大专和本科及以上。以学历水平为自变量，以养老服务业人才吸引力为因变量，进行了单因素方差分析，见表5-2。结果显示，不同学历组在养老服务业人才吸引力总分上差异显著（$F_{(3,\ 159)}=2.947$，$p<0.05$），在总体评价得分上差异显著（$F_{(3,\ 159)}=3.891$，$p<0.05$），在人力资源管理制度得分上差异显著（$F_{(3,\ 159)}=4.061$，$p<0.001$），在人才引进得分上差异显著（$F_{(3,\ 159)}=2.943$，$p<0.05$）。不同学历组在养老服务业人才吸引力的企业特征、企业形象和工作特征得分上的差异不显著。这表明，养老服务业对不同学历组人才的吸引力是不同的，他们在养老服务业人才吸引

力的总体评价、人力资源管理制度及人才引进方面存在显著差异。

表5-2 养老服务业人才吸引力学历差异的F检验

维度	初中及以下		高中		高职或大专		本科及以上		F
	M	SD	M	SD	M	SD	M	SD	
总分	97.47	14.44	102.29	15.84	100.50	18.46	109.96	7.83	2.947*
总体评价	3.83	1.03	4.47	0.717	4.14	0.98	4.61	0.66	3.891*
企业特征	12.47	2.13	13.53	1.62	12.39	2.62	13.26	1.51	1.794
企业形象	16.03	2.88	16.76	3.03	16.62	3.01	18.04	1.74	2.420
工作特征	36.28	6.20	37.35	6.05	36.59	7.47	40.17	3.61	2.002
人力资源管理制度	18.69	3.69	20.35	4.74	20.27	4.08	22.30	2.55	4.061**
人才引进	10.17	1.50	9.82	2.58	10.48	2.10	11.57	2.31	2.943*

注：* $p<0.05$，** $p<0.001$。

（3）工资收入对养老服务业人才吸引力的影响。为考察养老服务业人才吸引力在人才工资收入上的差异，本研究将所有样本的月收入分为5个组：2 000元以下、2 001～3 000元、3 001～4 000元、4 001～5 000元和5 000元以上。以工资收入为自变量，以养老服务业人才吸引力为因变量，进行了单因素方差分析，见表5-3。结果显示，不同年龄组在养老服务业人才吸引力总分上差异显著（$F_{(4, 159)}=5.679$，$p<0.001$），在总体评价（$F_{(4, 159)}=4.792$，$p<0.05$）、企业特征（$F_{(4, 159)}=3.846$，$p<0.05$）、企业形象（$F_{(4, 159)}=4.307$，$p<0.05$）、工作特征（$F_{(4, 159)}=4.312$，$p<0.05$）、人力资源管理制度（$F_{(4, 159)}=5.703$，$p<0.001$）和人才引进（$F_{(4, 159)}=4.711$，$p<0.05$）等方面的得分均差异显著。这表明，工资收入是影响养老服务业人才吸引力的一个重要因素。

表5-3 养老服务业人才吸引力工资收入差异的F检验

维度	2 000元以下		2 001～3 000元		3 001～4 000元		4 001～5 000元		5 000元以上		F
	M	SD	M	SD	M	SD	M	SD	M	SD	
总分	96.36	18.38	98.06	17.75	109.67	9.10	102.50	5.00	110.87	7.94	5.679**
总体评价	4.04	0.95	3.92	1.09	4.55	0.62	4.00	0.82	4.81	0.40	4.792*
企业特征	12.11	2.65	12.29	2.39	13.27	1.77	14.00	1.54	14.00	1.54	3.846*
企业形象	16.16	3.15	16.02	3.20	18.12	1.36	18.00	1.83	17.69	1.85	4.307*
工作特征	35.04	7.39	36.13	7.28	40.19	4.13	38.75	2.99	40.06	3.60	4.312*
人力资源管理制度	19.02	4.40	19.60	4.22	22.30	2.32	17.75	2.21	22.31	2.41	5.703**
人才引进	9.98	2.05	10.11	2.05	11.24	1.71	10.00	0.82	12.00	2.50	4.711*

注：* $p<0.05$，** $p<0.001$。

（4）单位性质对养老服务业人才吸引力的影响。为考察养老服务业人才吸引力在单位性质上的差异，本研究将所有样本所在单位的性质分为4个组：公立、私营、合营和其他。以单位性质为自变量，以养老服务业人才吸引力为因变量，进行了单因素方差分析，见表5-4。结果显示，不同单位性质组在养老服务业人才吸引力总分上差异显著（$F_{(3,159)}=2.893$，$p<0.05$），在企业特征得分上差异显著（$F_{(3,159)}=7.431$，$p<0.001$），在企业形象得分上差异显著（$F_{(3,159)}=3.647$，$p<0.05$），在工作特征得分上差异显著（$F_{(3,159)}=3.378$，$p<0.05$）。不同单位性质组在养老服务业人才吸引力的总体评价、人力资源管理制度和人才引进得分上的差异不显著。这表明，不同的单位性质对养老服务业人才的吸引力是不同的。

表5-4 **养老服务业人才吸引力单位性质差异的F检验**

维度	公立		私营		合营		其他		F
	M	SD	M	SD	M	SD	M	SD	
总分	106.11	15.96	97.95	17.53	104.20	11.45	99.54	12.76	2.893*
总体评价	4.38	0.95	4.03	0.99	4.33	0.72	4.08	0.95	1.642
企业特征	13.45	1.89	11.90	2.47	14.00	1.69	12.46	1.94	7.431**
企业形象	17.57	2.67	16.06	3.02	17.53	1.81	16.15	2.88	3.647*
工作特征	39.38	6.51	35.71	6.83	37.20	5.98	36.38	5.35	3.378*
人力资源管理制度	20.92	4.23	19.71	4.04	20.60	3.29	20.00	3.42	1.037
人才引进	10.41	1.65	10.54	2.48	10.53	1.41	10.46	2.18	0.042

注：* $p<0.05$；** $p<0.001$。

（5）工作岗位对养老服务业人才吸引力的影响。为考察养老服务业人才吸引力在工作岗位上的差异，本研究将所有样本的工作岗位分为5种：见习、一线护理员、前台服务人员、管理人员和后勤人员。以工作岗位为自变量，以养老服务业人才吸引力为因变量，进行了单因素方差分析，见表5-5。结果显示，不同工作岗位组在养老服务业人才吸引力总分上的差异显著（$F_{(4,159)}=4.893$，$p<0.001$），在总体评价（$F_{(4,159)}=4.763$，$p<0.001$）、企业特征（$F_{(4,159)}=2.623$，$p<0.05$）、企业形象（$F_{(4,159)}=3.543$，$p<0.05$）、工作特征（$F_{(4,159)}=4.006$，$p<0.05$）、人力资源管理制度（$F_{(4,159)}=4.344$，$p<0.05$）和人才引进（$F_{(4,159)}=3.312$，$p<0.05$）几个维度上均有显著差异。

表5-5 **养老服务业人才吸引力工作岗位差异的F检验**

维度	见习		一线护理员		前台服务人员		管理人员		后勤人员		F
	M	SD	M	SD	M	SD	M	SD	M	SD	
总分	95.24	21.22	100.10	15.88	97.50	17.29	110.92	8.29	94.67	18.65	4.893**
总体评价	4.04	1.06	3.98	0.99	4.00	1.27	4.75	0.50	4.22	0.67	4.763**
企业特征	12.16	2.90	12.51	2.28	11.83	2.79	13.67	1.49	11.89	2.42	2.623*
企业形象	16.04	3.42	16.43	2.84	16.00	3.90	18.19	1.72	15.67	3.04	3.543*
工作特征	34.52	8.51	36.63	6.61	36.33	5.68	40.64	3.68	35.33	7.55	4.006*
人力资源管理制度	18.84	5.03	20.11	3.64	19.33	3.87	22.22	2.70	17.67	5.77	4.344*
人才引进	9.64	2.43	10.44	1.92	10.00	1.26	11.44	2.22	9.89	1.76	3.312*

注：* $p<0.05$，** $p<0.001$。

3.调查结果讨论

由以上调查结果可知，年龄、学历、工资收入、单位性质和工作岗位等因素对养老服务业人才吸引力有着明显的影响。在后续的多重比较中我们发现：

（1）在年龄上，31～40岁年龄组的养老服务业人才吸引力得分最高，明显高于20～30岁年龄组和50岁以上年龄组。这表明养老服务业对31～40岁年龄组人才的吸引力最强，相比较而言，他们有着一定的生活和工作经验，体力、精力较旺盛，正逐渐成为养老服务业快速健康发展的中坚力量。

（2）在学历上，本科及以上组的得分明显高于初中及以下组和高职或大专组。这表明，随着人们对养老服务业的认知，越来越多的高学历人才受养老服务业的吸引而加入该领域。他们有着丰富的相关理论知识，有的还拥有日本、美国等养老服务业相对发达国家的相关工作经验；他们能正确认识养老服务业，更加热爱养老服务工作。相信未来将会有越来越多的高学历人才加入养老服务业领域。

（3）在工资收入上，高收入者的得分明显高于低收入者，由此可见，工资收入是影响养老服务业人才吸引力的一个重要因素。特别是当前养老服务业很多从业人员的工资水平与他们的辛勤付出不相匹配，因此增加工资收入、建立公平合理的薪酬体系是非常必要的激励措施，将吸引更多人才投身养老服务业中。

（4）在单位性质上，公立单位员工的得分要高于私营单位员工的得分，这在某种程度上也反映了一些人依然受传统就业思想的影响，追求稳定和安全。但私营养老机构以其灵活的运营机制、较高的福利待遇、畅通的晋升渠道等优势，吸引了越来越多的人才加入其中。

（5）在工作岗位上，管理人员的得分明显高于见习、一线护理员和后勤人员。这与我们在访谈中了解到的情况一致，很多人不愿意长期从事一线护理和后勤管理等工作，希望可以通过努力进入管理层。

同时在调查分析中我们发现，性别和工作年限对养老服务业人才吸引力的影响并不显著，在以后的研究中我们做进一步探讨分析。

以下是本次调查设计的问卷，供参考。

养老服务业人才吸引力调查问卷

非常感谢您的支持与配合！此次调查工作目的是分析和评价养老服务业人才吸引力情况，为进一步制定增强养老服务业人才吸引力的策略提供参考。您回答问题的真实性对我们的研究具有重要意义。每题都有“非常不同意”“有些不同意”“不确定”“有些同意”“非常同意”5个选项，请您选取一个最适合的选项。

性别：□男　□女

年龄：□20～30岁　□31～40岁　□41～50岁　□50岁以上

学历：□初中及以下　□高中　□高职或大专　□本科及以上

工作单位：____________________

单位性质：□公立　□私营　□合营　□其他

工作年限：□1年及以内　□1～3年　□3～5年　□5年以上

工作部门或岗位：□见习 □一线护理员 □前台服务人员 □管理人员 □后勤人员 □老年产品销售人员

题号	题目	非常不同意	有些不同意	不确定	有些同意	非常同意
1	本企业（养老机构、单位、组织）对我很有吸引力	1	2	3	4	5
2	我很满意本企业的规模	1	2	3	4	5
3	我很满意所在企业的地点	1	2	3	4	5
4	该企业的财务状况令人满意	1	2	3	4	5
5	我认为本企业所开展的养老服务业工作很有发展前景	1	2	3	4	5
6	本企业在养老服务业中口碑很好	1	2	3	4	5
7	我的同行都很羡慕我在该企业工作	1	2	3	4	5
8	该企业有很好的服务理念，社会责任感强	1	2	3	4	5
9	我认为进入该企业工作符合自己的形象	1	2	3	4	5
10	该企业的工作环境令人感到舒适	1	2	3	4	5
11	该企业的工作压力、工作强度很适合我	1	2	3	4	5
12	在该企业工作，我能获得很多新颖的工作体验	1	2	3	4	5
13	在该企业工作，我可以很好地平衡工作和生活的关系	1	2	3	4	5
14	在该企业工作，同事关系很融洽、和谐	1	2	3	4	5
15	在该企业工作，我可以学以致用	1	2	3	4	5
16	在该企业工作，对我的家庭尤其是老人照护有积极影响	1	2	3	4	5
17	我的亲朋好友支持我在该企业工作	1	2	3	4	5
18	在该企业上下级之间能进行有效、良好的沟通	1	2	3	4	5
19	我很赞赏该企业领导人的才干和胆识	1	2	3	4	5
20	我认可该企业的用人理念和领导风格	1	2	3	4	5
21	我认为该企业的绩效考核体系很公平	1	2	3	4	5
22	我认为该企业的薪酬、福利很吸引人	1	2	3	4	5
23	该企业尽可能地为大家提供培训机会	1	2	3	4	5
24	该企业为我提供了广阔的发展空间	1	2	3	4	5
25	该企业为我提供了适合的个人职业生涯规划	1	2	3	4	5
26	该企业近三年引进了很多高素质、高技能的专业人才	1	2	3	4	5
27	该企业近三年存在严重的人才流失问题	1	2	3	4	5
28	该企业随着发展能很快地招聘到相应工作人员及人才	1	2	3	4	5

谢谢您的合作！祝您工作顺利！

五、养老服务业人才吸引力提升的对策

通过深入访谈，我们意识到随着近几年人口老龄化趋势的严峻以及养老服务业的迅猛发展，总体上养老服务业对人才的吸引力尚可，但养老服务业的产业环境有待进一步优化，尚未形成明显的品牌效应。

制约我国养老服务业人才吸引力的因素很多，要想提升养老服务业人才吸引力，改变养老服务企业（机构）从业人员的现状，解决存在的突出问题，需抓住“恶性循环”链条上的关键环节，逐个突破。可从政府和行业、机构和管理、从业人员自身三方面着手，创造政策环境，创新管理模式，打造专业队伍，形成行业本身吸引力提升→吸引高素质劳动者入行→提升社会养老服务水平→社会认可度和收入待遇提高→行业吸引力进一步提升的良性循环。这种转变，尤其是在初期，需要强大的外界推力启动。①

1.政府方面，应继续加大政策的支持引导和经费投入力度，优化养老服务业发展环境

大力发展养老服务业，提升人才吸引力，政府责无旁贷。政府应切实发挥在财政补贴、监督管理和政策法规建设等方面的能动作用。通过灵活的、多层次的岗位设置，为从业人员打通职业发展和晋升通道；充分考虑养老机构与医疗机构的现实差别，为在养老机构工作的专业技术人员制定更贴合实际的职称评定、执业资格和注册考核政策；通过财政手段，进行养老服务岗位补贴、养老服务公益岗位开发以及社会保险补贴等，确保养老服务人员获得有竞争力的薪酬福利。总之，应积极优化并营造有利于发现、培养、吸引和留住人才的环境。

2.企业方面，应创新管理模式，发展独特的养老服务企业

在坚持“事业养老”的基础上，通过“产业养老”的市场化运作，大力推进投资主体多元化、服务对象公众化、运行机制市场化、服务方式多样化及服务队伍专业化的养老服务社会化进程。②如“傲堂集”嵌入式连续照护型养老社区，远洋地产集团“椿萱茂”自持型全龄养老社区，“北控光熙”医养结合型老年公寓，“祥颐园”日本养老管理模式与中国本土文化融合的老年连锁公寓，“彩虹村庄”集养老、休闲、医疗于一体的综合型养老机构，“泉辉·幸福长者汇”一站式高端养生养老公寓，“五彩阳光城”家文化理念下的“新三代同堂”持续性养老社区，“杭州·绿康”医养结合+康复养老的专业化集团公司等，这些独具特色的养老服务企业，从营利、非营利性主体角度，通过国办国营、公办民营、民办民营、民办公助、保险运营、以房养老、自持等个性化运营模式，取得了良好的社会效益和经济效益，为建立适合我国国情的规范化、多样化、专业化、标准化

---

① 甄炳亮，刘建华．我国养老服务人才队伍建设研究［J］．中国民政，2014（7）：29-30.

② 于新循．论我国养老服务业之市场化运行模式及其规范——基于公建民营、民办公助和以房养老等模式的法律分析与探讨［J］．四川师范大学学报（社会科学版），2010（1）：13-20.

的养老服务产业运营模式，提高养老服务业的人才吸引力提供了大量可借鉴的实践素材。

养老机构既可以借鉴人力资源管理中的先进理念和模式，全员培训，提升服务效率和人才吸引力，也可以将自身委托给专业的管理公司管理，有效复制先进的运营管理模式，通过专业化管理提升服务水平，进而吸引更多的人才加入养老服务行业。同时，应充分下放用人自主权，建立“能进能出、能上能下”的灵活用人机制，提升养老机构的综合实力。总之，一个高效的养老机构往往拥有较强的综合实力，能够吸引更多的养老服务人才。

3.学校层面，应提升从业人员专业化水平

应根据养老服务业发展情况和社会需求，不断调整养老服务专业人才培养方案，提高学生为老服务的技能与水平。重视专业导入教育，加强专业建设，提高教育教学水平；注重情境训练，培养学生的职业情感，使之受养老服务业吸引，乐于从事养老服务工作。同时，还应为广大养老机构的从业人员提升理论知识和操作技能积极提供培训机会。各地可依托高职院校和养老机构，建立养老服务实训基地，加强养老服务业人才培训机构的软硬件建设和培训课程开发的标准建设。对在岗人员应定期组织培训，让他们加强交流，完善知识结构。此外，要完善养老服务人员的评价制度。鼓励在养老机构就业的养老护理员、医护人员、康复理疗师等参加“1+X”职业技能等级证书考试，对取得职业技能等级证书的从业人员给予一定补贴，制定养老机构管理人员持证上岗制度，实现规范管理，提高服务效率。

4.社会层面，应加强宣传教育，消除社会偏见，提高养老服务人员的职业认同感

首先，要加强宣传，强化组织文化建设，应充分利用各类媒体宣传养老服务；创新宣传方式，除了采用报纸、杂志等平面宣传方式外，还可采用公益广告、网络推介等立体宣传方式，加强全社会对养老服务业及其从业者的认识与理解，提高养老机构的知名度，吸引大批高素质的专业人才加入其中。同时，要凝练养老机构的组织文化核心内容，强化组织价值观、组织精神的建设。

其次，要弘扬中华传统美德，“老吾老以及人之老”，提高社会成员敬老爱老的意识，在全社会范围内营造敬老、爱老、养老、助老的氛围。积极引导企业（机构）发展，使全社会加深对这项工作及其从业者的认识与理解，提高养老服务业人才的社会地位。

再次，要改变社会对养老服务的认知偏差。通过服务和口碑，逐步改变老年人“养儿防老”“儿女不孝顺的才进养老院”等的传统观念，使他们乐于接受养老护理员的服务。

最后，养老服务人员应加强学习、更新观念，树立“为老服务光荣”的职业理念，端正工作态度，提升职业认同感。

本次调查是对养老服务业人才吸引力的初步调查，只重点探讨了从养老服务

业到人才这一方向的吸引力，并未涉及人才对养老服务业的吸引力。针对养老服务业对人才吸引力的作用机制没有进行系统研究，未尽研究将会在今后的工作中逐渐进行。相信通过各方的努力，未来将会有越来越多的人才加入养老服务业的发展大军中。

第六章 农村养老服务人才培养机制创新研究

适应农村人口老龄化加剧形势，加快建立以居家为基础、社区为依托、机构为补充的多层次农村养老服务体系。以乡镇为中心，建立具有综合服务功能、医养相结合的养老机构，与农村基本公共服务、农村特困供养服务、农村互助养老服务相互配合，形成农村基本养老服务网络。提高乡村卫生服务机构为老年人提供医疗保健服务的能力。支持主要面向失能、半失能老年人的农村养老服务设施建设，推进农村幸福院等互助型养老服务发展，建立健全农村留守老年人关爱服务体系。

——中共中央 国务院印发《乡村振兴战略规划（2018—2022年）》

农村是我国应对人口老龄化挑战的重点和难点。构建农村养老服务体系，为农村老年人提供满意的养老服务，是破解农村养老困局的突破口和着力点。《乡村振兴战略规划（2018—2022年）》为建立可持续的农村养老服务体系提供了重要机遇和发展动能。在生产力的诸要素中，人（劳动者）是最活跃的能动要素，养老服务人才是养老服务体系构建、养老服务业发展的关键。本章将在分析农村老年人养老服务需求的基础上，探讨农村养老服务人才供给困境，提出新时期农村养老服务人才培养机制创新的路径，以期为相关部门的决策提供参考。

一、农村养老服务的需求分析

分析农村养老服务需求，有助于对农村养老服务人才培养进行精准定位，从而有针对性地开展农村养老服务工作，提升农村养老服务工作的水平。在现实生活中，农村老年人在身体状况、精神状况、经济条件等方面存在着较大差别，这决定了他们对养老服务需求的不同。根据老年人自身的状况和条件，可以将农村老年人的养老服务需求分为生产型服务需求、基础型服务需求和提升型服务需求三类，如

图7-1所示。

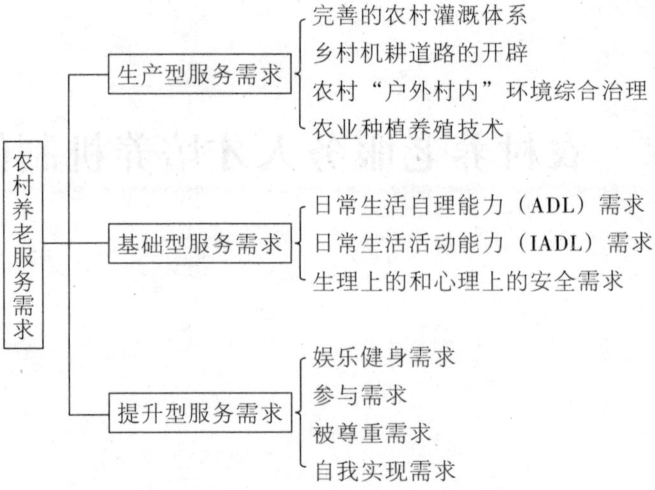

图7-1 农村养老服务需求的类型

1.生产型服务需求

当前，在我国农村约有70%以上的耕地仍然由农户家庭耕种，这其中的绝大多数是由农户家庭中的老年人来耕种的，因而在我国农村呈现出所谓的“老人农业”形态。根据对农村老年人的调查，他们种田有三条理由：一是现在农业生产条件大大改善了，种田不像过去那样拼体力，是重体力活，现在种田较轻松，年纪大了也做得了；二是他们觉得种田有收获，体会得到丰收的喜悦，很有成就感；三是种田的同时，还可以活动筋骨、锻炼身体。的确，农村老年人与土地天然紧密的结合，使其从土地上获得了可观的收益——一定的经济收入、实现了老有所为的“就业”、生活更有意义的心理满足以及自我肯定的积极评价等。

因而在当今中国社会，农村老年人参与农业生产的比例一直保持在较高的水平；与城镇老年人不同，他们在需求上多了生产型服务需求，这理应纳入农村养老服务需求之中。所谓生产型服务需求（亦称生产性服务需求），是指根据农村老年人参与农业生产的实际状况而为他们提供的有偿性或公益性服务。这包括农村灌溉体系的完善、乡村机耕道路的开辟、农村“户外村内”环境的综合整治以及种植养殖技术等农技推广服务。从积极老龄化的角度看，适度参与农业生产劳动为农村老年人实现了赋权（Empowerment）增能，对老年人的经济独立和自由全面发展是十分有益的。因此，在乡村振兴战略背景下，应积极为农村老年人以及准老年人提供必要的生产型服务。

2.基础型服务需求

基础型服务需求，是指老年人的基本养老需求。它由农村老年人的日常生活自理能力（ADL）需求、日常生活活动能力（IADL）需求和安全需求构成。日常生活自理能力需求是人的最基本的需求，包括进食、穿衣、洗澡、（室内）移动、如厕和排泄六类生活能力需求，失能、半失能老年人就是不同程度地丧失了这些能力。日常生活活动能力需求是获取生活资料、保障老年人基本生活的需求，包括买菜、做饭、洗衣、打扫房间、使用电话、出行和理财七类活动能力需求。安全需求可以分为生理上的安全需求和心理上的安全需求。生理上的安全需求是指老年人就诊、治疗、康复、取药、吃药等医疗服务方面的需求。此外，还包括出行安全以及生活和物质安全的保障。心理上的安全需求是指来自诸如物质保障、亲人关爱、未来自我生活预期等方面的自我安全感的满足。①

3. 提升型服务需求

农村老年人的提升型服务需求是充实晚年生活、提升自我价值的养老需求，具体包括娱乐健身需求、参与需求、被尊重需求和自我实现需求。娱乐健身需求是指农村老年人步入老龄后，参加旅游、下棋、跳舞、书画、合唱、体育活动等的需求。参与需求是指老年人对爱和归属的需要，体现在人际交往和社会参与两个方面。在农村熟人社会，老年人的活动范围比较封闭，大家需要聚在一起打牌、聊天或者跳广场舞等，一起热闹热闹，以消除孤独寂寞感。此类较为频繁的人际交往、邻里互动，往往体现出血缘性和地缘性的特点，增强了农村老年人的归属感。对农村老年人而言，社会参与需求较多地体现为权利和情感的满足，通过参与社会活动、参加生产劳动，与他人保持联系，了解农村发展情况和乡村生活的各个方面，如最新的乡村政策和修路、建厂等一些大事；通过社会参与与他人互动，从而拓展自身的交际面。被尊重需求是指老年人渴望得到他人的尊重和爱戴。我国自古就有尊老、敬老的传统，农村老年人被尊重的需求更为突出。自我实现需求是一种精神追求、一种价值的体现，在其他需求都基本得到满足后，才会出现这类更高层次的需求。一些农村老年人想从自身的兴趣出发学习各类新知识、掌握新技能或者做一些年轻时没有机会做的事情，从中获得自我满足和他人的认可，满足自我实现的需要。

随着年龄的增长，老年人的生理机能逐渐衰退，以上各类型的服务需求会出现不同程度的变化。一般来说，生产型服务需求、提升型服务需求会下降，基础型服务需求会上升，最终进入日常生活自理能力需求领域，从而需要他人的照护或社会的帮助。满足老年人基础型服务需求的供给则主要来自社会支持和家庭支持。在农村，社会支持主要来源于两方面：一方面是老年人入住敬老院、养老院等养老机构，在那里得到养老服务人员的照护；另一方面是分散式的居家养老服务，即居家的老年人定时接受养老服务人员上门的照护服务。家庭支持主要是家庭成员给予老年人的照护服务，或者是家庭聘用养老服务人员为老年人提供一对一的照护服务。

为了使农村老年人拥有美好的晚年生活，需要越来越多的专业养老服务人才提供专业的高水平的养老服务，更好地满足农村老年人的养老服务需求。

---

① 张岩松. 老年服务与管理人才队伍建设的研究与实践［M］. 北京：清华大学出版社，2014：13-18.

二、农村养老服务人才的供给困境

作为一项服务性工作，养老服务的对象是老年人，其目的是为老年人尤其是失能、半失能及空巢高龄老年人等提供照护服务。所谓养老服务人才，是指从事养老服务工作的所有人员。一般来说，养老服务人才分为两类，即护理人员和管理人员。对各类养老服务机构来说，护理人员一般称为养老护理员，是最重要也是目前最稀缺的。养老服务工作面对的是老年人这一特殊群体，故对从事此行业的人员提出了更高的素质和能力要求。养老服务人才要拥有较丰富的理论知识和较高的技术水平，具备政治理论知识、法律基础知识、就业知识、心理健康知识、人文知识以及较高的思想道德修养。养老护理员应具备老年人生活照护、老年常见病护理、养生保健、康复训练、心理慰藉、急救等技术技能。管理人员应具备养老服务机构质量管理、运营管理、人力资源管理等多方面的管理能力。养老护理员、管理人员各司其职，胜任本职工作，才能在养老服务工作过程中为老年人提供满意周到的高质量服务，维护老年人的独立与尊严，使其拥有安全感和幸福感。

现阶段，由于我国农村青壮年大量外出务工，农村老龄化水平要远远高于城镇地区，农村空巢老人数量更为庞大，他们对专业的养老服务需求更为强烈。与硬件设施相比，当前我国农村最为缺乏的是养老服务人才，尤其是养老护理员。现实中的农村养老服务人才开发存在着很多问题，面临严重的供给困境，具体表现为以下方面：

1.专业人才供给不充分，数量严重不足

我国农村养老服务人才长期匮乏，人才供给严重不足，不仅养老护理员十分缺乏，养老服务管理人员的数量同样不足，农村敬老院管理人员缺乏以致运营难以为继并非个别现象，人才供需严重失衡。其原因是多方面的：一是农村经济发展落后，工资待遇低，且发放标准不统一，导致专业人才不愿意在农村养老服务机构就职；二是养老服务工作本身脏、累、苦，一般养老护理员与入住老人之间的比例可达到1∶7甚至1∶10，工作强度大、时间长、工作环境差，并且晋升空间窄，缺乏有效的职业上升通道；三是养老服务人员缺乏社会地位和职业荣誉感，没有得到应有的重视和尊重；四是由于农村养老服务体系建设起步较晚，不够完善，养老服务缺乏职业保障，责任大，职业风险高，职业吸引力不足，很多人尤其是年轻人不愿意从事该工作，且现有队伍不稳定，人才流动频繁，流失率高。据调查，养老护理员年平均流失率为30%～40%，部分地区甚至达50%～60%，“用工荒”经常发生。专业人才供给不充分，数量严重不足，农村社会保障体系的这一“短板”，使得农村老年人难以享受到必需的照护，高质量的护理服务更是难上加难甚至成为奢望，已严重影响我国农村养老服务业的健康发展。①

---

① 王天鑫，韩俊江．我国养老服务人才培养的现状、问题与对策［J］．税务与经济，2018（6）：52-57.

2. 从业人员服务能力低，专业性不强

目前，我国农村的养老问题日益突出，养老服务仍处于起步阶段，发展水平不高，尤其是专业养老服务人员的数量严重不足，质量较低，使得现有的养老服务队伍呈现出整体素质不高、服务水平低、服务面狭窄、人员结构失衡等突出问题。据调查，目前在广大农村一线工作的养老服务人员多为家庭妇女或农民工，这些人员年龄大、文化素质低，只能靠平时的经验来开展养老服务工作，他们中有的甚至不会读体温计、不知道速效救心丸的使用方法。

在许多农村养老服务机构，大部分养老服务人员未经过正规化、专业化的培训就上岗，缺乏相应的护理基础知识和专业技能，仅能提供帮助老年人进食、如厕、沐浴等日常照料，满足老年人基本的生理需求，而对康复训练、养生保健、心理疏导等技术性、专业性要求都较高的养老服务大都难以胜任，其服务效率和服务质量自然无法保障，难以满足农村老年人对养老服务的需求。因此，提高养老服务人员的专业技术水平和职业素养迫在眉睫。①

3. 人才培养能力不充分，培养机制不健全

第一，政策推动不足，养老服务人才培养支持政策亟待落实到位。1999年，《中华人民共和国职业分类大典》正式颁布，将养老护理员归入商业、服务业人员。2013年，国务院出台了《关于加快发展养老服务业的若干意见》，提出把涵盖亿万老年人的“夕阳红”事业——养老服务业打造成蓬勃发展的“朝阳”产业，这标志着发展养老服务业已经上升为国家战略，但是文件中对养老护理员就业和职业发展尚无明确意见。近年来政策推动力度逐渐加大，2019年4月，国务院办公厅印发了《国务院办公厅关于推进养老服务发展的意见》，在具体政策措施中明确提出“扩大养老服务就业创业”，与之相关的3项具体措施——大力推进养老服务业吸纳就业、建立完善的养老护理员职业技能等级认定和教育培训制度、建立养老服务褒扬机制在文件中予以明确规定，在接下来的推进落实中，需要一个较长的政策细化、落地的过程。国家的养老服务人才培养支持政策落实到位，养老服务人员的数量和素质才能满足农村老年人养老服务不断增长的需求。②

第二，人才供需矛盾突出，职业院校相关专业招生难，毕业生就业意愿不强。养老服务业虽说是“朝阳”产业，但由于职业服务对象是处于弱势的老年群体，职业优越性天然不足，加之“轻技术、重体力、环境差、待遇薄、通道窄”的职业现状，导致对年轻人的吸引力不强，所以高职院校的老年服务与管理等涉老专业招生难的问题普遍存在，这些专业学生录取调剂率普遍很高，到毕业时许多学生仍不愿意投身养老服务业，就职意愿低，退出率高。笔者所在的高职院校老年服务与管理专业毕业生，近年来从事养老服务工作的仅为毕业生总数的50%，且真正在养老机构坚持下来的更少，据统计其到岗第一年的流失率达30%，第二年50%，第三年

---

① 张岩松．社会养老服务体系建设研究［M］．大连：东北财经大学出版社，2016：107-111.

② 胡明驰，朱华丽．完善标准化养老护理体系研究——规范和加强养老护理员职业标准化建设的思考［J］．中小企业管理与科技，2019（9）：100-101.

70%甚至更高，人才很难留住，他们中最终从事本专业的人员并不多。从长远来看，这将影响养老服务业的可持续发展。

第三，缺乏健全的人才培训体系。鉴于农村养老服务人员较低的基本素质状况，大力开展各类职业培训、岗位培训是提升养老服务人员职业素养和专业技能的重要途径。然而，各地民政部门、人社部门对农村养老服务人才的培训工作不够重视，没有建立起完善的岗位培训机制，在培训的实施体制上存在的问题也比较多：首先是普遍缺乏培训计划，有计划地安排养老服务人员定期学习和进修未能实施，农村一部分地区虽制订了培训计划，但执行比较随意，无法保证按时按质完成。其次是缺乏培训师资、培训教材，没有统一的培训大纲、培训课程标准、培训考核评估标准等。再次是培训时间不足，由于农村养老服务人员照护的老人多，工作量大，几乎抽不出时间接受培训。最后是培训经费不足、投入不够，在培训上政府预算支持较少。这些直接导致农村养老服务人员专业素质不高，养老服务质量差，农村老年人对提供服务的机构和人员不信任，满意度差，甚至形成恶性循环。

三、农村养老服务人才培养机制创新

养老服务人才的培养是养老服务业发展的关键，只有不断创新养老服务人才培养机制，才能满足农村老年人日益增长的养老服务需求，更好地落实乡村振兴战略。农村养老服务人才培养机制创新应从以下方面着手：

1.政府引导和支持，壮大农村养老服务多元化供给队伍

在乡村振兴战略背景下，养老服务人才队伍的建设，需要政府以及社会等多方力量的共同努力，其中政府的引导和支持至关重要。政府要出台政策、法规，为农村养老服务提供政策与财政支持，通过多种方式促进养老服务业的健康发展。可采取政府购买服务的方式，引导社会力量，强化农村养老服务基本设施建设。鼓励和支持民间资本通过参股、合资、租赁等方式，兴办农村养老服务机构，发展智慧养老、健康养老、互助养老和旅游养老等新型养老服务模式，满足农村老年人多样化、个性化的养老服务需求，同时对资金供给方予以一定的政策和税收优惠。促进慈善组织、志愿者组织、乡村老年人协会等民间组织为农村养老服务提供补充；农村社区为养老服务提供良好的环境和氛围；家庭成员为老年人提供一定的生活上和心理上的照顾等。在政府的引导下，这些多元化主体各司其职，实现互补，共同构建起良好的农村养老服务网络。

2.发挥媒体的舆论导向作用，转变社会对服务行业的不良认知

为转变社会对服务行业的不良认知，应当加强对农村一线养老护理员的正面宣传和报道，树立农村养老护理员良好的职业形象，从而鼓励和吸引更多的人投身于这一高尚的职业，加入养老服务行业中来。各类新闻媒体应加大对农村养老护理员的职业宣传力度，努力挖掘农村养老护理员中的模范人物及其先进事迹，通过深度报道等形式，展现农村养老护理员良好的职业形象和高尚的职业道德，

弘扬敬老助老的传统美德，让每一位社会大众都能感受到农村养老护理员的辛勤付出，消除对农村养老护理员的偏见和不良认知，从而加深对这一职业的认识和了解，提高职业知晓度和信任度，营造对养老服务人才及其劳动认可与尊重的良好社会氛围。①

3.构建科学的农村养老服务管理体系，解决人才福利待遇问题

科学系统的农村养老服务管理体系的建立，有助于提升农村养老服务职业管理水平，建立农村职业化的养老护理员制度。为此，一是要普遍提高养老护理员的工资福利待遇，通过公益岗位开发、养老护理岗位补贴、社会保险补贴等措施，确保农村养老护理员获得合理的收入。要建立科学的养老护理员工作考核机制，农村养老服务机构要充分发挥自身的作用和力量，因地制宜地制定科学的考核激励制度，对养老护理员从德、能、勤、绩多个方面进行科学的考核激励和职业荣誉评级，切实做到让养老护理员“劳有所得、劳有所值”，最大限度地调动他们的工作积极性，唤起他们的工作热情，使人才在农村养老服务岗位上引得进、留得住。②二是规范农村养老服务专业技术岗位设置。鼓励设置多层次的专业技术岗位，针对农村养老服务机构的医生、护士、康复师等专业技术人员，尽快制定执业资格、职称评定和注册考核等贴心政策，在业绩要求、资质条件等方面与卫生系统的医护人员相区别，为从事养老服务的专业技术人员打通职业发展通道，实现专业技术职务晋升。三是要为农村养老护理员减轻工作压力。农村养老服务机构要建立相关制度，增强养老服务工作的弹性，为农村养老护理员减压，对其进行心理疏导，倾听其内心想法，帮助其排解不良情绪，提高其身心健康水平；同时，要大力改善其工作环境和工作条件，加强工作岗位上的劳动保护，降低其从业风险感，促使其安心养老服务的岗位工作。③四是要建立农村养老护理员职业规范。各类农村养老服务机构要在服务流程、服务内容等方面制定标准，规范农村养老护理员的职业行为，推进农村养老服务工作的正规化，提升职业化水平。五是要对农村养老服务人才进行特殊的鼓励和扶持，帮助他们解决生活上、工作上的困难，在其社会保障、子女入学、就医、购房、落户等方面予以政策倾斜。各级政府以及养老服务机构要尊重农村养老护理员的人格，保证其合法权利不被侵犯，使养老护理员感受到组织的温暖。完善养老服务职业技能证书鉴定机制，对获得养老护理职业技能证书及职业培训结业证书的人员给予奖励或提供一定的补贴。六是要发挥村党支部委员会的管理和组织作用，采取村委会与留守老人有效对接的服务模式，村党支部委员会成员要分别联系留守老人，及时了解他们的身心健康状况和思想动态等，满足其养老服务的实际需求，承担起服务留守老人的责任，在组织机制上强化养老服务的有效供给，提供一对一精准服务。

---

① 薛书敏．我国养老护理员队伍职业化的调研报告［J］．吉林广播电视大学学报，2019（2）：77-79.
② 张岩松．老龄产业发展对策研究［M］．北京：清华大学出版社，2016：277-280.
③ 李燕燕．养老服务职业吸引力影响因素分析——以宁波市为例［J］．价值工程，2016（6）：74-76.

4. 调动农村劳动力养老服务的积极性，推进农村养老服务人才队伍建设

在乡村振兴战略背景下，要尽快解决农村养老服务人员的供给困境，还必须因地制宜，立足乡村实际，积极扩大就业，不断提高农村养老服务人员专业化、标准化、职业化程度，打造一支本土本乡靠得住的养老服务人才队伍。为此，一是要通过举办人口老龄现状、老年照护等知识的普及宣讲活动，提高村民对我国人口老龄化国情和养老服务的认知，为农村养老服务队伍的建设奠定认知基础。二是发挥农村留守人口的作用，将农村妇女、中老年人、灵活就业人员以及待业人员等组织起来，对其进行专门的养老服务培训，使其具备养老服务所需的知识和能力，吸纳他们加入养老服务工作中来，缓解从业人员不足的压力。三是发挥村医的作用，实现医养结合。社区医生签约制度在我国农村已基本确立，每个村都有自己的卫生所，村医作为当地具备专业医学知识的“领头雁”，要积极给村民普及养老和医疗保健知识，使一些村民成为小“专家”，营造乡村自助、他助、互助的良好氛围，使村民获得精神上的成长。四是在地方县（市）职业教育中心设置养老服务相关专业，吸引农村青年学习报考，毕业后充实到农村养老服务队伍中来，或者让他们为乡村定期提供服务，向村民普及养老专业知识，使农村青年学生的作用得到充分发挥，着力打造一支懂业务、会经营的养老服务人才队伍。五是充分利用好返乡人员中有意从事农村养老服务的人员，如教师、医生、退伍军人、党政干部等，让他们在农村养老服务中发挥应有的作用。①六是加强农村敬老志愿者队伍建设，建立志愿服务时间银行，构建养老志愿服务长效机制，为农村老年人提供多样化的养老服务。

5. 加强农村养老从业人员的培训，不断提高其专业化水平和职业素养

为了有效解决农村养老服务人才短缺问题，加强人才供求建设，必须强化人才培训工作，不断提高其专业化水平和职业素养。一是政府应高度重视和大力支持农村养老服务人才的培训工作，将农村养老服务人才培训纳入政府培养机制，积极构建农村养老服务从业人员培训机制，为农村养老服务事业的发展制定优惠政策，打造完善的制度体系。推进农村老年人养老服务护理补贴制度，运用政府购买服务等方式，实现农村养老护理员免费培训。地方民政部门、人社部门以及农村养老服务机构应定期开展业务培训，包括老年照护、康复保健、心理咨询、营养配餐等方面的知识和技能，加强职业道德教育和职业素质培养，使养老服务全面化，逐步提升农村养老服务人员的专业素质和服务能力。②二是要动员社会力量参与养老服务人才培养培训，调动养老服务机构、高等院校、职业学校、企业联盟与行业协会、第三方组织以及广大志愿者在养老人才培养培训、资格认证、实习实训、宣传推广、服务咨询等方面的积极作用，以市场为导向，鼓励民间资本建设培训机构，鼓励行

---

① 杜鹏，王永梅．乡村振兴战略背景下农村养老服务体系建设的机遇、挑战及应对［J］．河北学刊，2019（4）：172-184.

② 郑涵予，张文政．乡村振兴战略下我国农村养老服务体系研究［J］．生产力研究，2020（4）：85-88，151.

业、企业与院校产教融合、校企合作，培养养老服务实用型人才，创新人才培养培训新模式，让市场和社会组织逐渐担起养老服务人才培养、培训、使用的责任。三是要重点培养高级养老服务人才。随着我国城乡人民生活水平的提升、生活条件的改善，农村老年人的养老服务需求也不断提升，既拥有老年人照护所需的专业理论知识，又拥有熟练高超的照护能力的高级养老服务人才将非常受欢迎。高职院校以及社会养老服务培训机构要创新人才培养的体制机制，重点培养此类人才，充实到农村养老服务队伍中去。四是有关部门、乡镇政府要与教育部门积极开展合作，通过教育部门联系当地高职院校、中职学校，充分利用学校的师资和场所，开展就近培训，制订农村养老服务专项计划，建立产学研融合的体制机制，促进服务产业、教育事业的双重发展。

第七章　养老护理员职业吸引力提升褒扬激励机制研究

不断完善养老服务从业人员激励政策，建立养老服务褒扬机制，开展养老护理员关爱活动，加强对养老护理员先进事迹与奉献精神的社会宣传，让养老护理员的劳动创造和社会价值在全社会得到尊重。

——国务院办公厅关于推进养老服务发展的意见（国办发〔2019〕5号）

伴随着我国人口老龄化程度的日益加剧，养老服务成为极具发展前景的“朝阳产业”，对老年人的生活进行照料、护理的服务人员——养老护理员这一新的职业种类，引起了全社会的普遍关注。养老护理员是“从事老年人生活照料、护理服务工作的人员”，这是《养老护理员国家职业技能标准（2019年版）》中的规范职业定义。养老护理员作为新兴职业，是全球进入老龄化社会特别是1999年中国首次迎来老龄化社会的必然趋势，是中国积极应对人口老龄化的必然结果。[①]养老护理员作为在老年人家庭、社区养老服务中心、各类社会养老机构等为老年人提供生活照顾、疾病护理、精神慰藉等服务的专业人员[②]，其工作平凡而伟大。养老护理员的整体素质和专业技能，直接关系到被照护老年人的生活品质以及养老机构的经营效益。当前，“养老”已成为社会关注的热点问题，养老服务需求日益增多、种类多样，广大老年人亟须养老护理员提供专业、优质的养老服务。然而养老护理员的社会地位还未受到普遍重视，这一职业的供求关系极不平衡，社会上愿意从事该职业的人不多，专业人才十分缺乏，养老护理员的供给数量不足、质量良莠不齐，现有的许多从业者服务能力不高、职业倦怠感明显，整体上职业吸引力严重不足。如

① 杨根来，赵永．养老护理员职业发展20年回眸［J］．中国社会工作，2020（4）：36-39.

② 曾春艳，黄金．社会支持视角下的机构养老护理员的激励策略研究［J］．智库时代，2019（12）：10-11.

何提升养老护理员职业吸引力，确保社会上越来越多的人进入养老护理员队伍，充分发挥养老护理员在养老服务中的主动性和能动性，已成为当前我国养老事业发展必须面对的一项重要课题。

一、职业吸引力的内涵

在管理心理学中，吸引力是指能引导人们沿着一定方向前进的力量。[①]

对职业吸引力的研究源于“组织吸引力”与“雇主吸引力”。Turban 和 Greening（1993）提出并将“组织吸引力”（Organizational Attractiveness）定义为组织本身吸引潜在应聘者前往求职的意愿程度[②]。Aiman Smith 等人将组织吸引力视为雇员的一种态度或者总体上对组织的正面印象，以及与其建立进一步关系的意向[③]。由此可见，个体的心理意向与行为表现可谓某一组织或职业吸引力的直接体现。

职业吸引力是职业所具备的环境和提供的条件能够满足潜在从业人员的意愿和促使在职人员继续服务的能力[④]。也可以说，职业吸引力是某个职业引起从业者的关注和热爱，引导其投身其间并产生持续做好该职业岗位工作的力量。

职业吸引力一方面表现为社会优秀人员愿意到该职业中来就职；另一方面表现为该职业从业人员安心本职工作，积极提高自身的职业能力，谋求职业生涯发展。[⑤]

薪酬水平、福利待遇、劳动强度、晋升空间、发展机遇、价值实现、人际关系、社会认同、社会地位以及职业的成就感、幸福感、获得感、荣誉感、稳定感等都可能成为影响职业吸引力的因素。

二、养老护理员职业吸引力缺失的表现

1.职业薪酬待遇偏低，缺乏吸引力

在养老机构中就职的养老护理员薪酬低、福利待遇差的现象比较普遍，甚至还存在一定比例的临时工，其工资水平普遍低于家政钟点工或医院的护工[⑥]。通过走访和调查某市主城区的30家养老机构我们发现，45%的养老护理员月收入2 000~2 500元，只有少数人员能够超过3 000元，低的仅有1 600元。有一定比例的养老机构未给养老护理员购买社会保险，在工作上多数护理员缺乏职业归属感，其劳动投入和劳动回报严重失衡，常常存在干一天算一天的“临时工”观念，许多养老护理员认为自己选择该行业的原因在于“自己做不了其他工作”，言外之意，但凡能胜任其他工作，是不会做养老护理员的，养老护理员的职业吸引力弱可见一

① 冯娜. 我国教师职业吸引力探析［J］. 文教资料，2018（20）：102-103.
② 王灵敏，刘宁. 组织吸引力研究综述［J］. 南京邮电大学学报（社会科学版），2013（1）：63.
③ AIMAN-SMITH，BAUER，CABLE. Are you attracted？ Do you intend to pursue？ A recruiting policy-capturing study［J］. Journal of business and Psychology，2001（2）：227.
④ 张炜. 改革开放40年教师职业吸引力嬗变的循证研究——基于教师教育现代化视角［J］. 教师发展研究，2018（12）：27-36.
⑤ 陈晓琴，严灵灵，潘宏伟.《旅游法》背景下苏锡常地区导游职业吸引力提升路径研究［J］. 经济研究导刊，2016（27）：154-156.
⑥ 张新华. 提升职业美誉度，栽培养老护理员［J］. 社会福利，2014（3）：44-45.

斑。据了解，有些养老机构的工作、生活环境不尽如人意，为养老护理员提供的宿舍条件差，有的还没有专门的宿舍，需要在养老机构办公室打地铺。可见，养老护理员职业薪酬、待遇偏低，是造成该职业缺乏吸引力的一个重要原因。

2.文化素质普遍偏低，专业技术匮乏

从现有养老护理从业者的状况来看，其文化素质普遍较低，据调查，许多地区46~60岁的工作人员是养老服务队伍的主体。养老护理员总体学历水平偏低：近7成为初中以下文化程度，高中及中专文化程度占两成，大专文化程度仅约占7%，本科及以上文化程度人员人数最少，占比不到3%。养老护理员较低的文化素质，使其接受新知识、新技能存在一定的困难，制约了后期职业再教育和技能提升，从而使其参加养老服务培训、获得相关职业资格证书的难度加大，无法更好地满足老年人日益增加的照料需求。

养老护理工作专业性、技术性较强，不仅仅是日常生活照料，还包括为老年人提供健康维护、心理慰藉、营养配餐、中医养生、推拿按摩等专业服务，这无疑对养老服务相关专业知识和技能提出了较高要求。然而，在大多数养老机构中，许多养老护理员缺乏养老照护方面的系统培训，专业技能及老年护理经验等更是匮乏。据统计，在岗养老护理员中有相关职业资格证书的不足两成。

3.职业压力大，劳动时间过长

养老护理员的职业压力不但包括工作压力，还有家庭压力、社会压力等。在工作压力上，据民政部养老服务司司长俞建良介绍：目前全国有200多万老人入住在约4万个养老院，但是相关工作人员只有37万，37万里面真正的护理员只有20多万，服务量是非常大的。养老护理工作是连续性工作，一般工作时间比较长，1个护理员平均要服务近10个老人，而且很多是失能、失智老人。从日常生活照料角度来看，吃喝拉撒都得管，是一项又脏又累、压力又大的工作。在工作岗位上，他们时刻处于警觉状态，思想高度紧张，生怕老人发生意外。此外，他们每天得早起、晚睡。在养老机构，超时工作现象普遍存在。在家庭压力方面，由于工作时间长、劳动强度大、心理压力大、精神高度紧张，养老护理员往往忽视对家庭的照顾，他们较低的工资收入对家庭的帮助实在太小，加上亲朋好友、左邻右舍对该职业多不认可，使其从事该职业时面临来自家庭的诸多压力。在社会压力方面，养老护理是典型的服务性行业之一，受传统观念的影响，一直以来，许多人对养老护理职业普遍缺乏正确认识，持“这是伺候人的职业”看法的大有人在，他们简单地将其视为给老年人端屎倒尿、洗衣喂饭的工作，加之工作本身的苦、脏、累，社会地位偏低，导致许多人尤其是年轻人为免遭身边人的冷眼和嘲笑，宁愿当餐饮服务员，也不愿从事该工作。近年来，诸多媒体报道养老护理员伤害、虐待老年人的案件，也造成了不良社会影响，少数护理员的行为损害了养老行业形象，拉低了对养老护理员职业的社会评价，降低了社会对养老护理员的认可度、信任度和接纳度。

4.个人职业发展路径模糊，上升空间不明确

在一些地区，政府和社会对养老服务业发展的紧迫性、重要性认识不充分，对养老服务业的发展更缺乏充分、科学的研究和探索，对养老护理员的职业生涯和职业发展空间缺乏规划，与职业发展路径相配套的福利薪酬体系更是没有建立起来，使从事养老服务工作的绝大多数养老护理员感到前途渺茫，在职业岗位上没有奔头，对职业发展的看法比较消极。

5.考核评价机制不健全，评价信息失真

现阶段，各养老服务机构对养老护理员的评价考核机制还没有完全建立起来，大多为简单、粗放的绩效考核，缺乏完善、系统的考核评价体系，各项具体的评价指标多为对养老服务工作“量”的考察，比较单一，对科学、专业的养老服务工作“质”的方面评价不够，相关评价指标欠缺；一些养老机构还习惯于仅仅把各项评分简单地加总，缺乏对考核评价体系的深入研究和探索，常常导致评价不足以反映养老护理员的实际工作状况和工作表现，造成评价信息失真，养老护理员的辛苦付出无法得到相应的公平回报。

6.从业人员职业稳定性差，员工流失率高

职业压力大、风险高、薪酬低、待遇差，导致养老护理员很难在岗位上实现自身价值；个人职业成就感的严重缺乏，极易使其产生职业倦怠，导致许多养老护理员离开养老服务岗位。据不完全统计，在一些地区，养老护理员的离职率达30%～40%，与其他企业员工通常5%～10%的正常流动率相比，养老护理员队伍流失率、离职率高，稳定性较差。

7.养老服务业社会宣传的力度不够

我国自古就崇尚孝道，养老护理是为社会家庭尽孝，为老年人特别是孤寡老人、残疾老人、有功能障碍的老人献爱心的工作。但多年来，社会对养老护理员的重视、关心关爱不够，对养老服务这一高尚职业的褒扬不够，宣传不到位，使养老护理职业远未得到社会的认可和尊重。

三、养老护理员等养老服务从业人员褒扬激励因素调查

养老服务人才队伍建设是积极应对人口老龄化、加快养老服务业发展的瓶颈和关键。当前，养老服务业存在从业人员总体数量不足，年龄、性别、学历、专业结构失衡，接受过专业教育和培训的人员比例极低，养老服务机构管理不规范，缺乏专业的人才培养机制，社会对养老服务行业存在认知偏见，从业人员的社会地位和待遇仍然偏低等问题。因此，研究养老服务从业人员尤其是养老护理员的需求情况，构建养老服务从业人员的褒扬激励机制，有效地对相关人群实施褒扬激励，对吸引和留住更多的人才从事养老服务工作具有重要意义。

1. 对象与方法

（1）调查对象。2019年10—12月，在辽宁省内选择沈阳、大连、鞍山、营口、盘锦5座城市，以其养老机构的养老护理员等从业人员为对象，采用多段随机抽样的方式进行调查。共发放问卷300份，回收276份，剔除无效问卷33份，有效问卷243份，有效率为81.0%。

（2）调查方法。课题组以双因素理论为基础，结合我国特有的褒扬制度自行设计调查问卷，对养老护理员等养老服务从业人员进行调查。问卷第一部分包括调查者的基本情况：性别、年龄、文化程度、岗位层级、工作年限、单位类型等。第二部分为褒扬激励因素调查问卷，内容包括党和政府给予的政策支持、单独的行业先进典型、社会对养老服务工作的认同、党和政府设立的专门奖励等。问卷采用Likert5级评价法，分数越高表明重要程度评价越高。

（3）统计分析方法。采用SPSS21.0软件进行统计分析。

2. 结果

（1）一般情况。在243名调查对象中，男性占24.7%，女性占75.3%。从年龄结构看，20～30岁占50.6%，30～40岁占32.1%，40岁以上占17.3%。其他具体情况见表7-1。

表7-1 样表特征（n=243）

指标		人数（n）	构成比（%）
性别	男	60	24.7
	女	183	75.3
年龄	20～30岁	123	50.6
	30～40岁	78	32.1
	40～50岁	24	9.9
	50～60岁	18	7.4
文化程度	小学及以下	6	2.5
	中学	39	16
	大专	129	53.1
	大学本科	60	24.7
	研究生	9	3.7
岗位层级	一线护理人员	126	51.9
	基层管理人员	54	22.2
	中层管理人员	54	22.2
	其他	9	3.7
工作年限	1年及以下	48	19.8
	1～5年	132	54.3
	6～10年	33	13.6
	11～15年	24	9.9
	15年以上	6	2.5
单位类型	民营养老机构	159	65.4
	公办养老机构	84	34.6

（2）褒扬激励因素分析。在对调查问卷进行数据分析的基础上，通过KMO和Bartlett检验来判断对该部分问卷进行因素分析的适合性。褒扬激励因素部分的分析结果见表7-2。

表7-2 **KMO和Bartlett检验**

Kaiser-Meyer-Olkin 检验		0.885
Bartlett的球形度检验	近似卡方	1 035.377
	df	120
	显著性	P<0.001

该问卷KMO值为（0.885>0.70），适合进行因素分析。Bartlett检验结果显示，显著性概率为P<0.001，因此该问卷的效度结构良好，适合做因子分析。

如表7-3数据所示，采用因子分析方法经方差最大法旋转提取褒扬激励因素主要因子，结果发现当取三个因子时，所得结果能得到合理解释。方差分解表显示：这三个因子的累积贡献率为71.46%（>50%），所以认为该问卷的效度良好。因此，根据研究假设，可以将三个因子分别命名为褒扬因素、激励因素和保健因素。

表7-3 **褒扬激励因素解释总方差**

因子	提取平方和载入			旋转平方和载入		
	合计	方差的 %	累积 %	合计	方差的 %	累积 %
1	9.061	56.630	56.630	4.610	28.811	28.811
2	1.283	8.022	64.652	4.100	25.622	54.433
3	1.089	6.808	71.460	2.724	17.027	71.460

（3）不同背景变量褒扬激励因素分析。

①性别因素。如表7-4所示，因P值均大于0.05，所以，性别对养老护理员等养老服务从业人员的褒扬激励因素选择没有影响，不存在差异。

表7-4 **性别差异T检验**

因素	性别	N	均值	标准差	T	P
褒扬因素	男	60	4.530	0.4692	-0.549	0.586
	女	183	4.600	0.5669		
激励因素	男	60	4.640	0.3817	0.125	0.901
	女	183	4.626	0.5397		
保健因素	男	60	4.750	0.3647	0.635	0.529
	女	183	4.686	0.4666		

②年龄因素。通过方差分析，如表7-5所示，不同年龄阶段的养老护理员等养老服务从业人员对褒扬激励因素的重视程度有所区别。其中，激励因素、保健因素具有显著统计学意义（P<0.05）。

表7-5　　年龄差异单因素分析

因素	年龄	N	均值	标准差	F	P
褒扬因素	20～30岁	123	4.673	0.4237	2.6676	0.0535
	30～40岁	78	4.477	0.5962		
	40～50岁	24	4.800	0.3207		
	50～60岁	18	4.133	0.9522		
激励因素	20～30岁	123	4.746	0.3634	5.1527	0.0027
	30～40岁	78	4.538	0.5208		
	40～50岁	24	4.800	0.3381		
	50～60岁	18	4.000	0.8944		
保健因素	20～30岁	123	4.764	0.3291	3.1268	0.0305
	30～40岁	78	4.673	0.4842		
	40～50岁	24	4.833	0.2955		
	50～60岁	18	4.222	0.7935		

③文化程度因素。利用SPSS软件经方差分析，不同文化程度的养老护理员等养老服务从业人员褒扬激励因素选择不具有统计学意义（P>0.05）。因此，文化程度对养老护理员等养老服务从业人员的褒扬激励因素重视程度没有影响（见表7-6）。

表7-6　　文化程度差异单因素分析

因素	学历	N	均值	标准差	F	P
褒扬因素	小学及以下	6	4.800	0.283	1.597	0.184
	中学	39	4.631	0.599		
	大专	129	4.633	0.449		
	大学本科	60	4.530	0.630		
	研究生	9	3.867	0.808		
激励因素	小学及以下	6	4.800	0.283	1.096	0.365
	中学	39	4.600	0.678		
	大专	129	4.698	0.374		
	大学本科	60	4.560	0.579		
	研究生	9	4.133	0.808		
保健因素	小学及以下	6	4.833	0.000	1.453	0.225
	中学	39	4.667	0.569		
	大专	129	4.764	0.307		
	大学本科	60	4.658	0.539		
	研究生	9	4.167	0.764		

④岗位层级因素。利用SPSS软件经方差分析，不同岗位层级的养老服务从业人员褒扬激励因素选择不具有统计学意义（P>0.05）。因此，岗位层级对养老服务从业

人员的褒扬激励因素重视程度没有影响（见表7-7）。

表7-7 岗位层级差异单因素分析

因素	岗位层级	N	均值	标准差	F	P
褒扬因素	一线护理人员	126	4.629	0.493	1.491	0.224
	基层管理人员	54	4.600	0.570	0.134	
	中层管理人员	54	4.389	0.630	0.149	
	其他	9	5.000	0.000	0.000	
激励因素	一线护理人员	126	4.610	0.504	0.581	0.629
	基层管理人员	54	4.644	0.555	0.131	
	中层管理人员	54	4.600	0.495	0.117	
	其他	9	5.000	0.000	0.000	
保健因素	一线护理人员	126	4.730	0.398	0.162	0.486
	基层管理人员	54	4.685	0.563	0.133	
	中层管理人员	54	4.602	0.440	0.104	
	其他	9	5.000	0.000	0.000	

⑤工作年限因素。通过方差分析，不同工作年限的养老护理员等养老服务从业人员对褒扬激励因素的重视程度有所区别，其中褒扬因素具有显著统计学意义（$P<0.05$），见表7-8。

表7-8 工作年限差异单因素分析

因素	工作年限	N	均值	标准差	F	P
褒扬因素	1年及以下	48	4.425	0.489	3.087	0.021
	1～5年	132	4.705	0.432		
	6～10年	33	4.327	0.796		
	11～15年	24	4.775	0.377		
	15年以上	6	3.800	1.131		
激励因素	1年及以下	48	4.500	0.479	1.093	0.366
	1～5年	132	4.718	0.455		
	6～10年	33	4.527	0.665		
	11～15年	24	4.650	0.396		
	15年以上	6	4.200	1.131		
保健因素	1年及以下	48	4.688	0.349	0.131	0.623
	1～5年	132	4.739	0.406		
	6～10年	33	4.636	0.627		
	11～15年	24	4.729	0.408		
	15年以上	6	4.250	1.061		

⑥单位类型因素。利用SPSS软件经独立样本T检验，我们可以看到不同单位类型的养老护理员等养老服务从业人员褒扬激励因素选择存在差异，具有统计学意义（P<0.05），见表7-9。

表7-9 **单位类型差异T检验**

因素	单位类型	N	均值	标准差	T	P
褒扬因素	民营养老机构	159	4.502	0.598	-1.874	0.036
	公办养老机构	84	4.736	0.381		
激励因素	民营养老机构	159	4.551	0.564	-1.971	0.023
	公办养老机构	84	4.779	0.319		
保健因素	民营养老机构	159	4.613	0.493	-2.560	0.030
	公办养老机构	84	4.869	0.258		

（4）褒扬激励因素重要程度分析。通过褒扬激励因素重要程度部分的调查数据，利用SPSS21.0软件对养老护理员等养老服务从业人员16项褒扬激励因素的重要程度排序，从而分析哪些褒扬激励因素能够起到较高的激励作用。

①通过表7-10可以看出，养老护理员等养老服务从业人员在对褒扬因素进行判断时，党和政府给予的政策支持排在第一位，社会对养老服务工作的认同排在第二位。因此，党和政府通过各项政策支持，并不断增强社会对此项工作的认可最为重要。

表7-10 **褒扬因素重要程度排序**

题项	N	均值	标准差
党和政府给予的政策支持	243	4.691	0.562
社会对养老服务工作的认同	243	4.642	0.639
独有的发展机会	243	4.593	0.628
党和政府设立的专门奖励	243	4.531	0.726
单独的行业先进典型	243	4.457	0.708

②通过表7-11可以看出，养老服务从业人员认为工作氛围及领导的认可和信任尤为重要，其重要程度要高于晋升空间、社会地位和参与决策的机会。

表7-11 **激励因素重要程度排序**

题项	N	均值	标准差
工作氛围	243	4.728	0.500
领导的认可和信任	243	4.704	0.558
较大的晋升空间	243	4.605	0.646
社会地位	243	4.593	0.667
参与决策的机会	243	4.519	0.743

③通过表7-12的排序分析可以看出，对养老护理员等养老服务从业人员来说，工资收入最为重要，排在第一位，奖惩措施排在第二位，重要程度高出了工作条件、考核机制、福利状况和培训机会。

表7-12　　保健因素重要程度排序

题项	N	均值	标准差
工资收入	243	4.815	0.450
公平合理的奖惩措施	243	4.741	0.519
工作条件和环境	243	4.741	0.565
科学合理的考核机制	243	4.654	0.636
福利状况	243	4.654	0.655
较多的培训机会	243	4.605	0.626

④通过表7-13的排序分析可以看出，对养老护理员等养老服务从业人员来说，工资收入最为重要，而单独的行业先进典型排在最后一位，但是表中所有项的均值都位于4.000以上，说明这些要素对养老护理员等养老服务从业人员都具有比较明显的激励作用。

表7-13　　各褒扬激励因素重要程度排序

题项	N	均值	标准差
工资收入	243	4.815	0.450
公平合理的奖惩措施	243	4.741	0.519
工作条件和环境	243	4.741	0.565
工作氛围	243	4.728	0.500
领导的认可和信任	243	4.704	0.558
党和政府给予的政策支持	243	4.691	0.562
科学合理的考核机制	243	4.654	0.636
福利状况	243	4.654	0.655
社会对养老服务工作的认同	243	4.642	0.639
较多的培训机会	243	4.605	0.626
较大的晋升空间	243	4.605	0.646
社会地位	243	4.593	0.667
独有的发展机会	243	4.593	0.628
党和政府设立的专门奖励	243	4.531	0.726
参与决策的机会	243	4.519	0.743
单独的行业先进典型	243	4.457	0.708

3.讨论

（1）通过本研究可见，对养老护理员等养老服务从业人员来说，工资收入的重要程度要高于其他各项因素。工资收入属于保健因素，是物质激励的重要手段之一，这一方面说明现在辽宁省内养老服务业整体的薪酬水平与工作难度相比较低；另一方面说明养老护理员等养老服务从业人员虽然从事相关工作，但保健因素并没有起到消除不满的作用。

（2）工作氛围、领导的认可和信任分别排在激励因素的第一和第二位，说明对于养老护理员等养老服务从业人员，良好的工作氛围、管理者的认可能够给予其更强的工作积极性和工作动力。

（3）党和政府给予的政策支持排在褒扬因素的第一位，社会对养老服务工作的认同排在第二位，但是褒扬因素在总排序中相对靠后。这说明相对其他两个因素来说，政府层面的褒扬机制还不够完善，没有起到改变社会舆论、改变养老护理员等养老服务从业人员地位的作用。

综上所述，党和政府应该加快顶层设计，建立符合养老护理员等养老服务从业人员需求、符合行业特质的褒扬机制，如设立国家层面的“养老护理员节”，定期开展“最美养老护理员”评选等，引导社会舆论更加认可和重视养老护理员等养老服务从业人员。对养老服务机构来说，应充分考虑养老护理员等养老服务从业人员工作的特殊性，一方面，从工作氛围、工作环境、工作内容等方面综合考量，为养老护理员等养老服务从业人员创造良好的工作条件；另一方面，提高养老护理员等养老服务从业人员的薪酬待遇，增强行业吸引力，稳定人才队伍，满足员工需要，使绩效和薪酬相挂钩，以此提高养老服务从业人员的工作绩效和工作积极性，提升其服务水平和质量。

四、养老护理员职业吸引力提升的褒扬激励机制构建策略

面对养老护理员职业吸引力缺失的种种表现，需要下大力气切实提升养老护理员职业吸引力，尤其要以构建褒扬激励机制，使养老护理成为全社会都青睐的职业，使从业者像教师、护士那样受到普遍的尊重为要。

1.完善法规政策和保险机制，切实维护养老护理员的权益

当前，我国“9073”养老服务体系正在实施，这意味着绝大部分家庭会为老人选择居家养老模式，大量的养老护理员将会进入老人家庭上门服务，有的甚至还会在老人家中居住，对老人进行全天候照护。在这种相对封闭、相对私密的工作环境中，养老护理员与老人双方各自权利与责任的界定、各自权利的保护体系的建立至关重要。目前，在我国，养老护理员的权益在《劳动法》保护层面存在缺失，导致养老护理员权益受到侵害的事件时有发生。在我国诚信体系尚不完善，又缺乏健全的法律制度体系的背景下，养老护理员和老人双方一旦产生矛盾、发生冲突，将会影响到社会的安全和稳定。所以在立法上，要针对养老护理

员这一相对弱势群体进行劳动法规相关保护；制定适合养老护理员职业的保险险种，以便更好地维护养老护理员、老人和养老服务机构各方的权益。

2.营造良好的社会舆论氛围，培育养老护理职业环境

在现代社会，社会的稳定、民众的情绪时刻受到舆论的影响。营造良好的舆论氛围，提高养老护理员的社会认可度，是促进养老服务业健康发展，增强养老护理员的工作积极性，提升其职业吸引力的重要举措。各类新闻媒体、自媒体要呼吁全社会多多关注养老护理员这一特殊职业群体。人都有老的那一天，养老护理员们精心护理着老年人，是在替天下的子女行孝，他们是心地善良、品德高尚的劳动者，平凡而又伟大，其工作与民生、社会进步与发展等密切关联，应当得到全社会的尊重。要加强对他们的正面宣传和报道，树立养老护理员良好的职业形象，从而鼓励和吸引更多的人投身这一高尚的职业，加入到养老服务行业中来。由于养老护理员以女性居多，一般占比达70%～80%，与男性相比更有耐心，更细心，更加适合为老年人提供服务和与老年人交流，因而要发挥各级妇女联合会维护妇女权益的作用，多为女性养老护理员解决其遇到的困难和问题。对养老护理职业要加大宣传力度，新闻媒体要善于挖掘养老护理员中的模范人物及其先进事迹，通过深度报道等形式，展现养老护理员良好的职业状态、积极的职业热情和高尚的职业道德，让每一位社会大众都能感受到养老护理员的辛勤付出，从而加深人们对这一职业群体的认识和了解，提高职业知晓度和信任度，营造对老年人、对养老服务人才及其劳动认可与尊重的良好社会氛围。①

3.开展职业岗位培训，提升养老护理员的专业技能和职业素养

许多人认为养老护理就是伺候老人，谁都能干，没有什么技术含量，这是对养老护理职业的误解。实际上，护理老人绝非那么简单、容易，即便给卧床老人翻身这项常规的护理工作都是有严格、科学的操作规程的，胡乱操作不但会使卧床老人痛苦不堪，也会对护理员造成损伤甚至引发其腰肌劳损。养老护理是以基础医学、护理学、临床医学、预防医学、中医学、康复医学、营养学以及伦理学、社会学、管理学等方面的科学为理论基础的，同医疗卫生领域的护士一样，养老护理员是一项专门的职业。因而，提升养老护理员职业吸引力，完善和提高其社会形象和职业地位，都有赖于养老护理员的良好职业素养和高超专业技能。我国目前在岗的养老服务从业者多为“40后”“50后”人员，鉴于其基本素质状况，大力开展各类职业培训、岗位培训是提升养老护理员职业素养和专业技能的重要途径。各地相关部门要加大培训力度，针对养老服务职业需求，建立完善的岗位培训机制，制订周密的岗位培训计划，形成统一的培训大纲、培训课程标准、培训考核评估标准等，做到“不培训不上岗”。通过对养老护理员进行护理技能、职业伦理等方面的系统培训，使其提高养老服务工作的质量和水平，更加胜任养老服务岗位工作，让老年人及其家属满意，进而得到全社会的认可和

① 薛书敏．我国养老护理员队伍职业化的调研报告［J］．吉林广播电视大学学报，2019（2）：77-79.

尊重。

我国应考虑将养老护理员等养老服务人才培养纳入卫生人才教育发展规划，引导和支持高等院校、中职学校设置相关专业，制定鼓励毕业生从事养老服务的政策，吸引有较高学历的年轻优秀人才加入养老服务队伍中来。高职院校、中职学校的养老服务相关专业建设，应坚持从养老服务需求出发，科学制定人才培养目标，构建科学的人才培养体系，培养一批高素质、高技能、专业化的养老服务人才。要注重打造尊老敬老实践教育基地，让学生和家长全面认识和肯定养老工作者为养老事业所做的贡献，提高其社会地位，实现社会价值和自我价值。此外，高职院校还要充分发挥社会服务功能，面向养老服务机构提供管理咨询、人员培训等各类社会服务，实现校企深度融合，共同打造良好的养老服务业发展新局面。

4.建立职业标准化工作体系，加强行业标准化管理

当今社会，人们对高质量的养老服务、养老护理的需求越来越强烈，希望获得更细致，更加专业化、人性化的养老服务。建立养老服务职业标准化工作体系，加强养老服务业的行业标准化管理，是改进和完善养老服务工作，满足老年人养老服务需求的重要一环，也是提升职业吸引力的重要举措之一。养老护理员的职业标准化工作体系包括三个方面：一是建立老年人健康评估制度。对于有养老服务需求的老年人，由专业的健康评估机构进行标准化评估，在此基础上明确护理级别和护理内容，为实施分级护理奠定基础。二是制定统一的养老服务国家标准或地方标准。根据养老服务的护理级别和护理内容，制定对应的服务标准，做到服务流程规范和服务价格统一，保证老年人享受规范化养老服务。三是建立养老服务回访制度。每个服务项目完成后，尽快实施服务满意度回访，发现问题及时处理。这一切都要反映在养老护理员的个人学习档案中，以利于养老护理员业务水平的提升和服务质量的改善。对于一时不能解决、不明确的问题，养老服务机构的管理人员要积极介入，与养老护理员共同探讨解决的办法和路径，提升服务质量。职业标准化工作体系会增强社会对养老护理员的职业认同感，从根本上提升职业吸引力。

5.构建科学的养老服务管理体系，提升养老护理的职业管理水平

构建科学系统的养老服务管理体系，有助于提升养老服务职业管理水平，有助于完善职业化的养老护理员制度。为此，一是要普遍提高工资福利待遇，建立科学的养老护理员工作考核机制。养老服务机构要充分发挥自身的作用和力量，因地制宜地制定科学的考核激励制度，对养老护理员从德、能、勤、绩多个方面进行科学的考核激励，切实做到让养老护理员“劳有所得、劳有所值”，最大限度地调动他们的工作积极性，唤起他们的工作热情。二是随着养老护理员的年轻化、专业化，为稳定队伍，必须尽快构建养老护理职称评审体系，开放职业上升通道，使养老护理员能够看到行业发展的前景。三是要为养老护理员减轻工作压力。养老护理员由于长期照护老年人，与日俱增的自身压力无法排解、无处排解，极易造成身心疲惫，产生严重的心理问题，出现职业倦怠和离职倾向。为此要建立相关制度，为养老护理员减压，养老服务机构可定期聘请心理咨询师，对养老护理员进行心理疏

导，倾听其内心的真实想法，帮助他们排解不利情绪，提高其身心健康水平；同时要大力改善其工作环境和工作条件，加强工作岗位上的劳动保护，降低从业风险感，促使其安心养老服务的岗位工作[①]。四是要建立养老护理员职业规范。完善养老护理员职业标准，强化对该职业行为的规范。各类养老服务机构要从服务流程、服务内容等方面制定标准，规范养老护理员的职业行为，强化公开招聘，强化经培训或持证上岗，推进养老服务工作的正规化，提升职业化水平。同时，要规范养老护理员的职业着装。目前在岗的养老护理员的职业服装，样式、颜色各异，标准不一，不利于对其岗位的识别与认同，影响了养老护理员的整体职业形象，因此要制作与护士职业装相区别的、反映养老护理员自身特点的照护服装，以更好地展示养老护理员的崇高职业形象。五是要引导养老护理员从自身做起，转变传统观念，破除心理壁垒，发自内心地热爱养老服务工作，从心底认同养老服务工作，增强职业荣誉感。各类养老服务机构可以根据客户满意度，并结合员工的工作表现，通过定期组织“微笑之星”“服务之星”“服务能手”等评选活动，对优秀员工进行表彰，提高他们的职业责任感和自我认同度，使之产生强烈的职业自豪感和职业荣誉感。六是要加强人口老龄化、养老服务体系构建等方面的研究，运用现代信息技术、“互联网+”养老等新型管理手段，不断探索改进养老服务工作，更新养老管理的理念和方法。七是要加强国际交流，学习和借鉴发达国家在养老模式、养老管理、养老服务等方面的先进经验和做法，与我国国情相结合，构建有中国特色的养老服务管理体系。

6.采取切实有效措施，强化养老服务褒扬

中华人民共和国成立前，“褒扬令”曾是国民政府依法表扬、表彰对国家有巨大贡献的公民所颁发的正式文告。“褒扬”是法律行为，需依照法定程序核定施行。当今，应在积极总结我国各地经验的基础上，在国家层面出台相关政策，采取切实有效的措施，强化对养老服务的褒扬，尽快构建起养老服务褒扬机制，提高养老服务人员的社会地位和职业地位，增强其职业荣誉感，为我国养老服务人才队伍建设创造最佳的社会环境。为此，一是建议在国家层面设立“养老护理员节”，弘扬和倡导关爱老人、人道奉献的护理职业精神，提升养老护理员的社会地位。可以确定每年的护士节同为“养老护理员节”，也可像著名涉老企业浙江绿康医养集团那样将5月29日确定为企业自身的“养老护理员节”。该企业认为5月29日与养老护理工作有着特殊的关联：9是数字中最大的，寓意最年长，长久长寿；“29”寓意两个9，与九九重阳节巧妙关联，有尊老、敬老、爱老、助老的特别含义；“5-2-9”谐音是“我爱九”，即我爱老人，我爱长者。[②]“养老护理员节”这天可以开展丰富多彩的活动，如对养老护理员开展慰问关爱活动，为他们送去慰问品和节日的美好祝福，引导社会大众对养老护理员的艰辛付出予以理解、关注和感谢；广泛开展各类主题宣传活动，宣传养老护理员的先进事迹，展示其为我国养老事业发展做出的

---

① 李燕燕. 养老服务职业吸引力影响因素分析——以宁波市为例［J］. 价值工程，2016（6）：74-76.

② 赵湘. 护理员：平凡中展现美丽心灵——绿康医养集团护理员节侧记［J］. 文化交流，2017（6）：11-12.

贡献，让全社会学习他们爱岗敬业、无私奉献的职业精神；开展先进评选表彰活动，营造争先创优的社会氛围，增强养老护理员的职业价值认同；养老服务管理部门以及各类养老机构可定期召开座谈交流会，倾听养老护理员的心声，为他们排忧解难，增强其荣誉感、归属感和成就感。[①]二是各地方通过立法将定期开展的“最美养老护理员”评选活动确定下来，通过宣传、动员、推广、实施“最美养老护理员”评选，选出热爱本职工作、尊老敬业、认真负责、积极乐观、服务意识强、服务技艺好、老人及其家属充分认可的优秀养老护理员，树立养老服务业的模范和典型；对评选出的“最美养老护理员”进行表彰和奖励，对他们出色的工作业绩和感人事迹进行大力宣传，弘扬社会正能量。

总之，奋斗在养老服务业第一线的养老护理员们，才是与老年人接触最多的人群，他们是推动我国养老服务业发展的重要基础。在我国人口老龄化问题日益凸显的今天，可以预见，未来对养老护理员的刚性需求巨大！解决养老护理员短缺的治本之策，在于构建完善的褒扬激励机制，不断提升养老护理员的职业吸引力。相信在不久的将来，养老护理员将成为“最吃香”的职业。

---

① 徐国娇. 浙江嘉兴海宁首设“养老护理员节”，四举措提升养老护理人员社会地位［J］. 社会福利，2014（6）：60.

参考文献

[1] 张岩松，等. 社会养老服务体系建设研究［M］. 大连：东北财经大学出版社，2016.

[2] 张岩松，等. 老龄产业发展对策研究［M］. 北京：清华大学出版社，2016.

[3] 张岩松，等. 养老服务业人才队伍建设的研究与实践——兼论我国首个老年服务与管理专业教育教学改革［M］. 北京：清华大学出版社，2014.

[4] 许峰，张岩松. 职业院校专业群建设研究：兼论职业教育精准扶贫［M］. 大连：东北财经大学出版社，2019.

[5] 辛宪章，张岩松，王允. 高职院校治理研究［M］. 大连：东北财经大学出版社，2018.

[6] 张岩松，等. 新时期高职院校创新发展研究［M］. 大连：东北财经大学出版社，2017.

[7] 李健，石晓燕. 养老机构经营与管理［M］. 南京：南京大学出版社，2016.

[8] 易开刚. 现代化养老服务业的发展战略、模式与对策研究——以浙江省为例［M］. 杭州：浙江工商大学出版社，2014.

[9] 卢霞，周良才. 老年服务与管理概论［M］. 北京：北京大学出版社，2014.

[10] 魏华林，金坚强. 养老大趋势：中国养老业发展的未来［M］. 北京：中信出版社，2014.

[11] 杨立群. 老年福利制度研究［M］. 北京：人民出版社，2013.

[12] 全国老龄工作委员会办公室. 全国老龄政策研究优秀成果选编（2012）［M］. 北京：华龄出版社，2012.

[13] 邬沧萍，杜鹏. 老龄社会与和谐社会［M］. 北京：中国人口出版社，2012.

[14] 苏振芳. 人口老龄化与养老模式［M］. 北京：社会科学文献出版社，2014.

[15] 施祖美. 老龄事业与创新社会管理［M］. 北京：社会科学文献出版社，2013.

[16] 周广庆. 人口老龄化对社会发展和社会建设的影响［M］. 杭州：浙江大学出版社，2013.

[17] 贾晓梅，侯姝. 中国养老机构经营风险管理［M］. 上海：上海社会科学出版社，2014.

[18] 张岩松. 加强我国老龄养护人才队伍的对策分析［J］. 中国老年学杂志，2012（16）.

[19] 张岩松，等. 加强大连市养老服务业人才队伍对策研究［J］. 学理论，2014（10）.

[20] 许峰，张岩松. 老年养护人才培养机制的研究［J］. 社会福利，2012（1）.

[21] 张岩松，刘志敏. 供给侧改革下高职老服专业人才培养的思考［J］. 辽宁高职学报，2018（10）.

[22] 刘志敏，张岩松．以专业群建设为重点的养老服务业人才培养模式创新研究［J］．社会福利，2016（10）．
[23] 刘志敏，张岩松．我国养老服务业人才吸引力初步调查分析［J］．老龄科学研究，2017（3）．
[24] 张岩松，刘志敏．养老服务业人才吸引力提升对策研究［J］．江苏经贸职业技术学院学报，2016（10）．
[25] 刘志敏．辽宁省高职院校老服专业毕业生调查分析［J］．辽宁高职学报，2018（12）．
[26] 刘志敏．老年服务专业学生职业认同感现状调查及对策［J］．新西部，2016（3）．
[27] 陈卓颐．实用养老机构管理［M］．天津：天津大学出版社，2009．
[28] 贾素平．养老机构管理与运营实务［M］．天津：南开大学出版社，2013．
[29] 张艳丹．我国城镇机构养老研究——基于宜都市的实证研究［D］．武汉：华中科技大学，2007．
[30] 桂世勋．合理调整养老机构的功能结构［J］．华东师范大学学报，2001（7）．
[31] 吕晓宁．民办养老机构优化研究［D］．北京：首都经济贸易大学，2014．
[32] 赵佳寅．民办养老机构运营的困境与对策研究［D］．长春：吉林农业大学，2014．
[33] 陈丽梅．我国民营养老机构的健康发展研究［D］．呼和浩特：内蒙古大学，2014．
[34] 赵景阳．“三化”背景下县域养老机构发展研究［D］．桂林：广西师范大学，2014．
[35] 冯禹．沈阳市民办养老机构运营困境与对策研究［D］．沈阳：沈阳师范大学，2014．
[36] 禹科研．人口老龄化背景下河南省养老机构发展对策研究［D］．长春：吉林农业大学，2014．
[37] 强克迪．我国民办养老机构的行政监管［D］．长春：吉林大学，2014．
[38] 刘晓颖．民营养老机构发展研究［D］．成都：西南交通大学，2014．
[39] 王旭晨．我国养老机构多元化问题研究［D］．济南：山东财经大学，2014．
[40] 向亮．民办养老机构法律保障研究［D］．南京：南京工业大学，2014．
[41] 闫婷．济南市民办养老机构发展问题研究［D］．济南：山东大学，2014．
[42] 徐衡．长春市民办养老机构存在的问题及对策研究［D］．长春：长春工业大学，2014．
[43] 朱浩．基于信任视角下的民办养老机构发展模式研究——以杭州市为例［J］．老龄科学研究，2014（11）．
[44] 成建兰．公办民营护理型养老机构发展困境与展望［D］．南京：南京理工大学，2014．
[45] 吴楠．公建民营养老机构委托经营管理模式研究［D］．沈阳：沈阳师范大学，2014．
[46] 张浩田．民办养老机构的困境及其发展的支持因素探析［D］．上海：华东理工大学，2014．
[47] 黎剑锋．民办养老机构服务供给现状及对策研究［D］．厦门：厦门大学，2014．
[48] 周龙．民办养老机构扶持政策研究［D］．福州：福建农林大学，2014．
[49] 邱刚．上海养老机构社会化运作的研究［D］．上海：上海交通大学，2007．
[50] 吕珊．我国城市机构养老服务的社会化探索［D］．武汉：武汉科技大学，2010．
[51] 凌云霞，等．护理人力资源管理与责任制排班［M］．北京：军事医学科学出版社，2012．
[52] 邸文一．我国城市机构养老问题研究［D］．大连：大连海事大学，2011．
[53] 董红亚．中国社会养老服务体系建设研究［M］．天津：南开大学出版社，2011．
[54] 李健，刘志敏，张岩松．老幼复合型机构养老的问题与对策［J］．江苏经贸职业技术学院学报，2020（2）．
[55] 申欣如．社区居家养老服务队伍供需矛盾的探析［J］．劳动保障世界，2019（20）．
[56] 郝丹．养老机构护理人力资源面临的问题及对策［J］．财经界（学术版），2019（13）．
[57] 王君岚．我国养老护理服务人才培养问题研究［D］．济南：山东师范大学，2019．
[58] 杨蒙蒙．PPP模式下我国养老机构激励机制研究［D］．西安：西安电子科技大学，2019．
[59] 张岩松，韩金．养老护理员职业吸引力提升的褒扬激励机制研究［J］．江苏经贸职业技术学院学报，2020（4）．

[60] 张岩松，韩金. 乡村振兴战略背景下农村养老服务人才供给困境与培养机制创新 [J]. 社会福利（理论版），2020（8）.
[61] 张岩松. 农村养老服务人才培养机制创新研究 [J]. 农村经济与科技，2021（2）.